Notre ennemi, le capital

Du même auteur

Orwell anarchiste tory, Climats, 1995, nouvelle édition 2000.

Les Intellectuels, le peuple et le ballon rond, Climats, 1998, nouvelle édition 2003 et 2010.

L'Enseignement de l'ignorance, Climats, 1999, nouvelle édition 2006.

Les Valeurs de l'homme contemporain (avec Alain Finkielkraut et Pascal Bruckner), éditions du Tricorne-France Culture, 2001.

Impasse Adam Smith, Climats, 2002, Champs, 2006.

Orwell éducateur, Climats, 2003.

L'Empire du moindre mal, Climats, 2007.

La Double Pensée, Champs, 2009.

Le Complexe d'Orphée, la Gauche, les gens ordinaires et la religion du progrès, Climats, 2011.

L'Âme de l'homme sous le capitalisme, postface à *La Culture de l'égoïsme* – Discussion entre Christopher Lasch et Cornelius Castoriadis, Climats, 2012.

Les Mystères de la gauche : de l'idéal des Lumières au triomphe du capitalisme absolu, Climats, 2013.

Le plus beau but était une passe, Climats, 2014.

La Gauche et le Peuple, avec Jacques Julliard, Flammarion, 2014.

Jean-Claude Michéa

Notre ennemi, le capital

Notes sur la fin des jours tranquilles

CLIMATS

ISBN : 978-2-0813-9560-2

À Linda, épouse toujours aussi patiente et merveilleuse.

À Lola et Kim.

Et à Noëlle, bien sûr.

« L'économie c'est la méthode. Mais notre but reste de changer le cœur et l'âme de l'être humain. »

Margaret Thatcher
*(*Sunday Times, *3 mai 1981)*

« Quand bien même de nombreuses autres conséquences de cet ordre social témoignent de sa monstruosité, de son caractère éphémère et de son aberration d'une façon plus crue et plus manifeste, son absurdité n'affleure nulle part de manière aussi définitive que dans cette dégénération imperceptible et silencieuse de peuples entiers, démontrant avec force que la dernière tendance immanente du système capitaliste n'est autre que l'anéantissement de l'espèce humaine. La lutte contre cet ordre est une nécessité pour la conservation de l'humanité. »

Rosa Luxemburg, « La statistique démographique en France » (1898), in *Le Socialisme en France,* Agone, 2013.

« À peine sortis des massacres de la Commune, rappelons à ceux qui seraient tentés de l'oublier que la gauche versaillaise, non moins que la droite, a commandé le massacre de Paris, et que l'armée des massacreurs a reçu les félicitations des uns comme des autres. Versaillais de droite et Versaillais de gauche doivent être égaux devant la haine du peuple. »

Manifeste des proscrits de la Commune,
Londres, 1874.

AVANT-PROPOS

Dans sa préface à la première édition allemande du *Capital*, parue à Londres en juillet 1867, Marx écrivait que le « but final de cet ouvrage est de dévoiler la loi économique du mouvement de la *société moderne* ». Il s'agissait donc très clairement, dans son esprit, d'armer intellectuellement les travailleurs de son époque contre les *nouvelles* nuisances, servitudes et aliénations d'un système social et économique lui-même entièrement *nouveau* (sans quoi il se serait probablement contenté d'écrire un ouvrage intitulé *L'Alliance du trône et de l'autel* ou, plus sobrement, *La Réaction*). On comprend alors que Marx n'ait jamais songé une seule fois – pas plus, d'ailleurs, que les autres grands socialistes et anarchistes du XIXe siècle – à inscrire ses combats politiques sous le signe de la « gauche », fût-elle une gauche « radicale » ou une « gauche de gauche ». Ce qui traduit le mieux, en effet, l'esprit constant de cette dernière, c'est, avant tout, le célèbre mot d'ordre de Mai 68 : « Cours plus vite, camarade, le *vieux monde* est derrière toi ! »

(« vieux monde » dans lequel – ironisait Orwell – l'homme de gauche « progressiste » pourra tout aussi bien inclure « la guerre, le nationalisme, la religion et la monarchie » que « les paysans, les professeurs de grec, les poètes et les chevaux[1] »). Or il est clair que la véritable maxime socialiste (nous verrons plus loin ce que recouvre exactement ce terme) devrait bien plutôt être, au contraire : « Cours moins vite, camarade, le *nouveau monde* – celui du réchauffement climatique, de Goldman Sachs et de la Silicon Valley – est devant toi ! ». En choisissant pour titre de cet essai *Notre ennemi, le capital*, j'ai donc simplement voulu rappeler la nécessité, et l'urgence, d'en revenir au trésor perdu de la critique socialiste originelle, convaincu qu'à l'heure de la mondialisation et du libéralisme triomphant, c'est bien d'abord la poursuite continuelle et insensée de la quête du *profit capitaliste* qui menace de détruire, à terme, la nature et l'humanité.

Le point de départ de ce petit livre est un entretien accordé au jeune site socialiste et décroissant Le Comptoir et rédigé en janvier et février 2016. Il est reproduit ici sans aucune modification. Les notes qui accompagnent cet entretien – ainsi que les « scolies » qui lui font suite – ont été écrites, quant à elles, entre mars et août 2016. Le lecteur ne doit pas s'inquiéter de la structure arborescente qui en est la conséquence naturelle (structure qui rend possible, c'est du moins toujours mon sentiment, un mode d'exposition plus

---

1. *Essais, articles, lettres, Volume II*, Ivrea/Éditions de l'Encyclopédie des Nuisances, 1995, p. 180.

« dialectique » – ou, si l'on préfère une formule plus *jeune*, « en 3D »). De fait, ces « scolies » ont d'abord été construites pour pouvoir être lues comme autant de chapitres indépendants et selon un ordre linéaire *(notes des scolies comprises)*. Nul besoin par conséquent que le lecteur change quoi que ce soit à sa manière habituelle de lire et qu'il s'égare ainsi dans d'inutiles va-et-vient entre le texte principal et les notes qui l'étoffent ou le prolongent. Je remercie évidemment toute l'équipe du site Le Comptoir – et tout particulièrement, Kevin Victoire et Mikaël Faujour – pour leur initiative et leur collaboration.

ENTRETIEN

Question 1

Les cinq dernières décennies ont été marquées en Occident par l'avènement de la société de consommation et l'arrivée de la culture de masse, qui ont opéré une uniformisation des modes de vie inédite. Pasolini, dont vous êtes un grand lecteur, notait il y a quarante ans que les classes populaires ont été « atteintes dans le fond de leur âme, dans leurs façons d'être » et que l'âme du peuple a non seulement été « égratignée, mais encore lacérée, violée, souillée à jamais ». Peut-on encore réellement dans ces conditions parler de peuple et de *common decency* ?

Il convient d'abord de rappeler que ce que vous appelez la « société de consommation » (telle qu'elle se met en place aux États-Unis au début des années 1920) trouve elle-même sa condition préalable dans la nécessité inhérente à toute économie libérale de poursuivre *à l'infini* le processus de mise en valeur du capital. Nécessité contradictoire – puisque nous vivons dans un monde clos – mais qui constitue, depuis la révolution industrielle, la clé d'intelligibilité *principale* (quoique non exclusive) du mouvement des sociétés modernes[1]. Dans un monde où chacun doit

1. Une connaissance minimale des bases du calcul exponentiel (savoir enseigné en classe de terminale) suffit à montrer, une fois pour toutes, à quel point est aberrante l'idée de subordonner le sort de l'humanité à celui d'une *croissance continuelle*. « Avec une hausse du PNB par tête de 3,5 % par an – observe ainsi Serge Latouche dans *L'Âge des limites* (Mille et Une Nuits, 2012) –, on aboutit à une multiplication de 31 en un siècle, de 972 en deux siècles et de 30 000 en trois siècles ! Croit-on vraiment qu'une croissance infinie est possible sur une planète finie ? » C'est pourtant sur ce dogme insensé que s'appuient

finir, tôt ou tard, par être mis en concurrence avec tous – conformément au principe libéral d'*extension du domaine de la lutte* –, il est en effet vital, si l'on veut rester dans la course, d'accroître sans cesse la valeur de son capital de départ (toute attitude « conservatrice » étant nécessairement suicidaire dans une économie « ouverte » et *théoriquement* concurrentielle) **[A]**.

Bien entendu, cette injonction *systémique* à la « croissance » et à l' « innovation » n'explique pas seulement la tendance dominante du capital – comme le confirme la moindre partie de Monopoly – à se concentrer entre des mains toujours moins nombreuses (62 individus détiennent aujourd'hui une fortune équivalente à celle de la moitié la plus pauvre de l'humanité !). En conduisant à subordonner toute production de biens ou de services à l'exigence *prioritaire* du « retour sur investissement » (quand bien même la plupart des marchandises ainsi produites se révéleraient tout à fait inutiles, voire toxiques ou nuisibles pour le climat et la santé humaine) elle encourage simultanément le rêve positiviste d'un monde « axiologiquement neutre[1] » – dont l'ultime impératif

---

encore la « science » économique officielle et les « experts » qui se succèdent en boucle dans ce que Marx appelait la « presse aux ordres de la Bourse ».

1. Dans son *Dictionnaire philosophique*, Voltaire se réjouissait sans réserve de cet idéal de neutralité axiologique, et de ses vertus supposées pacificatrices, qui animait le libéralisme économique naissant : « Vers l'an 1750 – écrivait-il ainsi – la nation, rassasiée de vers, de tragédies, de comédies, d'opéras, de romans, d'histoires romanesques, de réflexions morales plus

catégorique serait *business is business* – contribuant ainsi à noyer progressivement les vertus humaines les plus précieuses (celles qui fondent, par exemple, la civilité quotidienne et les pratiques de réciprocité et d'entraide) dans « les eaux glacées du calcul égoïste » (Marx). C'est d'ailleurs la raison pour laquelle la critique des premiers socialistes s'arrêtait rarement aux seuls aspects inégalitaires et abrutissants du nouveau mode de production industriel (les fameux *satanic mills* de William Blake). Elle portait tout autant – sinon plus – sur le type de société atomisée, mobilitaire[1] et agressivement individualiste qui en constitue l'envers moral, psychologique et culturel obligé (« cette société – notait Pierre Leroux – où tout le

romanesques encore, et de disputes théologiques sur la grâce et sur les convulsions, se mit enfin à raisonner sur les blés » (article « Blé »). Notons que cet article fondamental a mystérieusement disparu de presque toutes les éditions courantes du *Dictionnaire philosophique*. Et il resterait, bien sûr, à répondre à la question suivante : « La neutralité axiologique est-elle axiologiquement neutre ? » (cf. Philippe Chanial, *La Sociologie comme science politique*, La Découverte, 2011, p. 33).

1. Rappelons que la « mobilité » (qu'il s'agisse de celle des capitaux, des marchandises et des humains eux-mêmes) définit, depuis Adam Smith, la condition *sine qua non* de tous les équilibres entre l'offre et la demande (il convient d'abolir – écrivait par exemple ce dernier dans la *Richesse des nations* (1776) – tout ce qui peut « entraver la libre circulation du travail et des capitaux, *tant d'un emploi à un autre que d'un lieu à un autre* »). C'est pourquoi Kristin Ross a pu voir avec raison dans cet appel constant au nomadisme généralisé (du Medef à l'extrême gauche moderne) le « premier impératif catégorique de l'ordre économique » libéral.

monde veut être monarque » et que Proudhon décrivait, pour sa part, comme le « règne de l'absolutisme individuel[1] »). Une fois reconnu ce lien *structurel* entre « la démoralisation et l'isolement qui enferment chacun dans sa misère privée » (Jaime Semprun) et cette *guerre quotidienne de tous contre tous* qui constitue l'essence du libéralisme économique, on comprend alors mieux pour quelles raisons logiques le déchaînement planétaire des politiques libérales – sur fond de renoncement de l'intelligentsia de gauche, à partir de la fin des années 1970, à toute critique radicale du système fondé sur l'accumulation du capital – ne pouvait effectivement conduire qu'à saper indéfiniment les fondements mêmes (qu'ils soient anthropologiques, moraux, ou culturels) de toute vie réellement *commune*[2].

Cela dit, et à moins d'endosser entièrement cette vision haineuse et méprisante des classes « subalternes » qui était celle, lors du procès d'Outreau, de

1. Il est donc pour le moins ambigu (quoique assurément révélateur) d'écrire, comme le fait Olivier Besancenot, que « les révolutionnaires ne se sont jamais battus pour autre chose que pour l'épanouissement *individuel* » (*Révolution !*, Flammarion, 2003, p. 29).

2. Sur l'impossibilité pour la philosophie libérale de penser de façon cohérente l'instance de la *vie commune* (elle ne peut reconnaître que la vie publique – entièrement réglée par le Droit – et la vie privée, dont elle n'a théoriquement rien à dire), je renvoie à mon texte *Droit, libéralisme et vie commune* (novembre 2015) à paraître dans la revue du MAUSS de l'automne 2016 (http://www.journaldumauss.net/ ?Droit-liberalisme-et-vie-commune)

l'incroyable juge Burgaud (vision dans laquelle il n'est d'ailleurs pas très difficile de retrouver le véritable arrière-plan psychologique et intellectuel de toutes les croisades médiatiques et universitaires contre le « populisme »), il me semble néanmoins prématuré d'en conclure que les notions de « décence commune[1] » ou de « peuple » (lui-même à présent réduit par la sociologie d'État à un improbable conglomérat de « minorités ») **[B]** appartiendraient désormais à un passé révolu. Car s'il est effectivement incontestable que des pans entiers de l'univers moral et culturel des *gens ordinaires* – pour reprendre l'expression d'Orwell – se sont d'ores et déjà volatilisés sous l'effet des dynamiques « axiologiquement neutres[2] » de la

1. Pour une illustration précise de cette « décence ordinaire » qui suscite immanquablement le « ricanement sarcastique » (Orwell) des âmes bien nées, on se reportera au témoignage, en tout point admirable, de Joaquim Serrat (*Chemins d'espoir et d'exil*, Les Éditions Libertaires, 2015). L'originalité de cet ouvrage est de décrire la guerre civile espagnole à travers le quotidien d'une famille – celle de l'auteur – et d'un petit village anarchiste de la province de Teruel. Témoignage véritablement orwellien par sa décence intellectuelle et qui permet de mesurer, au passage, tout ce qui sépare la sensibilité anarchiste originelle – celle d'un Proudhon, d'un Gustav Landauer ou d'un Kropotkine – de ce néo-anarchisme indissolublement libéral et œdipien qui sert si souvent de refuge, aujourd'hui, aux enfants perdus des nouvelles classes moyennes des grandes métropoles. C'est ce dévoiement de la tradition anarchiste originelle que Murray Bookchin dénonçait déjà, en 1995, dans *Social Anarchism or Lifestyle Anarchism*.

2. La récente proposition des institutions européennes d'inclure dans le calcul du PIB le chiffre d'affaires de la

mondialisation juridique et marchande (il suffit d'observer la progression constante des comportements « autistiques » ou asociaux dans l'espace public), il me paraît non moins évident que cette « dissolution de tous les liens sociaux » (Debord) est encore *très loin* d'avoir atteint ce stade ultime de l'atomisation du monde que Marx associait, dans le livre I du *Capital*, à l'axiomatique même du libéralisme politique. À savoir celui d'une société où « chacun ne pense qu'à lui et personne ne s'inquiète de l'autre » et dans laquelle « la seule force qui mette en présence et en rapport les individus est celle de leur égoïsme, de leur profit particulier, et de leurs intérêts privés » (une telle description s'appliquerait déjà beaucoup mieux, en revanche, au monde impitoyable des élites modernes).

La plupart des études consacrées à ce sujet (essentiellement, il est vrai, dans les pays anglo-saxons) confirment, en effet, de façon très claire que les valeurs *traditionnelles* d'entraide et de solidarité

---

délinquance et de la prostitution offre, si besoin était, une illustration limpide de cette *neutralité axiologique* constitutive de la « croissance » (ou, si l'on préfère, de l'accumulation du capital). Pour ne rien dire ici des stupéfiantes révélations faites, en 2009, par Antonio Maria Costa (dans un silence médiatique d'ailleurs assez assourdissant). Pour ce responsable de l'Office des nations unies contre la drogue et le crime, ce sont en effet près de 352 milliards de dollars appartenant aux différentes mafias de la planète dont les États libéraux ont couvert le blanchiment, lors de la crise de 2008, dans le cadre de leurs efforts pour sauver le système financier mondial.

– celles que Marx lui-même (je renvoie ici aux travaux décisifs de Teodor Shanin et de Kevin Anderson[1]) avait fini par considérer, dans les dernières années de sa vie, comme l'une des conditions les plus indispensables de la révolution socialiste – sont encore massivement présentes dans les milieux populaires. Si l'on en doute, il suffit de se poser la question suivante : par quel miracle, en effet, les gens ordinaires – dont l'immense majorité doit aujourd'hui vivre avec *moins* de 2 000 € par mois[2] – pourraient-ils faire face aux inévitables aléas de l'existence quotidienne (perte d'emploi ou chute dans la précarité, accident de santé, déménagement imposé par les politiques libérales de « flexibilité », dégât des eaux ou cambriolage, réparation de la vieille voiture indispensable pour faire ses

---

1. *Marx aux antipodes. Nations, ethnicité et sociétés non occidentales* (Kevin B. Anderson, Syllepse, 2015) et *Late Marx and the Russian Road* (sous la direction de Teodor Shanin, Monthly Review Press Classics, New York, 1983) **[C]**.

2. On reste confondu, de ce point de vue, devant l'incroyable maladresse politique – s'il ne s'agit que de maladresse – du slogan fièrement brandi par certains étudiants (et *lycéens* !) lors des manifestations d'avril 2016 : « Moi, pour 1200 € par mois, je ne me lève pas ! » Si justifié soit-il dans l'absolu, un tel slogan (qui se présentait comme une version officiellement plus « radicale » des paroles du rappeur marseillais SCH) ne pouvait en effet être reçu par les personnes les plus modestes – celles qui n'ont évidemment pas d'autre choix possible que de se lever chaque matin – que comme un affront personnel et un nouveau signe de cet incroyable *mépris de classe* dont la gauche des nouvelles classes moyennes (s'il en existe encore une autre) est devenue tristement coutumière. Et c'est ainsi que le Front national grandit.

courses ou se rendre au travail, etc.) si ne subsistait pas, dans des proportions encore considérables, cette pratique traditionnelle de l'entraide et du « coup de main » – entre parents, amis, voisins ou collègues – qui constitue l'essence même de ce que Mauss appelait l'« esprit du don » ? De toute évidence, l'idée désormais largement répandue dans le clergé universitaire selon laquelle « le peuple n'existe plus » relève beaucoup plus du *wishful thinking* de ceux qui ont personnellement tout à craindre de son réveil politique que de l'analyse objective du monde réel **[D]**.

Question 2

Aujourd'hui, le libéralisme culturel longtemps hégémonique a du plomb dans l'aile. De plus en plus de voix, de Zemmour à Finkielkraut, attaquent dans les médias la fameuse « pensée unique » et brisent le politiquement correct. Au sein de la gauche de gouvernement, la « ligne Valls », sécuritaire et peu portée sur le « sociétal », semble l'avoir définitivement emporté sur la « ligne Taubira », plus laxiste. Pourtant, l'économie de marché connaît de moins en moins de contestation. La phase « libertaire » du libéralisme, qui a émergé après Mai 68 et que vous avez abondamment analysée dans vos ouvrages, est-elle maintenant derrière nous ?

Il me semble que c'est surtout là une de ces illusions d'optique qui font le charme de la société du spectacle ! Et comme cette illusion trouve sa source première dans certaines particularités de la situation politique actuelle, il me semble indispensable de revenir un instant sur les racines réelles de cette dernière. Au début de l'année 1996, dans leurs *Remarques sur la paralysie de décembre 1995*, les rédacteurs de l'*Encyclopédie des nuisances* avaient ainsi annoncé, avec leur lucidité coutumière, « qu'il n'y aurait pas de "sortie de crise" ; que la crise économique, la dépression, le chômage, la précarité de tous, etc., étaient devenus le mode de fonctionnement même de l'économie planétarisée ; *que ce serait de plus en plus comme cela* ». Vingt ans plus tard, on est bien obligé d'admettre que ce jugement (qui avait suscité, à l'époque, le sourire goguenard de *ceux qui savent*) a non seulement été entièrement confirmé par les faits mais qu'il rencontre également un écho grandissant dans toutes les classes populaires européennes (et même, désormais, aux États-Unis), comme en témoignent abondamment les progrès constants de l'abstention, du vote blanc ou du nombre de suffrages se reportant sur les partis dits « antisystème » ou « populistes ». Tout se passe, en effet, comme si ces classes populaires étaient partout en train de prendre conscience, fût-ce sous des formes mystifiées, que les deux grands partis du *bloc libéral* (ceux que Podemos appelle à juste titre les « partis dynastiques ») n'avaient, en somme, plus d'autre idéal concret à leur proposer que la dissolution continuelle de leurs manières de vivre spécifiques – et de leurs derniers acquis sociaux – dans le mouvement sans fin de la croissance mondialisée, que celle-ci soit repeinte en vert ou encore aux couleurs du « développement durable », de la « transition énergétique » et de la « révolution numérique ».

Devant cette nouvelle situation, où ceux d'en bas apparaissent de moins en moins sensibles, expérience oblige, aux vertus de l'*alternance unique*, l'aile gauche et l'aile droite du château libéral (dont les ultimes différences tiennent surtout, désormais, aux ambitions personnelles de leurs dirigeants et aux particularités encore marquées de leur électorat historique) se retrouvent donc peu à peu contraintes de réfléchir en commun sur les différentes façons possibles de « gouverner autrement ». Autrement dit, de prolonger de quelques décennies encore la survie d'un système qui prend aujourd'hui l'eau de toutes parts. Une des solutions les plus prometteuses, à moyen terme, serait incontestablement celle d'un « compromis historique » de type nouveau, que ce compromis prenne la forme d'une « grande coalition » à l'allemande, d'un « front républicain » à la française[1], ou même, si une situation internationale favorable le permettait, d'une nouvelle « union sacrée[2] ». C'est donc d'abord à la

1. Une des principales difficultés pratiques que soulève tout gouvernement de coalition, c'est qu'il conduit mécaniquement, pour chacun des deux grands partis en présence, à diviser par deux le nombre de postes à pourvoir, de subventions à répartir et de privilèges à distribuer. Les deux ailes du château libéral se retrouvent alors inévitablement contraintes, pour surmonter cette difficulté, de faire progressivement le ménage sur leurs marges respectives. Au besoin – c'est forcément encore plus vrai pour l'aile gauche de ce château, du fait de son rapport constitutif à l'idéologie – en n'hésitant pas à agiter cyniquement devant elles toute une série de chiffons rouges (déchéance de la nationalité, état d'urgence, etc.) avant tout destinés à provoquer artificiellement ces inévitables réactions pavloviennes qui permettront de les isoler encore plus de l'électorat populaire (la « gauche de la gauche » maîtrisant toujours à la perfection, comme on le sait, l'art suicidaire de se couper du peuple). On comprend alors mieux que tous ceux qui ont de bonnes raisons de penser qu'ils ne trouveront pas de place sur le canot de sauvetage puissent se découvrir brusquement une âme de « frondeur » et les agneaux d'hier se transformer provisoirement en « loups ». Même un Benoît Hamon ou une Cécile Duflot.

2. On ne doit jamais oublier que la *guerre* demeure toujours l'ultime moyen dont disposent les sociétés libérales pour permettre à l'accumulation du capital de poursuivre à l'infini sa course suicidaire. Quels que soient, par exemple, les mérites du New Deal, la société américaine connaissait encore, en 1939, un taux de chômage de 14 %. Ce n'est, en réalité, qu'avec le passage à l'économie de guerre que le chômage engendré par la

lumière de ce contexte historique inédit (et probablement aussi des menaces de crise économique et financière mondiale qui s'accumulent à l'horizon – je renvoie ici aux analyses décisives d'Ernst Lohoff et de Norbert Trenkle dans *La Grande Dévalorisation*, Post-Éditions, 2014) qu'il convient, à mon sens, d'expliquer l'actuelle mise en sourdine par l'aile gauche du bloc libéral de certains des aspects les plus clivants, donc les plus inutilement provocateurs, de son programme « sociétal ». Il serait, en effet, très difficile de convaincre ces catégories *populaires* qui votent encore traditionnellement à droite, notamment en milieu rural (au XIXe siècle, on appelait d'ailleurs souvent les députés de droite les *ruraux*) d'apporter durablement leur soutien à un gouvernement de coalition, si l'aile gauche de ce gouvernement ne renonçait pas, au moins pour un temps, à agiter sans cesse devant elles le chiffon rouge de l'abolition de *tous* les « tabous » de la morale commune, de *toutes* les frontières protectrices encore existantes et de *toutes* ces manières de vivre partagées, si bien analysées par E.P. Thompson, qui fondent leur identité régionale et populaire[1] (notons

crise de 1929 sera résorbé en totalité (il faut dire qu'à l'époque – celle de l'accumulation « fordiste » – il existait encore une corrélation directe entre création d'emplois et « croissance »).

1. Les régions où le Front national réalise, pour l'instant encore, ses scores les plus faibles (Bretagne, Landes, Pays basque, Corse, etc.) sont généralement celles où l'identité culturelle régionale (donc, entre autres, le sens de l'entraide quotidienne) est restée la plus forte. Ce n'est donc pas – comme le proclame stupidement l'extrême gauche – la *persistance* de ces valeurs dites « identitaires » qui favoriserait l'essor de l'extrême droite.

quand même que cette furieuse croisade contre tous les « tabous » du passé ne va pas jusqu'à remettre en question, en général, cette vieille coutume familiale de l'*héritage*, à laquelle les intellectuels de gauche – même

---

C'est, au contraire, leur dissolution logique sous l'effet du développement des rapports marchands. Quant à l'idée non moins stupide – et magistralement réfutée par Vincent Descombes dans *Les Embarras de l'identité* (Gallimard, 2013) – selon laquelle la notion d'identité serait forcément « substantialiste » et « fixiste », Orwell avait déjà répondu par avance, dans le *Lion et la Licorne* (1941), à tous les Amselle et Martelli de son temps : « Qu'est-ce que l'Angleterre de 1940 peut bien avoir de commun avec celle de 1840 ? Mais aussi, qu'avez-vous de commun avec l'enfant de cinq ans dont votre mère garde précieusement une photographie ? *Rien, si ce n'est que vous êtes la même personne* » (il serait de même tout aussi absurde de prétendre que la langue française n'existe pas, sous prétexte qu'elle n'a jamais cessé d'évoluer ni d'incorporer des termes étrangers). Si, du reste, ces notions d'identité nationale et de continuité historique ne renvoyaient qu'à un simple « mythe populiste », on ne voit pas pourquoi une Christiane Taubira pourrait encore exiger – *sous les applaudissements unanimes de cette même extrême gauche libérale* – la « repentance » collective des Français d'aujourd'hui pour des crimes commis aux XVIe et XVIIe siècles par un petit nombre de leurs ancêtres. Surtout quand on estime avec elle que la France moderne est d'abord un pays *métissé* dont la plupart des habitants sont, en réalité, d'origine étrangère (« nous sommes tous des immigrés ! »). C'est à ce genre de contradictions logiques qu'on peut mesurer le déclin intellectuel de la gauche moderne (le record d'illogisme étant toutefois provisoirement détenu par ces collectifs de « lutte contre l'islamophobie » qui défendent aujourd'hui la « non-mixité » – entre hommes et femmes, « Blancs » et non-Blancs, etc. – au nom de la « lutte contre toutes les discriminations »).

les plus portés sur la « déconstruction » – demeurent personnellement très attachés).

Pour autant, cette reconfiguration du champ politique – à terme, encore une fois, très plausible (c'est celle, en tout cas, qui aurait la faveur des marchés financiers) – ne doit pas nous conduire à valider l'illusion que la « phase libertaire du libéralisme », pour reprendre votre expression, serait désormais « derrière nous ». Dans un monde dont tous les évangélistes nous rappellent à chaque instant que son essence profonde est de « bouger » sans cesse, il devrait être, en effet, *plus évident que jamais* – sauf à croire encore, à l'ère de la mondialisation capitaliste, que l'objectif *réel* d'une droite libérale moderne serait de défendre l'Église catholique, le monde rural et les valeurs « traditionnelles » – que le libéralisme culturel (ou, si l'on préfère, la *contre-culture* libérale) représente par définition la seule forme de construction psychologique et intellectuelle qui soit à même de légitimer en temps réel, et *dans la totalité de ses manifestations*, la dynamique planétaire du capitalisme. Et cela, précisément, parce que la neutralité axiologique de ce dernier le conduit forcément à s'émanciper en permanence de « toute limite morale ou naturelle[1] » (Marx). Ce n'est d'ailleurs pas

1. « Le capital n'est pas une chose, mais un processus qui n'existe que par le mouvement. Quand la circulation s'arrête, la valeur disparaît et tout le système s'effondre. Par exemple, à New York, juste après les attentats du 11 septembre 2001, toute activité a cessé. Les aéroports, les ponts, les routes ont été fermés. Au bout de trois jours, tout le monde s'est rendu compte que le capitalisme s'effondrerait si le mouvement ne

un hasard si cette contre-culture de gauche (comme Georges Perec est un des premiers à l'avoir souligné) fournit depuis si longtemps à l'univers mystificateur de la publicité moderne – autrement dit au discours que la marchandise tient sur elle-même – l'essentiel de son langage, de ses codes et de son imaginaire *United Colors of Benetton*[1].

Quant à tous ces universitaires « postmodernes », nourris au lait maternel de Foucault et de Derrida, qui

---

repartait pas. Le maire de la ville, Rudy Giuliani, et le président Bush ont alors exhorté les habitants à sortir leur carte de crédit, à faire du shopping, à retourner à Broadway, à aller au restaurant. Bush est même apparu dans une publicité aérienne, pour encourager les Américains à reprendre l'avion. *Le capitalisme n'est rien s'il ne bouge pas* » (David Harvey, *Pour lire Le Capital*, La ville brûle, 2012, p. 19).

1. Dans son chef-d'œuvre *Captains of Consciousness. Advertising and the Social Roots of the Consumer Culture* (New York, 1976), Stuart Ewen éclaire de façon saisissante – à travers une étude minutieuse des transformations du capitalisme américain depuis les années 1920 – les soubassements économiques réels de la conscience de gauche *moderne*, et notamment de son rapport privilégié à l'imaginaire de la mode et de la publicité. C'est effectivement un point que Georges Perec avait déjà su admirablement décrire, en 1965, dans son roman *Les Choses* (Jérôme et Sylvie y incarnant de façon prophétique les futurs électeurs de la gauche libérale d'aujourd'hui). Tout comme, quelques années plus tard, le dessinateur Gérard Lauzier avec ses sulfureuses *Tranches de vie* (bande dessinée désopilante qui en dit assurément plus long sur l'essence de la société libérale moderne que toute la pédante littérature de la sociologie officielle). L'ouvrage de Stuart Ewen a été republié en 2014 – sous le titre *La Société de l'indécence. Publicité et genèse de la société de*

croient encore, ou font semblant de croire, que l'idéologie naturelle du libéralisme serait un mélange « néo-réactionnaire » (pour reprendre ici le terme popularisé par le *spin doctor* Daniel Lindenberg) de « conservatisme », d'austérité calviniste et de nostalgie de la famille « hétéro-patriarcale » (dans *Why I Am Not A Conservative* – un texte écrit en 1960 – Hayek avait pourtant apporté, à la suite d'Ayn Rand, toutes les clarifications nécessaires sur ce point), je leur conseille vivement de tourner un instant leur regard vers cette Silicon Valley qui constitue, depuis des décennies, la synthèse la plus accomplie de la cupidité des hommes d'affaires libéraux et de la contre-culture « californienne » de l'extrême gauche des *sixties* (Steve Jobs et Jerry Rubin en sont de remarquables exemples). Comme on le sait, c'est en effet dans cette nouvelle Mecque du capitalisme mondial – grâce, entre autres, au financement de Google – que se met aujourd'hui en place le délirant projet « transhumaniste » (porté par l'éternelle illusion d'avoir enfin découvert une source inépuisable de valorisation du capital) d'utiliser toutes les ressources de la science et de la technologie modernes – sciences cognitives, nanotechnologies, intelligence artificielle, biotechnologies, etc. – au service prioritaire de la fabrication industrielle d'un être humain « augmenté » (et si possible immortel) ainsi que du nouvel environnement robotisé qui devra en régenter la vie quotidienne, y compris dans ses aspects

---

consommation (Éditions Le Retour aux Sources) avec, notamment, une remarquable préface de Lucien Cerise.

les plus intimes. Or comment ne pas voir, là encore, que ce projet prométhéen – que tous les Attali du monde nous présentent déjà comme le « capitalisme du futur[1] » – s'accommode infiniment mieux du relativisme moral de la gauche « postmoderne », de l'idéologie du *No border*[2], ou des appels incessants d'une Christiane Taubira (dont on oublie trop souvent qu'elle a longtemps été l'égérie de Bernard Tapie) en faveur d'une « révolution anthropologique » permanente, que de la poussive rhétorique électorale du « sursaut républicain » que Manuel Valls est, aujourd'hui, provisoirement obligé de

---

1. « Google, Facebook, Amazon et consorts *sont le nouveau visage de l'exploitation capitaliste* », écrit avec raison Evgeny Morozov (*Libération*, 14 mai 2016). Mais, ajoute-t-il, « la gauche ne comprend pas très bien ce nouveau capitalisme appuyé sur l'information et l'exploitation des données. *Elle préfère croire* que ces plates-formes ne sont qu'un fantastique moyen pour les mouvements sociaux de diffuser leurs idées et de mobiliser ». Il reste à savoir si cette fascination de la gauche moderne pour l'univers du numérique et de la Silicon Valley (il suffit de se reporter aux discours futuristes de Najat Vallaud-Belkacem qui appartient elle-même au cercle très fermé de ces « *Young leaders* » de la French-American Foundation fondée en 1976 par Gerald Ford et Valéry Giscard d'Estaing) est vraiment due à une simple erreur d'aiguillage.

2. Le mot d'ordre libéral « *ni patrie, ni frontière* » (complément indispensable du « laisser passer, laisser faire » de l'intendant Gournay) apparaît, semble-t-il, pour la première fois dans l'ouvrage du physiocrate Guillaume-François Le Trosne, *De l'intérêt social par rapport à la valeur, à la circulation, à l'industrie et au commerce intérieur et extérieur* (1777). Le Trosne y définissait même déjà la nouvelle classe marchande comme une « classe cosmopolite » par nature.

reprendre à son compte. Ou, *a fortiori*, de l'idéologie « néoconservatrice » et religieuse de ces petites villes de l'Amérique profonde qui font trembler tout lecteur de *Libération* [**E**].

Si l'on veut échapper au confusionnisme savamment entretenu par les médias et par ce qu'Engels appelait la « queue *d'extrême gauche* de la bourgeoisie », il est donc indispensable de réapprendre à distinguer les intuitions et les idées qui naissent *directement* de l'expérience quotidienne des classes populaires, avec toutes les ambiguïtés et les illusions qui peuvent naturellement être liées au caractère souvent contradictoire de cette expérience (c'est ce qu'on pourrait appeler, en simplifiant, la « pensée d'en bas ») de cette véritable *idéologie dominante* qui en constitue, en réalité, la négation. Autrement dit, de cette « pensée d'en haut », toujours réglée sur les intérêts matériels et « moraux » de l'élite au pouvoir, et qui a pour fonction première de définir à chaque instant – sur le ton officiellement « neutre » de l'information « objective » et de l'expertise « savante » (que celle-ci trouve sa source privilégiée dans les constructions des économistes de droite ou dans celles des sociologues de gauche) [1] – non seulement les « bonnes » réponses

1. Ce point est essentiel. L'emprise réelle de l'idéologie dominante a beaucoup moins à voir, en effet, avec le nombre d'interventions médiatiques – mesuré par le CSA – de tel ou tel politicien, ou représentant du monde intellectuel, venant exposer ses propres opinions *en tant que telles*, qu'avec cette *propagande quotidienne inavouée* qui consiste à faire passer en sous-main les principaux « éléments de langage » de l'idéologie

(celles qui sont politiquement ou économiquement « correctes ») mais également, et même surtout, les « bonnes » questions et le langage dans lequel il convient impérativement de formuler ces dernières (tout le monde aura ainsi remarqué la quantité d'énergie déployée depuis quelques mois par le valeureux personnel médiatique – « experts » psychologiques à l'appui – pour détourner de leur sens initial les termes de « radicalité » et de « radicalisation »)[1].

---

dominante *sur le ton détaché et neutre de l'expertise impartiale* : l'économiste qui vient vous expliquer, en mimant l'objectivité du savoir scientifique (à la manière d'un Jean Tirole), qu'une politique d'austérité libérale permettra de « relancer la croissance et de créer des emplois », le politologue qui vous enseigne que la globalisation est irréversible, ou encore le sociologue qui prétend vous démontrer, statistiques d'État à l'appui, que la délinquance moderne trouve ses véritables causes dans la pauvreté et la discrimination (tout lecteur de Laurent Mucchielli se doutant bien, en effet, que la fraude fiscale des riches, la délinquance informatique ou les pratiques mafieuses du secteur financier et industriel ne constituent qu'un mythe populiste particulièrement « nauséabond »). C'est là un art dans lequel, de nos jours, France Info est passé maître.

1. Il est vrai que la presse de droite est condamnée à vivre dans une schizophrénie perpétuelle. À l'image du *Figaro*, il lui faut, en effet, jongler en permanence avec l'éloge de l'économie de marché (celle qui conduit logiquement à ouvrir les magasins sept jours sur sept) et celui des valeurs dites « traditionnelles » – le dimanche comme jour supposé de la famille ou du Seigneur – que cette même économie de marché contribue inexorablement à détruire. De ce point de vue, il faut au moins reconnaître au *Monde* et à *Libération* le mérite d'une certaine cohérence intellectuelle.

C'est alors seulement que l'on pourra recommencer à comprendre que le libéralisme économique d'Adam Smith, de Turgot ou de Voltaire, loin de prendre sa source dans la pensée « réactionnaire » d'un Bossuet ou d'un Filmer, trouve en réalité son prolongement philosophique le plus naturel dans le *libéralisme politique et culturel des Lumières* (dont je ne songe évidemment pas à nier un seul instant les nombreux aspects émancipateurs, notamment partout où sévit encore un système patriarcal et théocratique) **[F]** et dans l'idée *progressiste* correspondante selon laquelle tout pas en avant constitue *toujours* un pas dans la bonne direction (contester un tel dogme reviendrait, en effet, à admettre que, sur un certain nombre de points, *c'était mieux avant*, proposition que tout intellectuel de gauche, au sens contemporain du terme, se doit de rejeter avec la même horreur qu'un théologien médiéval l'idée que le Christ n'aurait pas été enfanté par une vierge) [1].

---

1. Dans *Un million de révolutions tranquilles. Comment les citoyens changent le monde* (ouvrage indispensable publié en 2016 par les Liens qui libèrent), Bénédicte Manier cite le cas du Rajasthan – région particulièrement défavorisée de l'Inde dans laquelle régnaient, jusqu'au milieu des années 1980, la misère et la malnutrition – où un jeune fonctionnaire du ministère de la Santé, Rajendra Singh, a pris sur lui, en 1985, de faire reconstruire un système d'irrigation, les *johads*, dont l'usage remontait au XIIIe siècle et qui avait été supprimé, sous couvert de « modernisation », par les autorités coloniales britanniques. Un quart de siècle plus tard, « le district bénéficie de 10 000 structures d'acheminement et de retenue d'eau (bassins, barrages, canaux) qui desservent plus de 700 000 habitants dans un millier de villages »

Cette analyse permet de comprendre, au passage, qu'en décidant de mettre un terme, tout au long des rugissantes années 1980, au compromis politique et philosophique qui l'enchaînait encore partiellement, depuis l'affaire Dreyfus, à la critique socialiste de la *modernité* libérale – et cela afin de pouvoir endosser, dans un second temps, les magnifiques habits neufs du libéralisme culturel « californien » (victoire posthume, en somme, de Jean-Jacques Servan-Schreiber) – la gauche mitterrandienne se condamnait donc inéluctablement (comme Rawi Abdelal l'a bien montré dans *Capital Rules*, Harvard University Press, 2009) à devenir l'un des foyers les plus actifs de la *contre-révolution libérale européenne* **[G]**. Autrement dit, l'une des sources privilégiées de toutes les justifications intellectuelles et morales de cette fuite en avant éperdue qui définit la société capitaliste. N'est-ce pas, d'ailleurs, l'excellent Emmanuel Macron lui-même – qui ne manque jamais, au passage, de rappeler tout ce qu'il doit à sa formation althussérienne –

et misère et malnutrition ont presque entièrement disparu (redressement spectaculaire que les statistiques de la Banque mondiale ne manqueront évidemment pas de mettre au compte de la mondialisation libérale). Et, comme Bénédicte Manier tient d'ailleurs à le souligner, « dans les assemblées, les villageois retrouvent un sens de l'égalité et de l'intérêt commun », y compris dans les rapports hommes/femmes. On peut néanmoins se demander par quel miracle théorique un intellectuel « progressiste » pourrait encore refuser de voir en Rajendra Singh l'exemple même de ces sinistres partisans du « c'était mieux avant », et dans cette réhabilitation des savoir-faire qui proclamait fièrement qu'être aujourd'hui de gauche, c'est d'abord faire tout ce qui est en notre pouvoir pour que chaque jeune « ait envie de devenir milliardaire » ?

Et au cas où cette analyse paraîtrait encore excessive, il existe, du reste, un critère très simple, et à mon sens infaillible, qui permet de déterminer instantanément, pour n'importe quelle société divisée en classes antagonistes, quelle est sa *véritable* idéologie dominante et, par conséquent, quel est le seul usage pertinent du terme « politiquement correct ». Au XVIe siècle, par exemple – lorsque la légitimation du pouvoir de la noblesse reposait avant tout sur l'idéologie chrétienne – il était fréquent (et surtout plus prudent !) qu'un penseur radical dissimule son athéisme sous le masque d'une adhésion sincère à la religion officielle. L'attitude inverse – un véritable croyant cherchant à tout prix à se faire passer pour athée – aurait constitué, en revanche, un signe évident d'aliénation mentale. Appliquons donc ce critère aux débats idéologiques de la France libérale contemporaine. On remarquera ainsi qu'il n'est pas moins fréquent qu'un intellectuel suspecté de professer des idées « réactionnaires », « racistes » ou « nauséabondes » (on trouvera toutes les listes de proscription nécessaires dans *Le Monde* ou *Libération*) cherche désespérément à convaincre ses interlocuteurs qu'il est resté fidèle aux « valeurs » fondamentales de la gauche

---

locaux et de certaines coutumes ancestrales le signe désespérant que le ventre de la bête immonde est toujours fécond.

(ou, à tout le moins, qu'on ne saurait le soupçonner d'être un homme de droite ou d'extrême droite). On imagine assez mal, en revanche, la situation inverse. Autrement dit, celle d'un intellectuel de gauche, ou d'extrême gauche, reconnu comme tel, mais qui s'épuiserait pourtant à convaincre son auditoire qu'il est victime d'un malentendu et qu'il a, en réalité, toujours défendu des idées de droite ou d'extrême droite.

Voilà qui devrait définitivement relativiser, me semble-t-il, l'idée « postmoderne » selon laquelle la Silicon Valley et le capitalisme mondial ne pourraient prospérer durablement qu'à l'ombre du « patriarcat », du « racisme » et des valeurs chrétiennes les plus austères et les plus « conservatrices » (valeurs que tout « anticapitaliste » conséquent devrait donc travailler à déconstruire *en priorité*) **[H]**. Et donner ainsi une fois de plus raison à Marx lorsqu'il définissait le libéralisme politique et culturel de la bourgeoisie « républicaine » (« la sphère de la circulation des marchandises – écrit-il dans *Le Capital* – est, *en réalité*, un véritable éden des droits naturels de l'homme et du citoyen ») comme le seul complément philosophique cohérent de toute économie fondée sur l'appropriation privée des *grands* moyens de production et l'accumulation indéfinie du capital. Aussi bien l'idée baroque ne lui venait-elle jamais à l'esprit – pas plus, du reste, qu'à Proudhon ou Bakounine – de se définir comme un « homme de gauche ».

Question 3

La crise de la gauche appelle à s'interroger sur ses méthodes, sur sa pédagogie, sur sa capacité à rallier, donc sur les raisons de ses échecs dans un contexte qui, en théorie, devrait être propice à l'adhésion aux idées socialistes et à l'anticapitalisme. Quelles sont pour vous les raisons de cet échec ?

Cette « crise de la gauche » – dans un contexte économique et social qui – comme vous le rappelez – devrait être, au contraire, « propice à l'adhésion aux idées socialistes et anticapitalistes », peut effectivement paraître, à première vue, tout à fait étrange. N'est-ce pas George Orwell qui observait, en 1937, que « tout ventre vide est un argument en faveur du socialisme[1] » ? Mais la clé du mystère se trouve, en fait, dans la remarque d'Orwell elle-même. C'est que le « socialisme » et la « gauche » relèvent en réalité, depuis l'origine, de deux histoires logiquement *distinctes,* et qui ne se recouvrent que partiellement. La première – née dans le cadre émancipateur et tumultueux de la Révolution française – s'articule, en effet, entièrement autour de cette notion de « Progrès » (elle-même empruntée aux courants dominants de la philosophie des Lumières) qui a longtemps permis à ses innombrables fidèles de justifier idéologiquement tous les

1. *Le Quai de Wigan*, 1937.

combats contre le pouvoir de la noblesse et de ces « forces du passé » – *traditions populaires comprises* – dont l'Église catholique était alors le symbole privilégié (de là, entre autres, cet anticléricalisme viscéral qui donne à la gauche française une coloration spécifique qu'on ne retrouve guère dans celle des nations protestantes). C'est d'ailleurs ce rôle central joué par la notion de « Progrès » (ou de « sens de l'histoire ») dans l'imaginaire de la gauche qui permet d'expliquer qu'aujourd'hui encore ce soient toujours les concepts de « Réaction » et de « réactionnaire » – qui ne devraient pourtant avoir de sens politique précis que dans le contexte du XIXe siècle et de ce qu'Arno Mayer appelait la « persistance de l'Ancien régime » – qui continuent de définir le noyau dur de toutes ses analyses et le principe de toutes ses excommunications **[I]**.

Or non seulement, comme chacun peut le voir, il n'y a absolument *rien* dans cet ADN originel de la gauche qui puisse l'inviter à remettre *radicalement* en cause la subordination intégrale de la vie humaine – à commencer par celle des *travailleurs* – aux seules exigences *impersonnelles* de l'accumulation sans fin du capital (la servitude étant toujours définie, dans l'idéologie libérale des « droits de l'homme », comme un rapport de dépendance *personnelle*, conçu sur le seul modèle des relations féodales[1]). Mais dès lors que

1. Comme l'écrit Marx (dans le chapitre du *Capital* consacré à la colonisation), « au lieu d'être une chose, le capital est un *rapport social* entre personnes, lequel s'établit *par l'intermédiaire des choses* ». D'où la mésaventure survenue, au début du

l'on a compris que le mode de production capitaliste – loin de prendre sa source dans un imaginaire « conservateur » – ne pouvait, au contraire, se reproduire qu'en colonisant sans cesse de *nouvelles* régions du globe et de *nouvelles* sphères de la vie humaine (« ce constant ébranlement de tout le système social, cette agitation et cette insécurité perpétuelles qui – écrivait Marx en 1847 – *distinguent l'époque bourgeoise de toutes les précédentes* »), on est même plutôt amené à en conclure qu'un « logiciel » de gauche immunisera toujours moins ses utilisateurs contre les « utopies d'un *progrès marchand* peuplées de citoyens-consommateurs responsables » (selon la formule de Jaime Semprun) que toutes les idéologies « réactionnaires » réunies (on connaît d'ailleurs l'admiration absolue que vouait Marx à l'œuvre de Balzac).

Quant aux différents courants socialistes – dont l'unité philosophique tenait, en premier lieu, à leur

---

XIXe siècle, à sir Robert Peel qui « emporta avec lui d'Angleterre pour Swan River, en Nouvelle-Hollande, des vivres et des moyens de production d'une valeur de cinquante mille livres sterling. M. Peel eut en outre la prévoyance d'emmener trois mille individus de la classe ouvrière, hommes, femmes et enfants. Une fois arrivé à destination, M. Peel resta sans un domestique pour faire son lit ou puiser de l'eau à la rivière. Infortuné M. Peel qui avait tout prévu ! Il n'avait oublié que d'exporter au Swan River les rapports de production anglais ». C'est sur un « oubli » analogue que se fonde de nos jours l'idéologie des droits de l'homme. Et, de fait, cette idéologie rend logiquement concevable une plainte pour racisme, sexisme ou homophobie (et on doit s'en féliciter). *Mais jamais pour extorsion de plus-value.*

volonté commune de promouvoir l'« émancipation *sociale* des prolétaires[1] » – ils apparaissent d'abord comme le fruit, dans les conditions spécifiques de la *révolution industrielle naissante*, de la protestation des travailleurs anglais, français et allemands à la fois contre la nouvelle organisation capitaliste du travail fondée sur le « mouvement incessant du gain toujours renouvelé » (Marx, *Le Capital*, livre I, 1867) et contre la forme de société atomisée, déshumanisante et « benthamienne[2] » qui en était le complément naturel. De là, non seulement, leur critique constante de la soif insatiable de profit de la *nouvelle* « aristocratie d'argent » et de la mise en concurrence continuelle de tous avec tous (et d'abord des classes ouvrières du

1. Victor Considerant, article « Le socialisme devant le vieux monde ou le vivant devant les morts », *in* Pierre Larousse, *Grand dictionnaire universel du XIXe siècle*, 1866-1877.

2. Dans *Justice. What's the Right Thing to Do* (Albin Michel, 2016, p. 56), Michael Sandel résume parfaitement la philosophie politique de Bentham : « Après tout, qu'est-ce qu'une communauté ? Pour Bentham, c'est un "corps fictif" composé de la somme des individus qu'il comprend. Citoyens et législateurs devraient par conséquent se demander : si nous faisons la somme de tous les avantages d'une politique donnée et que nous en soustrayons tous les coûts, pouvons-nous dire qu'elle produit plus de bonheur que toute autre politique ? » Ce primat structurel d'un idéal purement calculateur (ou gestionnaire) sur toute forme de réflexion morale, philosophique ou religieuse (primat censé incarner la « fin des idéologies ») constitue l'un des traits les plus caractéristiques de la société libérale moderne. Et cela d'autant plus que l'idée de « bonheur » renvoie elle-même, chez Bentham, à un simple « *calcul* des plaisirs et des peines ».

monde entier entre elles [J]) *mais également* – il convient de le rappeler en ces temps naïvement libéraux – de cette vision profondément *abstraite* de la liberté et de l'égalité qui sous-tendait les principes de 1789 (et dont la loi Le Chapelier avait déjà montré clairement, en 1791, toutes les implications *sociales* réelles). Autant dire que le rapport à la modernité industrielle des premiers socialistes était donc nettement moins enthousiaste que celui de la gauche républicaine (même si, bien sûr, certaines passerelles politiques entre le socialisme et la petite bourgeoisie jacobine d'extrême gauche ont toujours existé, par exemple pendant la Commune de Paris[1]). Et que leur propre conception du « Progrès » – sans même évoquer ici des auteurs comme Gustav Landauer ou William Morris – s'avérait généralement beaucoup plus complexe et dialectique que celle qui soutenait les discours positivistes de la gauche du XIXe siècle[2] (cette dernière ne dépassant d'ailleurs presque jamais la déploration purement *humanitaire* des conditions de vie du nouveau prolétariat industriel). En un mot, les fondateurs

---

1. Sur toutes ces questions, on lira le très beau livre de Michèle Riot-Sarcey, *Le Procès de la liberté. Une histoire souterraine du XIXe siècle en France* (La Découverte, 2016).

2. Même dans sa période la plus « occidentaliste », Marx avait déjà du « Progrès » une image bien plus complexe que celle de la plupart des philosophes des Lumières. Dans son célèbre article du 22 juillet 1853 sur « Les résultats éventuels de la domination britannique en Inde », il le comparait ainsi à l'une de ces « hideuses idoles païennes qui ne voulaient boire le nectar que dans le crâne de leurs victimes ».

du socialisme prenaient toujours soin de distinguer la République libérale et bourgeoise des « Bleus » (celle qui – quelles que soient les indispensables libertés qu'elle accorde aux individus atomisés – laisse *nécessairement* intacts le système de l'accumulation du capital et les inégalités de classes) de cette *République sociale* invoquée par les « Rouges », et dont ils attendaient qu'elle donne – selon les termes de l'appel lancé, pendant la Commune, par la socialiste libertaire André Léo (pseudonyme de Victoire Béra) – « *la terre au paysan et l'outil à l'ouvrier* ».

Bien entendu, la plupart de ces premiers socialistes – partisans, par définition, d'une société sans classes [1] – n'hésitaient jamais à joindre leurs forces à

1. Une « société sans classes » ne doit pas signifier une société devenue mystérieusement « transparente à elle-même », dans laquelle tous les conflits, désaccords et divisions auraient disparu et, avec eux, l'instance même du politique (outre le fait que même dans une telle société il faudra vraisemblablement encore compter avec la jalousie amoureuse – si René Girard a raison – et avec ce que Molière appelait les *fâcheux*). Il s'agit, avant tout, d'une société dans laquelle le pouvoir économique et juridique de disposer à sa guise du *temps* des autres – donc de les exploiter ou de les dominer – aurait progressivement disparu. En sorte que la vieille figure de l'*ennemi* – pour reprendre une distinction de Chantal Mouffe – y aurait peu à peu cédé la place à celle du simple *adversaire* (ce qui constitue, de toute évidence, un véritable progrès humain). Sur cette dimension « agonistique » présente dans toute communauté humaine – y compris, par conséquent, au cœur même de la logique du don – on relira l'essai précurseur de Jean-Luc Boilleau, *Conflit et lien social. La rivalité contre la domination* (La Découverte/*Revue du MAUSS*, 1995).

celles de la gauche libérale et républicaine chaque fois que cette dernière devait affronter la réaction cléricale et monarchiste, quitte à devoir ainsi, comme l'écrivait Lissagaray en 1876, « défendre cette République qui les persécutait ». Il va en effet de soi que cet aspect particulier de l'héritage des Lumières – la lutte contre toutes les formes de survivance des institutions *inégalitaires* de l'Ancien Régime (que la plupart des socialistes se gardaient bien de confondre avec la liquidation libérale des traditions communautaires paysannes ou des structures d'entraide propres au compagnonnage ouvrier[1]) – se retrouvait intégralement dans leur propre programme (je n'ai évidemment jamais prétendu que l'intersection du programme libéral et du programme socialiste formait un ensemble vide !). Mais c'était, en général, sans la moindre illusion sur l'attitude qu'adopterait cette bourgeoisie républicaine de gauche chaque fois que le combat purement politique pour l'extension des libertés fondamentales du citoyen en viendrait à mettre à l'ordre du jour la question cruciale de l'*émancipation sociale* des travailleurs. Comme l'écrivait encore Lissagaray, dans son *Histoire de la Commune*, il s'agissait donc pour les socialistes de travailler en toutes circonstance à « crever le décor politique » officiel

1. Sur ce conflit permanent du droit bourgeois et des coutumes populaires, on lira le magnifique recueil d'essais d'Edward P. Thompson, *Les Usages de la coutume. Traditions et résistances populaires en Angleterre, XVIIe – XIXe siècle* (Les Éditions de l'EHESS, Gallimard, Seuil, 2015).

(celui, indispensable mais minimal et abstrait, que l'idéologie des « droits de l'homme » contribue à mettre en place) afin d'amener au grand jour la « question du prolétariat ».

Aussi bien, ce soutien critique que les ouvriers socialistes apportaient régulièrement à la gauche dans son combat constitutif contre la « Réaction » ne les conduisait-il jamais à vouloir *fusionner* avec elle sous le seul prétexte d'une défense commune, mais *abstraite*, des « valeurs républicaines ». Et lorsque quelques années seulement après le massacre des ouvriers parisiens – massacre accompli sous le commandement impitoyable des principaux *chefs de la gauche libérale* du temps, d'Adolphe Thiers à Jules Favre[1] – certains militants socialistes, devant la

1. L'un des grands soucis de l'historiographie « progressiste » du XXe siècle aura été de dissimuler par tous les moyens le fait qu'Adolphe Thiers était bel et bien, en 1871, le *chef de la gauche libérale.* La droite du temps, quant à elle, ne s'y trompait pas. C'est ainsi, par exemple, que deux semaines après le déclenchement de l'insurrection parisienne, la comtesse de Ségur ne parvenait toujours pas à en démordre : « M. Thiers – se plaignait-elle au vicomte de Pitray – *ne veut rien faire qui contrarie les rouges* ; et, bien mieux, de concert avec son ami rouge Grévy, président, *il empêche les membres de la droite de parler* » (lettre du 31 mars 1871). Et même le 8 avril, la comtesse ne pouvait encore s'empêcher d'écrire : « Saint Thiers a pour ces abominables scélérats des tendresses paternelles. » Et, de fait, les funérailles d'Adolphe Thiers – le 8 septembre 1877 – donneront lieu à l'un des plus grands rassemblements de toute l'histoire de la gauche parisienne – Victor Hugo et Gambetta en tête. « De la rue Lepeltier au Père-Lachaise – rapporte ainsi Jules Ferry –, *un million d'hommes* [...], debout, tête nue,

menace d'une restauration de la monarchie, en étaient venus à envisager la possibilité d'une alliance plus organique avec la gauche (ou, tout au moins, avec son aile radicale), les Communards réfugiés à Londres allaient aussitôt s'empresser, dans leur appel de juin 1874 – et sous la plume, entre autres, d'Édouard Vaillant – de rappeler « à *ceux qui seraient tentés de l'oublier* que la *gauche versaillaise*, non moins que la droite, a commandé le massacre de Paris, et que l'armée des massacreurs a reçu les félicitations des uns comme des autres. *Versaillais de gauche et Versaillais de droite doivent être égaux devant la haine du peuple ; car contre lui, toujours, radicaux et jésuites sont d'accord* » (de nos jours, un tel appel serait, à coup sûr, reçu par les crédules lecteurs du *Monde* et de *Libération* comme le signe manifeste d'une « droitisation de la société » et du retour d'un « populisme » particulièrement « nauséabond »).

C'est donc uniquement, encore une fois, dans le contexte très particulier de l'affaire Dreyfus, et sous l'influence majeure de Jaurès, qu'allait véritablement prendre forme, malgré la vive résistance initiale de Guesde, Vaillant et Lafargue (et, sur un autre plan, du mouvement anarchosyndicaliste) le nouveau projet d'une *intégration définitive* du mouvement ouvrier socialiste dans le camp supposé politiquement homogène de la gauche « républicaine » et des « forces de

l'immortelle à la boutonnière, saluant le char d'un seul cri roulant, grave, résolu, formidable, des deux côtés du boulevard : Vive la République ! »

progrès » **[K]**. Projet qui ne finira du reste par s'imposer *définitivement* que dans le cadre de la montée du fascisme des années 1930 (c'est ainsi qu'en février 1921, dans une résolution de son conseil national, la SFIO elle-même tenait encore à rappeler qu'elle était un parti de « lutte des classes et de révolution » et qu'à ce titre, « ni les *blocs des gauches ni le ministérialisme* – condamnés l'un et l'autre en théorie et en pratique – ne trouveront la moindre chance de succès dans ses rangs »). Or, comme Rosa Luxemburg l'avait immédiatement compris (tout en approuvant sans ambiguïté, par ailleurs, l'appel courageux de Jaurès à intervenir en faveur du capitaine Dreyfus), il s'agissait là d'un projet dont les implications politiques ne pouvaient, à terme, que se révéler désastreuses. C'est pourquoi, après avoir précisé que « nous autres en Allemagne n'avons pas encore la *mauvaise habitude* de confondre les "radicaux d'extrême gauche" avec la social-démocratie » (pierre lancée dans le jardin de tous les Olivier Besancenot à venir), puis rappelé que « le mérite historique impérissable des vieux partis, des guesdistes et des blanquistes (ainsi que, dans une certaine mesure, des allemanistes) était d'avoir su *séparer* la classe ouvrière des républicains bourgeois », elle n'avait pas hésité à placer les partisans de Jaurès devant leurs immenses responsabilités historiques : « La tactique politique de l'aile jauressiste – écrivait-elle ainsi – malgré sa conviction sincère et le plus grand dévouement à la cause du prolétariat, conduisent tout droit à la réintégration de la classe ouvrière dans le camp républicain, *autrement dit à* *l'anéantissement de toute l'œuvre accomplie par le socialisme depuis un quart de siècle* » (« La Crise socialiste en France » (1900), in *Le Socialisme en France*, Agone, 2013). Et afin de refroidir, au passage, l'enthousiasme républicain de Jaurès et de ses amis Millerand et Viviani devant la perspective d'une participation imminente des socialistes à un gouvernement de gauche, elle ajoutait, dans la foulée, cette précision aussi lucide que prophétique : « L'entrée des socialistes dans un gouvernement bourgeois n'est donc pas, comme on le croit, une conquête partielle de l'État par les socialistes, mais une conquête partielle du parti socialiste par l'État bourgeois » (analyse qui ne devait pas s'appliquer, en revanche, aux alliances municipales[1]).

---

1. « Tandis que le gouvernement incarne le pouvoir de l'État centralisé, la municipalité se développe à partir de l'administration locale autonome *aux dépens* du pouvoir central, en tant qu'*émancipation* de ce pouvoir. Tandis que pour le gouvernement les instruments spécifiques de la domination de classe bourgeoise, à savoir le militarisme, le culte, la politique commerciale, la politique étrangère, constituent son essence propre, en revanche la municipalité est appelée à remplir des *tâches culturelles et économiques*, c'est-à-dire les mêmes fonctions qui correspondent aux mécanismes administratifs de la société socialiste. C'est pourquoi le gouvernement central et la commune représentent historiquement, dans la société actuelle, deux pôles opposés : la lutte permanente entre le maire et le préfet est en France l'expression concrète de ce contraste historique. » Cette idée que l'*autonomie locale* doit être le *point de départ* de toute forme d'organisation socialiste – c'était le programme même de la Commune – est au cœur de toute la tradition du socialisme démocratique et libertaire (certains, à l'image de Kropotkine, iront même jusqu'à évoquer un « socia-

À contempler le triste champ de ruines qui s'étend aujourd'hui sous nos yeux, on comprend alors mieux à quel point les sombres prédictions de Rosa étaient entièrement justifiées (à ceci près, bien sûr, qu'il y a déjà bien longtemps que la conquête de la gauche par l'État bourgeois s'est révélée *totale*, et non plus seulement partielle). Non que le bilan de cette nouvelle gauche née au lendemain de l'affaire Dreyfus soit entièrement négatif. Loin de là. L'alliance du mouvement ouvrier et de la gauche républicaine bourgeoise (celle-ci ayant longtemps été symbolisée, en France, par le parti radical[1]) a non seulement permis, en

lisme municipal »). L'organisation « fédéraliste » – selon le terme utilisé par Proudhon et repris à leur compte par les « fédérés » de 1871 – découle logiquement de cette idée communaliste.

1. Le fait que la nouvelle gauche issue de l'affaire Dreyfus ait fini, dans les conditions particulières de la France, par être massivement dominée par le PCF et la SFIO, autrement dit par les deux grands partis qui conservaient encore une référence théorique à l'idéal socialiste (le parti radical, naguère pivot central de tout bloc des gauches, ayant amorcé, à partir de 1936, son déclin irréversible) a forcément contribué, dans l'inconscient collectif des Français, à maintenir un lien, si ténu soit-il, entre le nom de « gauche » et la critique de l'ordre capitaliste. Cela explique sans doute en partie la difficulté que beaucoup éprouvent, aujourd'hui encore, à admettre que, *dès l'origine*, le nom de « gauche » (comme le remarquait avec raison Marc Crapez) rimait déjà beaucoup moins avec « Peuple » qu'avec « Progrès » (d'où, entre autres, ce mépris constant du « parti de l'intelligence » envers ce qu'Olivier Besancenot appelle de façon significative – dans *Révolution !* – « les couches rurales réfractaires au progrès »). De là, le profond désarroi des militants de

effet, d'en finir partout avec les derniers vestiges de l'Ancien Régime ou encore de sauver à plusieurs reprises la République libérale des griffes du fascisme ou du lobby colonial. Elle a également longtemps rendu possible, dans le cadre du compromis fordiste et keynésien, une amélioration réelle des conditions de vie des classes laborieuses, même si le prix de cette amélioration était presque toujours celui d'une intégration croissante des syndicats dans la gestion directe du système capitaliste (d'où leur incapacité dramatique, aujourd'hui encore, à rompre intellectuellement avec l'illusion que la croissance matérielle illimitée serait, pour reprendre la formule de George Bush, « la solution et non le problème »). L'ennui, c'est qu'un tel compromis entre la classe ouvrière et la bourgeoisie progressiste rendait, du même coup, philosophiquement problématique tout effort sérieux des nouveaux partis de « gauche » pour s'attaquer *en commun* – et autrement qu'en paroles – aux racines profondes d'un système économique et social qui

---

la « gauche de la gauche », de nos jours, devant la contradiction de plus en plus manifeste, à mesure que la logique capitaliste développe tous ses effets, entre ces deux notions, jadis perçues comme indissociables. De ce point de vue, le fait que le parti « socialiste » ait résolument choisi, depuis trente ans, de privilégier la défense de la « croissance » et du « progrès » (ou de la « modernisation ») au détriment de celle des classes populaires prouve qu'il est au moins resté fidèle à l'idéal avant-gardiste de la gauche du XIXe siècle. On se reportera, sur ce sujet, au remarquable essai de David Noble, *Le Progrès sans le peuple* (Agone, 2016). La première édition américaine de cet ouvrage date de 1993.

repose depuis l'origine sur la mise en valeur du capital par l'exploitation continuelle du travail vivant, le pillage suicidaire de la planète, et le règne chaque jour un peu plus déshumanisant de la marchandise et de l'aliénation consumériste.

Il aura donc suffi, au début des années 1970, que la crise généralisée du modèle « fordiste » d'accumulation du capital conduise progressivement les classes dominantes occidentales à tracer une croix définitive sur le compromis keynésien (autrement dit, sur la redistribution aux classes populaires, à travers les mécanismes de l'État-providence, d'une partie non négligeable des « fruits de la croissance ») pour précipiter aussitôt ce qui subsistait encore de la « gauche socialiste » et du vieux mouvement ouvrier organisé dans un état de crise idéologique profonde. Et comme, par ailleurs, se généralisait, parmi les nombreux « repentis » de l'intelligentsia trotskyste et maoïste, l'idée que toute volonté de s'opposer à la dynamique aveugle de l'accumulation du capital conduirait inévitablement au *goulag* ou transformerait la France en une nouvelle Corée du Nord (Michel Foucault[1] et Bernard-Henri Lévy ayant

1. « *Qu'on ne me parle plus de Marx* ! – s'irritait déjà Foucault en 1975. Je ne veux plus jamais entendre parler de ce monsieur. Adressez-vous à ceux dont c'est le métier. Qui sont payés pour cela. Moi, j'en ai totalement fini avec Marx » (cf. *Critiquer Foucault. Les années 1980 et la tentation néolibérale*, ouvrage collectif dirigé par Daniel Zamora, Éditions Aden, 2014, p. 41). De fait, le soutien enthousiaste que l'auteur de *Surveiller et punir* apportera, en mai 1977, au livre d'André Glucksmann, *Les Maîtres penseurs* (soutien qui entraînera d'ailleurs sa rupture avec Gilles Deleuze et Claude Mauriac), marque un tournant

joué ici le rôle intellectuel décisif que l'on sait [**L**]), toutes les conditions allaient ainsi se trouver réunies – sur fond de déclin de l'Empire soviétique – pour que la vieille gauche libérale et républicaine du XIXe siècle (celle que symbolisaient au mieux François Mitterrand et Jacques Delors – dignes héritiers, sur ce point, d'Adolphe Thiers, de Clemenceau et de la « République des Jules ») reprenne définitivement la direction des opérations. Et entreprenne ainsi d'effacer une à une les dernières traces de l'alliance autrefois nouée, sous la présidence d'Émile Loubet, avec le mouvement socialiste officiel (et cela, bien sûr, sous le masque – assurément plus approprié à la fuite en avant continuelle de l'économie marchande – de ce « libéralisme des mœurs » dont Jean-Pierre Garnier rappelait encore récemment que sa fonction première était de « camoufler la perpétuation du libéralisme tout court[1] »).

Dans ces conditions, et devant l'ampleur de la faillite morale, politique et intellectuelle de la gauche moderne (n'est-il pas symptomatique, par exemple,

---

décisif dans le ralliement progressif de l'intelligentsia française aux dogmes de la « nouvelle philosophie » et du libéralisme (on se reportera sur ce point au chapitre que Michael Christofferson consacre à Foucault dans son ouvrage *Les Intellectuels contre la gauche*, Agone, 2009). Certains se souviendront alors peut-être du jugement prophétique de Sartre. La pensée de Foucault – écrivait-il dès 1966 – est « le dernier barrage que la bourgeoisie puisse encore dresser contre Marx ». L'université française contemporaine est là pour le confirmer.

1. *Zelium*, février 2016.

que lorsqu'il arrive encore à des intellectuels de gauche « post-modernes » d'utiliser le mot « travailleur » ce soit presque toujours pour évoquer le seul cas des *« travailleurs du sexe »* ?) peut-on encore raisonnablement croire qu'il suffirait d'en ressusciter la « radicalité » originelle – de revenir, en d'autres termes, à une gauche qui soit « vraiment de gauche » – pour se retrouver aussitôt en mesure de regagner la confiance, ou même simplement l'écoute, de ces classes populaires aujourd'hui réfugiées dans l'abstention ou le vote *néo-boulangiste* ? Je crains, hélas, qu'il ne s'agisse là, à nouveau, d'une illusion sans avenir. *Car de deux choses l'une.* Ou bien, en effet, ce qu'on entend ainsi sous le nom de « gauche de la gauche » (ou « gauche radicale ») c'est tout simplement la reconstitution à l'identique de l'ancienne alliance *défensive* que le mouvement socialiste et la bourgeoisie « progressiste » avaient nouée lors de l'affaire Dreyfus, et qui aura donc globalement réussi à se maintenir jusqu'à la fin du XXe siècle (grâce, entre autres, aux vertus unificatrices du combat contre le colonialisme et le fascisme[1]). Mais cela revient à

1. Notons qu'au départ – et à la différence d'une grande partie des organisations socialistes et anarchistes – la gauche française, Jules Ferry en tête, défendait avec enthousiasme le principe de la colonisation (l'idée d'une « mission civilisatrice » de la France républicaine – dont on retrouve aujourd'hui un pâle ersatz dans le culte des « droits de l'homme » et l'idéologie « humanitaire » – découlant logiquement de la théorie du « Progrès » élaborée par la philosophie libérale des Lumières). Ce n'est qu'une fois les coûts d'entretien de l'Empire colonial devenus beaucoup trop lourds à supporter pour la métropole (la colonisation « républicaine » exigeait en effet – même sous une

oublier, d'une part, que la lutte unitaire du « camp républicain » et des « forces de progrès » contre une droite alors incontestablement monarchiste, cléricale et « réactionnaire », a épuisé depuis déjà longtemps sa raison d'être historique initiale (sauf à supposer que l'objectif caché d'Alain Juppé ou de Christine Lagarde serait toujours de faire remonter un Bourbon sur le trône et de rétablir dans sa plénitude le pouvoir temporel de l'Église). Et, de l'autre, que le socle économique du compromis « fordiste-keynésien » sur lequel se sont longtemps appuyées les politiques de redistribution sociales-démocrates (autrement dit, un mode d'accumulation du capital qui reposait encore essentiellement sur la valeur *déjà* produite dans l'économie « réelle », et non pas – comme c'est devenu massivement le cas à partir des années 1980 – sur celle que le recours à l'endettement structurel et aux circuits sophistiqués du « capital fictif » permet de capitaliser *par avance*) a précisément commencé à voler en éclats au cours des années 1970.

---

forme inégalitaire et limitée – la construction d'écoles, d'hôpitaux ou d'infrastructures routières), que la classe dominante finira par se résoudre à abandonner la *gestion directe* des peuples colonisés (« la Corrèze avant le Zambèze », selon le mot d'ordre du « cartiérisme » des années 1950) au profit de leur *gestion indirecte*, infiniment plus souple et plus rentable, par le système de la dette, de l'échange inégal et de la corruption des élites locales. C'est d'abord à la lumière de cette nouvelle donne qu'il faut comprendre le ralliement progressif de l'intelligentsia de gauche – non sans de longues hésitations (songeons à la défense persistante de l'« Union française » par le PCF de Thorez et Duclos ou à François Mitterrand soutenant encore, en février

Ou bien, au contraire, on entend seulement désigner par gauche « vraiment de gauche », une gauche définitivement libérée de l'hypothèque socialiste donc libre d'incarner à nouveau ce simple « parti du Mouvement » – opposé à tous les « partis de l'Ordre » et à toutes les survivances du « vieux monde » – qui en définissait l'essence sous la Restauration et le Second Empire. Mais, d'une part, c'est exactement là ce que le règne de François Mitterrand a déjà permis d'accomplir (le vieux triptyque républicain – « Liberté, Égalité, Fraternité » – étant rapidement redevenu la seule devise concevable d'une gauche à présent essentiellement « citoyenne »). Et de l'autre, cela suppose un renoncement définitif à toute critique radicale – ou même simplement cohérente – de l'organisation capitaliste de la société, puisqu'il va de soi que la *dynamique révolutionnaire* (selon le mot de Marx) de cette forme d'organisation ne saurait être saisie dans sa dialectique réelle, ni appréhendée de manière réellement critique, à partir de la seule antithèse métaphysique et abstraite entre « Progrès » et « Réaction ».

C'est, du reste, cette impossibilité, commune à toutes les pensées de type « progressiste », de percevoir le système capitaliste autrement que comme une « force du passé » fondée sur un imaginaire « traditionaliste » et « patriarcal » (et tout lecteur d'Orwell aura immédiatement reconnu dans cette forme extrême

1958, que « *l'abandon de l'Algérie serait un crime* ») – aux différentes luttes anticoloniales.

d'aveuglement la marque même de la schizophrénie *idéologique*) **[M]** qui explique également qu'une gauche « de mouvement » éprouvera toujours les pires difficultés philosophiques à saisir ce mode de production planétaire et culturellement uniformisateur dans sa dimension constitutive de « fait social total[1] ». Autrement dit, à comprendre que c'est bien, en dernière instance, *la même logique indissolublement culturelle et marchande* (ce que Debord appelait le « Spectacle » et Marx cette « circulation de l'argent comme capital *qui possède son but en elle-même* » et

1. À partir du moment où le capitalisme devient un « fait social total », les catégories qui permettaient de penser le fonctionnement de ses stades antérieurs doivent être en partie redéfinies : « La *société bourgeoise* – écrivent ainsi Jacques Guigou et Jacques Wajnsztejn – devient la *société du capital* en englobant la société civile. Le discours du capital remplace l'idéologie bourgeoise et impose sa neutralité axiologique à travers son utilisation de la techno-science et de ses systèmes experts » (*Crise financière et capital fictif*, L'Harmattan, 2008, p. 31). C'est bien sûr ici que les intellectuels de gauche doivent entrer en jeu. Et, de fait, il n'est pas difficile de reconnaître, sous leur déconstruction « postmoderne » de tous les *anciens* « tabous » de l'idéologie bourgeoise, l'une des formes les plus sophistiquées du *nouveau* « discours du capital » (comme en témoigne, entre autres, le fait que la carrière d'un universitaire français – du moins dans le domaine des « sciences sociales » – dépend avant tout, de nos jours, du nombre de génuflexions qu'il acceptera d'accomplir devant l'œuvre de Foucault et de Derrida). Sur cette véritable contre-révolution culturelle, on lira le livre décisif de Renaud Garcia, *Le Désert de la critique. Déconstruction et politique*, L'Échappée, 2015).

qui ne saurait donc admettre « aucune limite[1] ») qui peut, seule, rendre pleinement intelligibles aussi bien le renforcement continuel des inégalités de classe et la chute dans la précarité d'un nombre toujours plus grand de gens ordinaires, que les problèmes de l'École et de la vie urbaine moderne, l'effacement progressif de toutes les frontières offrant encore un minimum de protection aux classes les plus pauvres, le recours grandissant à la gestation pour autrui, à la télésurveillance ou à la « reproduction artificielle de

1. Dans le chapitre du *Capital* consacré à la « lutte pour une journée de travail normale », Marx décrit avec précision les effets déshumanisants de cette *logique d'illimitation* qui définit l'essence du système capitaliste : « Il est évident [qu'aux yeux du capitaliste] le travailleur n'est autre chose, sa vie durant, que force de travail, et qu'en conséquence tout son temps disponible est, de droit et naturellement, temps de travail appartenant au capitaliste et à la capitalisation. Du temps pour l'éducation, pour le développement intellectuel, pour l'accomplissement de fonctions sociales, pour les relations avec parents et amis, pour le libre jeu des forces du corps et de l'esprit, même pour la célébration du dimanche, et cela dans le pays des sanctificateurs du dimanche, pure niaiserie ! Mais dans sa passion aveugle et démesurée, dans sa gloutonnerie de travail extra, le capital dépasse *non seulement les limites morales,* mais encore *la limite physiologique extrême de la journée de travail.* Il usurpe le temps qu'exigent la croissance, le développement et l'entretien du corps en bonne santé. Il vole le temps qui devrait être employé à respirer à l'air libre et à jouir de la lumière du soleil » (*Capital,* Livre I, troisième section, chapitre X). Sur cette logique d'illimitation du capitalisme et ses conséquences sur la subjectivité humaine (la transformation de l'individu en « entrepreneur de lui-même »), on découvrira des analyses très intéressantes dans

l'humain[1] », la bétonisation insensée des terres cultivables et la destruction corrélative de l'agriculture paysanne par la chimie de Monsanto et le « productivisme » de l'Union européenne[2], la corruption croissante du sport professionnel de haut niveau, la

Ce cauchemar qui n'en finit pas (Pierre Dardot et Christian Laval, La Découverte, 2016, p. 94-107).

1. Alexis Escudero, *La Reproduction artificielle de l'humain* (Le monde à l'envers, 2014). Notons que cet ouvrage, qui dévoile de façon magistrale les nouvelles stratégies « transhumanistes » que le capitalisme moderne travaille à mettre au point (eugénisme, manipulations génétiques des embryons, marchandisation du vivant, etc.) a aussitôt valu à son auteur une haine aussi insensée que révélatrice – allant jusqu'à l'agression physique – dans les milieux de l'extrême gauche « antifa », anarcholibérale et *siliconiste.* C'est, du reste, l'honneur d'une grande partie du mouvement libertaire – celle pour qui le rejet du fascisme et du stalinisme n'a jamais été une simple posture valorisante ou un fonds de commerce rentable – que d'avoir aussitôt dénoncé les multiples insultes, menaces et agressions dont Escudero était la cible récurrente de la part de ces *gardes rouges du capital* (voir l'« Appel contre la censure et l'intimidation dans les espaces d'expression libertaire » du 29 décembre 2014).

2. Rappelons qu'en France vingt-six mètres carrés de terres cultivables disparaissent *chaque seconde*, principalement sous l'avancée du béton (elle-même cyniquement légitimée, la plupart du temps, au nom du « droit au logement »). Bien entendu, il s'agit d'abord là d'un phénomène planétaire, qui affecte tout autant, sinon plus, les pays du Sud et dont les effets négatifs ne se font pas seulement sentir sur le plan alimentaire et humain (entre 2006 et 2011, ce sont ainsi plus de 200 millions d'hectares de terres agricoles appartenant à des petits propriétaires qui sont passés sous le contrôle de firmes et de gouvernements étrangers). Comme le note par exemple Saskia

prolifération des cancers de l'enfant et le réchauffement climatique, ou encore les progrès continus de l'incivilité quotidienne, de l'insécurité, de la mondialisation du crime organisé et des trafics humains en tout genre. Or il ne fait aujourd'hui aucun doute que les catégories populaires – précisément parce qu'elles en sont toujours les premières victimes – ressentent déjà de manière infiniment plus profonde que tous les sociologues de gauche réunis les effets humainement désastreux de cette intégration dialectique toujours plus poussée entre l'économique, le politique et le culturel. À moins, par conséquent, que la gauche moderne ne parvienne à « *changer de peuple* » – comme l'y invitait encore récemment Éric Fassin (le vote des étrangers constituant, pour ce clone de gauche d'Agnès Verdier-Molinié, le point de départ

---

Sassen (*Expulsions. Brutalité et complexité dans l'économie globale*, Gallimard, 2016, p. 124), « le *fait d'être expulsé de chez soi*, de sa terre et de son travail a aussi pour effet de donner un espace opérationnel élargi aux réseaux criminels et au trafic d'êtres humains, ainsi qu'un accès plus facile à la terre et aux réserves d'eau souterraine aux acquéreurs étrangers, qu'ils soient des entreprises ou des gouvernements ». Il suffit alors de présenter comme « réactionnaire » ou « xénophobe » toute volonté de reconnaître la moindre valeur positive aux notions d'*identité*, d'*appartenance* ou d'*être chez soi* – à l'image de celle qui anime par exemple, les mouvements révolutionnaires d'Amérique latine – pour conférer aussitôt à ce processus de dépossession méthodique des paysans les plus pauvres par le capitalisme mondial – que ce soit en Inde, au Brésil ou au Mali – la noble allure d'une croisade « progressiste » (cf. Roger Martelli, *L'Identité c'est la guerre*, Les liens qui libèrent, 2016).

indispensable de cette stratégie) – il est donc grand temps, pour elle, de *commencer* à comprendre que si ce flamboyant « libéralisme culturel » qui est aujourd'hui devenu son dernier marqueur électoral et son ultime valeur refuge suscite un tel rejet de la part des classes populaires, c'est aussi parce que ces dernières ont déjà souvent compris qu'il ne constituait que le corollaire « sociétal » *logique* du libéralisme économique de Milton Friedman et d'Emmanuel Macron (ce que Jacques Julliard appelle judicieusement « l'alliance, en somme, des pages saumon du *Figaro* et des pages arc-en-ciel de *Libération* »)[1].

1. « Ceux qui font des révolutions *à moitié* – disait Saint-Just – n'ont fait que se creuser un tombeau. » Tel est effectivement le destin qui attend (ne serait-ce que sur le plan électoral) tous ceux qui croient encore, à l'image de la « gauche de la gauche », qu'on pourrait rompre avec l'économie capitaliste, tout en contribuant à renforcer par ailleurs *toutes* ses conditions de fonctionnement « morales » et culturelles. Un peu, en somme, comme si on dénonçait rageusement le forum de Davos tout en continuant à prendre au sérieux les mondanités du Festival de Cannes.

QUESTION 4

Quelles sont selon vous les pistes, appelant une « autocritique », qui permettraient de surmonter cet échec ?

Au point où nous en sommes arrivés, ce n'est certainement pas une simple « autocritique » qui permettra à la gauche de remonter la pente et de retrouver l'estime des classes populaires. Sauf, bien entendu, si cette autocritique devait signifier *un changement complet de paradigme* et sous réserve encore qu'un tel changement puisse s'accomplir *dans des délais très courts* (tout en sachant, par ailleurs, qu'il faudrait pour cela remettre également en cause le statut et les privilèges de tous ceux – élus de toutes sortes, innombrables dirigeants « associatifs », intellectuels de métier, etc. – qui ont un intérêt personnel évident au maintien des clivages officiels). Cette nécessité d'agir sous le signe de l'urgence n'a rien de rhétorique. Depuis 2008, en effet, l'économie capitaliste mondiale est clairement entrée dans ce qu'Immanuel Wallerstein appelait la « phase terminale de sa crise structurelle[1] ». Phase qui peut, bien sûr, s'étendre

1. Immanuel Wallerstein, Randall Collins, Michael Mann, Georgi Derluguian, Craig Calhoun, *Le capitalisme a-t-il un*

encore sur quelques dizaines d'années et crise qui se caractérise d'abord par le fait – déjà souligné par André Gorz – que la dynamique d'accumulation du capital, parce qu'elle repose essentiellement aujourd'hui sur la productivité de l'industrie financière, « ne se perpétue et ne fonctionne que sur des *bases fictives* de plus en plus précaires[1] ». Cela signifie, en d'autres termes, que nous appartenons déjà à ce moment de l'histoire (dont Rosa Luxemburg avait prédit, dès 1913, qu'il se présenterait sous la forme d'une longue « période de catastrophes ») où le problème de la *déconnexion progressive* du système capitaliste et de la vie humaine va commencer à se poser sous des formes de plus en plus concrètes et de plus en plus pressantes. Si, par conséquent, nous tenons vraiment à ce que cette sortie progressive du capitalisme, *à terme inévitable,* s'opère de manière aussi civilisée et pacifique que possible (ce que personne ne peut aujourd'hui prévoir), il est donc devenu plus indispensable que jamais – comme Engels l'écrivait en 1895 – que « les masses elles-mêmes y coopèrent, qu'elles aient déjà compris elles-mêmes de quoi il s'agit, et pourquoi elles interviennent *avec leur corps et avec leur vie*[2] ». Or un rassemblement aussi large des classes populaires (rassemblement qui devrait, de plus, être suffisamment solide et cohérent pour pouvoir attirer dans

---

avenir ?, La Découverte, collection « L'horizon des possibles », 2014, p. 20 (rééd. La Découverte/Poche, 2016).

1. André Gorz, « Le Travail dans la sortie du capitalisme », *Revue EcoRev'*, publié à titre posthume le 7 janvier 2008.

2. Engels, introduction à *Les Luttes de classes en France*, 1895.

son orbite idéologique – comme en Mai 68[1] – une grande partie des nouvelles classes moyennes urbaines) n'aura strictement *aucune* chance de voir le jour tant que ces classes ne se verront offrir d'autre alternative politique plausible que celle – imposée en boucle par les médias et les partis du bloc libéral – qui est censée opposer, depuis la nuit des temps, les héroïques défenseurs de la « société ouverte » et du « monde moderne » (le « parti de l'intelligence ») et ceux du « repli sur soi », du « rejet de l'autre » et de toutes les formes de « passéisme » (et, au passage, on en vient parfois à se demander – à voir le ton moralisateur et méprisant que la plupart des intellectuels et artistes de gauche adoptent dès qu'il s'agit de faire la leçon aux catégories les plus modestes – s'il leur reste encore un minimum de sens psychologique élémentaire[2]).

---

1. En Mai 68, l'*hégémonie culturelle* du mouvement ouvrier était encore telle que la plupart des étudiants contestataires (dont le recrutement était pourtant infiniment plus sélectif qu'aujourd'hui) étaient prêts à s'inventer des origines prolétariennes pour donner plus de poids à leur parole (« les ouvriers prendront des mains fragiles des étudiants le drapeau de la lutte »). Près de cinquante ans plus tard, chacun peut voir ce qu'il reste, dans les nouvelles classes moyennes métropolitaines – et chez leur progéniture – de cette image autrefois glorieuse du monde ouvrier (le déclin du PCF n'étant évidemment pas étranger à cette évolution idéologique).

2. Dans la représentation élitiste que le « parti de l'intelligence » se fait habituellement des classes populaires, la célèbre émission radiophonique d'Orson Welles sur *La Guerre des mondes*, en octobre 1938, occupe, à coup sûr, une place de choix. À en croire la légende, les habitants de l'« Amérique profonde » étaient, en effet, si dénués de tout sens critique qu'ils

Dans ces conditions, et si nous ne voulons pas voir se rejouer sous nos yeux une énième version de l'histoire du joueur de flûte de Hamelin – avec, cette fois-ci, Marine dans le rôle du chasseur de rats – il devient donc chaque jour un peu plus urgent, d'une part, de travailler à nous déprendre d'un système de classification totémique dont chacun peut constater aujourd'hui qu'il ne fonctionne plus, pour l'essentiel, que dans le seul intérêt de la classe dominante, et, de l'autre, de commencer à réapprendre – selon la belle formule de Juan Carlos Monedero, l'un des théoriciens les plus lucides de Podemos – à « tracer de nos mains un éclair qui montre *qui sont ceux d'en bas et*

---

auraient tout bonnement cédé à une panique généralisée à la simple écoute de cette émission (panique qui aurait même provoqué, selon les « témoins », « embouteillages, pillages, accidents, fausses couches, crises cardiaques, suicides, etc. »). Mais comme le sociologue des sciences Pierre Lagrange a pu l'établir de façon remarquable dans son livre *La guerre des mondes a-t-elle eu lieu ?* (Robert Laffont, 2005), il s'agit là d'une pure et simple *légende urbaine*. En réalité, toute cette histoire est partie d'une rumeur à laquelle seuls les intellectuels de la Côte Est (les moyens de communication étant évidemment beaucoup moins développés qu'aujourd'hui) avaient été assez naïfs pour prêter crédit, tant elle confortait leurs préjugés de classe sur le petit peuple de l'Amérique profonde. À tel point qu'aujourd'hui encore cette incroyable rumeur passe, chez beaucoup d'historiens, pour une vérité établie. Voilà qui devrait inciter nos missionnaires du parti de l'intelligence, à commencer par les artistes du showbiz, à beaucoup plus de modestie (et, surtout, à beaucoup plus de bienveillance et de compréhension dans leur rapport aux classes populaires). Le « beauf » n'est pas toujours celui qu'on croit.

qui sont ceux d'en haut » (analyse qui conduisait d'ailleurs Pablo Iglesias à remarquer avec humour qu'on pourrait donc « définir Podemos en disant que nous avons fait *tout ce que la gauche disait qu'il ne fallait pas faire* »). Naturellement, un tel appel à retourner, par-delà trois décennies d'hégémonie idéologique absolue de la gauche libérale et « citoyenne », aux clivages « transversaux » du socialisme originel (ce n'est assurément pas un hasard si l'une des références politiques majeures de Podemos – en dehors de l'apport décisif des mouvements révolutionnaires d'Amérique latine – est l'œuvre d'Antonio Gramsci), ne tombe pas du ciel. Il trouve, en réalité, son origine politique la plus concrète dans cet étonnant Mouvement du 15 mai 2011 – l'occupation de la Puerta del Sol à Madrid – qui avait conduit une partie du peuple espagnol, sur fond de crise et de précarité grandissantes, à renverser d'un seul coup toutes les tables de la loi politique officielle en osant, pour la première fois depuis très longtemps, proclamer avec fierté : *« Nous ne sommes ni de gauche ni de droite, nous sommes ceux d'en bas contre ceux d'en haut ! »* Mot d'ordre qui retrouvait donc spontanément ceux de la Commune de Paris (« Travailleurs, ne vous y trompez pas, c'est la grande lutte. C'est le parasitisme et le travail, l'exploitation et la production qui sont aux prises. Si vous voulez enfin le règne de la Justice, travailleurs, soyez intelligents, debout ! »). Et dont les grands médias français avaient d'ailleurs aussitôt entrepris de dissimuler l'existence, allant même jusqu'à rebaptiser le mouvement du 15-M en « mouvement des indignés » (histoire de suggérer par là que ce mouvement populaire devait beaucoup plus aux idées de Stéphane Hessel qu'à celles d'Antonio Gramsci ou d'Ernesto Laclau)[1].

Cela ne signifie évidemment pas que Podemos soit exempt de toute critique. Non seulement, en effet, la base politique et sociale réelle de la classe dominante est assurément beaucoup plus large que ce modeste « 1 % » que dénonce Podemos dans le sillage du mouvement Occupy Wall Street (et négliger ce fait ne peut conduire qu'à de graves désillusions puisque cela revient forcément à sous-estimer les capacités de mobilisation, y compris militaires, de l'oligarchie

---

1. « L'apparition de Ciudadanos nous replace dans une logique que nous avons depuis le début considérée comme perdante : *celle de l'axe gauche-droite traditionnel.* Nous pensons que sur cette base, il n'y a pas de possibilité de changement en Espagne. *Le danger aujourd'hui est d'être renvoyé à cet axe* et d'échouer à définir une nouvelle centralité » (Pablo Iglesias, *Le Monde diplomatique*, juillet 2015). Comptons donc sur l'extrême gauche française pour réactiver cet axe par tous les moyens (au besoin en agitant le spectre de la « droitisation ») et s'assurer ainsi qu'elle pourra tranquillement continuer – selon les mots de Guy Debord – « à prolonger d'un millénaire la plainte du prolétaire à seule fin de lui conserver un défenseur ». Et comptons ensuite, cela va de soi, sur les grands médias français pour continuer à mentir effrontément en présentant Podemos comme le parti officiel de la gauche radicale espagnole. Et si, malgré toutes ces mises en garde de Pablo Iglesias, une telle équation finissait par s'installer durablement dans l'esprit des classes populaires (signe que l'opération Ciudadanos – montée par la classe dirigeante espagnole – aurait définitivement atteint son but) il est clair que Podemos perdrait alors très vite une grande partie de son originalité intellectuelle donc de son pouvoir rassembleur.

régnante[1]). Mais on peut également regretter que le programme de Podemos soit encore extrêmement discret, du moins pour l'instant, sur les moyens concrets (par exemple le recours systématique aux monnaies locales et aux circuits courts [N]) qui devraient permettre de soustraire progressivement la vie des gens

---

1. Dès 1956, dans *The Power Elite*, Wright Mills avait décrit l'étendue réelle de la classe dominante *moderne*. « À mesure que les moyens d'information et de pouvoir se centralisent, certains hommes en viennent à occuper dans la société américaine des postes d'où ils peuvent, pour ainsi dire, regarder de haut le monde quotidien des hommes et des femmes ordinaires, et le bouleverser par leurs décisions. Ces hommes ne sont pas, eux, le simple produit de leur métier ; ils divisent le travail et l'assignent à des milliers d'autres hommes ; ils ne sont pas limités par de simples responsabilités familiales ; ils peuvent s'évader. Quel que soit leur lieu de résidence, ils ne sont pas enfermés dans une seule communauté. Ils n'ont pas à « faire face aux problèmes quotidiens » ; dans une certaine mesure, *ils créent eux-mêmes ces problèmes, et obligent les autres à y faire face* » (*L'Élite au pouvoir*, Maspero, 1969, p. 7). Il est peu probable que ces nouvelles catégories sociales – *organiquement liées* à la domination du capital et dont le « 1 % » ne représente que le noyau le plus actif – acceptent de gaieté de cœur une remise en question radicale de leurs privilèges et de leur mode de vie essentiellement *parasitaire* (d'autant que Wright Mills n'hésitait pas à inclure aussi dans cette élite au pouvoir les « célébrités professionnelles qui vivent de l'étalage continuel d'elles-mêmes »). La bonne conscience *véritablement pinochétiste* avec laquelle une majorité des nouvelles classes moyennes anglaises (qu'elles votent à droite ou à gauche) a pu ainsi refuser – *dès le lendemain du référendum sur le Brexit* – de reconnaître la moindre valeur démocratique au verdict des urnes en est un signe particulièrement révélateur et inquiétant.

ordinaires et des communautés locales à l'emprise destructrice du marché capitaliste mondial et de la bureaucratie européenne (de ce point de vue – et malgré le « pari sur la décroissance » promis par Monedero – Pierre Thiesset a sans doute dit tout ce qu'il fallait dire dans le numéro de février 2016 de la *Décroissance*). Il se pourrait même que l'expérience de Podemos – faute, entre autres, de cette solidarité populaire internationale qui a déjà fait si cruellement défaut au peuple grec – ne finisse par s'enliser et tourner court (c'est d'ailleurs une éventualité que les leaders de ce mouvement ont eu l'intelligence et le courage d'envisager). Et cela, sans même prendre en compte le fait prévisible – comme Carolina Bescansa, l'une des dirigeantes de Podemos, le soulignait ironiquement – que tous « ceux qui étaient les bénéficiaires de cette distinction quand elle dominait l'échiquier politique » défendront « avec acharnement l'axe gauche-droite » et ne manqueront pas d'accuser « quiconque le remet en cause ou conteste que c'est le meilleur axe de différenciation pour expliquer ce qui se passe, d'être populiste, de droite, gauchiste, communiste, bolivarien, fasciste, thatchérien, pro-iranien, etc. » **[O]**.

Il reste que Podemos est aujourd'hui le seul mouvement radical européen disposant déjà d'une base de masse à avoir clairement compris que si l'on voulait *réellement* rassembler la grande majorité des classes populaires autour d'un programme de déconstruction graduelle du système capitaliste (et non pas simplement accroître ses privilèges électoraux) il fallait impérativement commencer par remettre en question ce vieux système de clivages fondé sur la « confiance aveugle dans l'idée de progrès » (Juan Carlos Monedero) dont les présupposés philosophiques de plus en plus *paralysants* (du type « parti de demain » – celui de la Silicon Valley – contre « parti d'hier » – celui de l'agriculture paysanne ou de la culture du livre[1]) ne cessent d'offrir depuis plus de trente ans à la gauche européenne le moyen idéal de dissimuler sa réconciliation totale avec le capitalisme sous les dehors beaucoup plus séduisants d'une lutte « citoyenne » permanente contre toutes les idées « réactionnaires » et « passéistes » (ou même des « rouges-bruns » !).

Quel que soit le destin qui attend par ailleurs Podemos, l'immense mérite historique de ce mouvement est donc *d'ores et déjà* d'avoir su accomplir cette véritable *révolution culturelle* (le retour, par-delà l'opposition gauche/droite, aux clivages anticapitalistes qui

1. « Pourquoi une telle déférence pour le marché, une telle révérence pour la technologie, alors qu'on devrait savoir à quoi s'en tenir ? Ce livre montre que la peur ne suffit pas à expliquer cette paralysie collective – même si elle en fait sûrement partie. Ce qui nous paralyse, en premier lieu, ce sont les idées dont nous avons hérité, dont certaines furent inventées au moment de la première révolution industrielle – une époque d'opposition généralisée au changement technologique débridé – précisément dans le but d'introduire une paralysie face à l'offensive technologique. Parmi elles, figure le concept d'un progrès technologique nécessaire et nécessairement bénéfique ; et l'idée que la compétitivité, fondée sur ce progrès, serait la voie la plus sûre vers la prospérité. Ces notions, quoique en bout de course, *continuent à désarmer l'opposition* » (David Noble, *Le Progrès*

étaient ceux du socialisme, de l'anarchisme et du populisme originels) qui, seule, peut encore permettre de maintenir à flot le projet d'unir la grande majorité des classes populaires[1] autour d'un programme réellement émancipateur. À défaut d'une telle révolution culturelle – donc également de l'alliance politique

---

sans le peuple, Agone, 2016, p. 11). C'est ce que le critique américain appelle le « *laissez-innover* issu du *laissez-faire* ».

1. Qu'il soit toujours possible de mobiliser la *grande majorité* des classes populaires sur un certain nombre de mesures anticapitalistes minimales, l'exemple islandais le prouve amplement. La « révolution des casseroles », au lendemain de la crise de 2008, était ainsi parvenue à imposer d'en bas au gouvernement libéral de l'époque – qui imaginait pouvoir tranquillement, à l'image de ses clones européens, transformer les dettes des banques privées de l'île en dettes publiques – l'organisation, en mars 2010, d'un référendum (*93 % des électeurs* refusant alors de payer à la place des spéculateurs et des banquiers corrompus) et la mise en œuvre corrélative d'un certain nombre de réformes clairement antilibérales, rendues essentiellement possibles par le fait que l'Islande n'appartient toujours pas à la Communauté européenne. Certes, ce mouvement populaire s'est révélé très vite incapable d'aller beaucoup plus loin – faute, entre autres, d'une organisation susceptible de « fédérer le peuple » dans la durée – donc de commencer à envisager les conditions concrètes d'une déconnexion progressive de la vie commune (ou de la « société civile ») et de la logique capitaliste (ces mesures très modérées – mais déjà contraires à tous les dogmes du FMI et de la Banque mondiale – ont quand même permis de ramener le taux de chômage de plus de 10 % en 2008 à 1,7 % aujourd'hui). Mais cela suffit à expliquer le silence radio à peu près total des grands médias français – tout à leur défense de la SPP (la « Seule Politique Possible ») – sur cette brève révolte populaire pourtant si riche d'enseignements pour tous les peuples de la planète.

entre tous « ceux d'en bas » qu'elle rend à nouveau *concevable* – rien ne saurait, en effet, garantir que l'effondrement inévitable du système économique et financier mondial **[P]** ou les catastrophes écologiques à venir, pourront tranquillement laisser la place à une société « libre, égalitaire et décente » (selon l'expression de George Orwell) plutôt qu'à un monde, sombre et désespérant, à la *Mad Max* ou à la *Blade Runner*. Par les temps qui courent, et qui n'inclinent guère à l'optimisme, le seul fait que Podemos existe est déjà, en soi, un véritable bol d'air frais.

Scolies

[A]

Utopie libérale et capitalisme réellement existant

L'idée que la concurrence « libre et non faussée » serait – selon les mots de Milton Friedman – l'unique moyen conforme aux exigences de la liberté individuelle de « coordonner l'activité de millions de personnes, *dont chacune ne connaît que son propre intérêt*, de telle sorte que la situation de tous s'en trouve améliorée [...] et sans qu'il soit nécessaire que les gens se parlent ni qu'ils s'aiment » **[a]** constitue, depuis Adam Smith, l'un des dogmes fondamentaux du libéralisme économique (on en trouve d'ailleurs l'une des toutes premières formulations, dès le XVIIe siècle, dans l'œuvre pionnière de Boisguilbert) **[b]**. Il s'en faut cependant de beaucoup que la réalité empirique corresponde à ce schéma idéal. Comme le soulignait en effet Orwell, « l'ennui avec la concurrence, c'est qu'*il y a toujours un gagnant.* Le professeur Hayek nie que le capitalisme libéral mène nécessairement au monopole, mais, *dans la pratique*, c'est bien là que ce système a mené » **[c]**. Voir dans cette tendance permanente **[d]** du système capitaliste à former des cartels, des trusts et des oligopoles une simple trahison du « véritable » esprit libéral apparaît donc à peu près aussi sérieux que de considérer le fait qu'un joueur finit toujours par s'emparer de l'avenue Foch ou de la rue de la Paix comme une entorse à l'esprit du véritable *Monopoly.* Mais cet écart constitutif entre l'idéologie de la libre concurrence et ses formes d'existence historiquement concrètes s'explique également par la différence qui existe par définition entre le point de vue de l'idéologue libéral – celui qui ne s'intéresse, en tant que spectateur supposé impartial, qu'aux conditions de l'équilibre général du marché – et celui de chaque agent économique pris à part. Comme le remarque en effet Pierre-Yves Gomez, « si l'on y réfléchit bien, les acteurs économiques définis par l'anthropologie libérale *n'ont aucun intérêt à être en concurrence.* Lorsqu'ils sont en concurrence, ils font moins de profits, pas de profits de monopoles, pas de profits dus à leur position de marché, à la possibilité de produire plus cher sans être concurrencés. Or une entreprise n'a qu'un désir, c'est d'être en monopole ; un chef d'entreprise n'a qu'un désir, celui de faire des ententes avec ses concurrents pour maintenir, par exemple, des prix élevés [...]. On a toujours l'impression que le monde libéral est composé de gens n'ayant pour seul désir que d'être en concurrence alors que c'est l'inverse qui est vrai, *y compris à partir des prémisses libérales.* Pour gagner davantage, les individus ont *intérêt* à s'entendre, à organiser des collusions afin de limiter leurs coûts et d'augmenter leurs profits d'autant » **[e]**. Bien entendu, cette tendance de l'économie de marché à concentrer le capital – donc à restreindre *en partie* le champ de la concurrence « réelle » – trouve elle-même ses limites dans les conditions particulières de la guerre économique mondiale (l'hypothèse, jadis suggérée par Karl Kautsky, d'une firme capitaliste planétaire qui finirait, à la longue, par contrôler l'ensemble de la production mondiale ne semble guère plausible, ne serait-ce que pour des raisons géopolitiques). Il reste que l'analyse de Pierre-Yves Gomez éclaire d'un jour nouveau ce qui doit toujours distinguer la *métaphysique* libérale (cette utopie d'une concurrence « libre et non faussée » fonctionnant dans l'intérêt de tous) et ce *libéralisme réellement existant* qui entremêle en continu concurrence sauvage, OPA agressives, effets de rente (aussi bien foncière qu'engendrés par le système des brevets) et ententes illicites ou même purement mafieuses. Guerre de tous contre tous, assurément (elle définit même chaque jour un peu plus l'horizon moral et psychologique de nos vies quotidiennes). Mais à armes toujours plus *inégales*. Et donc toujours plus meurtrières pour les classes populaires du monde entier **[f]**.

[**a**] Rose et Milton Friedman, *Free to Choose* (Harcourt, 1980). On notera, au passage, le type de relations humaines – un monde dans lequel les individus pourraient ne plus avoir à s'adresser la parole – sur lesquelles le marché libre est donc prêt à asseoir son règne (l'explosion moderne de la « communication » n'étant précisément que l'une des formes compensatoires de l'érosion continuelle du lien social par la logique marchande et du déclin corrélatif de l'art de la conversation). On retrouve ici, au fond, l'idée kantienne selon laquelle un *État de droit* bien constitué – et étranger, en tant que tel, à toute problématique de la « vie bonne » – pourrait parfaitement fonctionner « même avec un peuple de démons ». Il suffirait pour cela – écrivait déjà Kant – que ces démons n'agissent qu'en fonction de leur seul intérêt bien compris.

[**b**] Je suis bien obligé d'insister sur ce point de détail puisqu'une *professeure* de classes préparatoires d'un grand lycée parisien (j'imagine qu'elle tient beaucoup à cette graphie émancipatrice) me reproche avec aigreur d'ignorer que le « vrai lieu de naissance du libéralisme économique » est l'Angleterre (cf. Isabelle Garo, « Au Nom du peuple, Michéa réécrit l'histoire », texte publié en 2014 sur le site *Contretemps* et repris en

boucle, depuis, par presque tous les sites de l'extrême gauche libérale). Il suffisait pourtant à cette dame de consulter un instant l'ouvrage classique de Terence Hutchison – *Before Adam Smith*, Oxford 1988 – pour mesurer aussitôt l'ampleur de la dette intellectuelle d'Adam Smith envers les économistes français (l'auteur de la *Richesse des nations* avait d'ailleurs tenu à rencontrer en personne Voltaire, Quesnay et Turgot). C'est même là un fait que Peter Groenewegen avait définitivement établi, il y a déjà presque un demi-siècle, en se fondant sur l'analyse exhaustive du contenu et des annotations de la bibliothèque privée du penseur écossais (cf. son « New Catalogue of Adam Smith's Library », paru en septembre 1968 dans la revue *Economic Record*). Il est vrai que pour Mme Garo, les terribles guerres civiles de Religion qui ont dévasté *toute l'Europe* du XVIe et du XVIIe siècle (et qui constituent, selon moi, le traumatisme fondateur dont est issue, en grande partie, la pensée libérale européenne) – n'auraient jamais pu rencontrer un véritable écho dans l'Angleterre de Hobbes et de Cromwell, étant donné qu'il s'agissait essentiellement de « guerres civiles *françaises* ». On doit bien s'amuser au lycée Chaptal.

[**c**] Recension de *The Road to Serfdom* de F.A. Hayek, *The Observer*, avril 1944.

[**d**] Le fait qu'à chaque instant de nouvelles entreprises soient créées – et que certaines de ces « start-up » réussissent même à se développer de façon spectaculaire – ne contredit évidemment en rien le caractère effectivement *dominant*, à l'échelle globale, du processus de concentration du capital.

[**e**] « Théorie économique libérale de la concurrence : une question politique », in *La Compétition, mère de toutes choses* ? Éditions du Collège supérieur, Lyon, 2008.

[**f**] Parmi tous les facteurs qui concourent à maintenir cet écart entre l'*idéal* du libéralisme classique et ses formes d'existence historique concrètes, il faut également prendre en considération le rôle de l'État moderne. Celui-ci n'est pas seulement chargé, en effet, de mettre continuellement à jour les infrastructures matérielles, juridiques et culturelles indispensables à l'accumulation sans fin du capital (ou, si l'on préfère, à la « croissance » et à la « compétitivité » des grandes entreprises). Il lui faut aussi intégrer en permanence deux autres contraintes majeures. D'une part, celle qui tient au fait que chaque capitaliste pris à part est toujours tenté de développer, sous l'aiguillon de la concurrence économique mondiale, des formes d'exploitation de ses « ressources humaines » qui risquent de se retourner, à la longue, contre les intérêts *généraux* de la classe dominante elle-même. C'est ainsi, rappelle par exemple Marx dans *Le Capital*, que si les États d'Europe occidentale ont fini par accepter, dans la seconde moitié du XIXe siècle, le principe d'une limitation légale de la journée de travail, ce n'était pas seulement sous la contrainte des luttes ouvrières (et encore moins pour des raisons morales). C'était *aussi* parce que les conditions de travail épuisantes imposées aux travailleurs de l'époque contribuaient à diminuer de façon toujours plus inquiétante les aptitudes physiques des conscrits (la défaite de 1870 ayant joué, en France, un rôle décisif dans cette prise de conscience de la classe dominante). Et, d'autre part, celle qui découle du fait qu'un État libéral doit veiller sans cesse à maintenir cette *gouvernabilité* du système dont l'alternance gauche/droite est devenue aujourd'hui l'un des rouages fondamentaux. S'il demeure, par exemple, toujours aussi difficile – malgré les injonctions de Bruxelles ou du FMI – de réduire de façon trop brutale ou trop rapide les différents systèmes de protection sociale dont bénéficient

encore les gens ordinaires (systèmes en grande partie institués sous la pression des combats populaires du XXe siècle), c'est donc avant tout *par peur* des réactions sociales que cette politique ne manquerait pas de susciter. Le fait que dans nos sociétés libérales, ce secteur de la protection sociale (tout comme celui de l'éducation nationale) continue donc d'absorber une part encore considérable du budget de l'État (fait qui conduit d'ailleurs certains évangélistes du capital à contester sans rire le caractère libéral de ces sociétés) ne représente, en réalité, que le prix à payer – certes toujours trop élevé pour chaque capitaliste pris à part – de cette « paix sociale » indispensable au bon fonctionnement de l'économie de marché. Autant dire que la plupart des limites encore existantes au pouvoir absolu du capital – limites qui varient bien sûr d'un pays à l'autre – ne doivent pas grand-chose à l'« humanisme » des classes dirigeantes. Elles ne font qu'enregistrer l'existence permanente d'un rapport de force – à la fois politique, économique et culturel – entre *ceux d'en haut* et *ceux d'en bas*. Rapport de force par définition toujours provisoire – donc susceptible d'évoluer dans un sens ou dans l'autre – et qui n'exclut même jamais la possibilité d'un *coup d'État libéral*, par exemple celui d'Augusto Pinochet en septembre 1973 (coup d'État dont Friedrich Hayek avait d'ailleurs lui-même fourni la justification philosophique dans un célèbre article paru dans le *Mercurio* du 12 avril 1981). Surtout si l'on admet avec Jean-Claude Juncker (*Le Figaro*, 29 janvier 2015) qu'il *« ne peut y avoir de choix démocratique contre les traités européens »*. Ou, avec Daniel Cohn-Bendit – au lendemain du référendum sur le Brexit – qu'il faut « arrêter de dire que le peuple a toujours raison ». Et rappelons à ce propos – pour tordre le cou à deux légendes particulièrement tenaces – d'une part que l'assemblée qui avait confié, en juillet 1940, les pleins pouvoirs au maréchal Pétain était toujours majoritairement composée de députés de la gauche socialiste et du parti radical (seuls les députés communistes en avaient été exclus après le pacte germano-soviétique) et, d'autre part, que Hitler n'a jamais été élu directement par le peuple allemand (en mars 1933, le parti nazi ne recueillait même que 43,9 % des voix aux élections consécutives à l'incendie du Reichstag). Il avait, en réalité, été appelé au pouvoir – le 30 janvier 1933 – par le président von Hindenburg, autrement dit par le candidat même que la gauche allemande avait soutenu *dès le premier tour* lors de l'élection présidentielle de 1932 – seul le parti communiste ayant alors refusé cette alliance suicidaire entre la gauche et la droite traditionnelle. Voilà qui en dit certainement plus long sur les méfaits du système représentatif que sur ceux de la souveraineté populaire et de la démocratie radicale.

[**B**]

Flaubert, la gauche et les minorités

C'est sans doute chez Flaubert que l'on trouve l'un des premiers signes de cette fascination pour les « minorités » qui figure, de nos jours, au cœur de toutes les constructions politiques de la gauche libérale. « Je me suis pâmé il y a huit jours – écrit-il ainsi dans une lettre à George Sand de mai 1867 – devant un campement de bohémiens qui s'étaient établis à Rouen [...]. L'admirable, c'est qu'ils excitaient la haine des bourgeois, bien qu'inoffensifs comme des moutons [...]. Cette haine-là tient à quelque chose de très profond et de très complexe. On la retrouve chez tous les gens d'ordre. C'est la haine que l'on porte au bédouin, à l'hérétique, au philosophe, au solitaire et au poète, et il y a de la peur dans cette haine. *Moi qui suis toujours pour les minorités*, elle m'exaspère. » Cette sollicitude libérale **[a]** pour les minorités (en elle-même, naturellement justifiée) s'accompagne cependant toujours, chez Flaubert, d'un mépris et d'une haine encore plus marqués à l'endroit des classes populaires. « Que le peuple est stupide ! – écrit-il par exemple à son ami Louis Ménard – C'est une éternelle race d'esclaves qui ne peut vivre sans bât et sans joug. Aussi ne sera-ce pas pour lui que nous combattons encore, mais pour notre idéal sacré. *Qu'il crève donc de faim et de froid* ! » (Lettre du 30 avril 1848.) L'attitude ultérieure de Flaubert devant la Commune de Paris ne saurait donc surprendre : « Je trouve – écrira-t-il encore à George Sand, quelques mois seulement après la répression de l'insurrection parisienne – qu'on aurait dû condamner aux galères toute la Commune et forcer ces sanglants imbéciles à déblayer les ruines de Paris, la chaîne au cou, en simples forçats » (lettre d'octobre 1871) **[b]**. Comme on le voit, il n'existe donc aucune contradiction de principe, dans une perspective libérale, entre la sympathie qu'elle oblige à afficher en toute circonstance pour les « minorités » ou les « marginaux » – bonne conscience oblige – et le profond mépris qu'elle implique, par ailleurs, pour l'immense *majorité* des classes populaires (ce troupeau informe de « Beaufs », « Deschiens », « Bidochons », et autres « Dupont-Lajoie », par nature réfractaire au « cercle de la Raison ») **[c]**. Voilà qui éclaire un peu plus la singulière psychologie de l'intellectuel de gauche moderne (lequel n'a même plus l'excuse du génie littéraire de Flaubert).

Notons enfin – ne serait-ce que pour mesurer à quel point les reniements incessants de la gauche moderne s'appuient toujours sur un maquillage du sens originel des mots – qu'en août-septembre 1973, *Les Temps Modernes* consacraient un numéro spécial de 550 pages au problème des « minorités » en France. Mais, comme chacun pourra le vérifier, il s'agissait, sous un tel titre, de glorifier le combat alors tenu pour anticapitaliste et émancipateur des Bretons, des Basques, des Alsaciens, des Catalans, des Occitans et des Corses (c'était effectivement là un des aspects les plus originaux et les plus subversifs de la révolte de Mai 68). Inutile de préciser qu'un tel combat ne pourrait plus être compris, de nos jours, que comme l'exemple même d'une dérive « populiste » et

« identitaire », voire – pour les plus fanatiques (ou, ce qui revient au même, pour les plus soucieux de leur carrière universitaire et médiatique) – comme le signe manifeste d'un retour « aux jours les plus sombres de notre histoire » et d'une « droitisation de la société » **[d]**. Difficile, dès lors, devant ces continuelles palinodies de la gauche, de ne pas songer à la célèbre boutade des dissidents soviétiques : « On ne sait jamais ce que le passé nous réserve. »

[**a**] « Imaginez que dans chaque commune, il y ait un seul bourgeois, un seul, ayant lu Bastiat et que ce bourgeois-là soit respecté : les choses changeraient » (Lettre à George Sand du 5 octobre 1871). Bastiat était alors, selon le mot de Marx, « le représentant le plus plat, partant le plus réussi, de l'économie apologétique » (c'est-à-dire libérale).

[**b**] Sur ces curieuses connivences entre l'intellectuel libéral de gauche du XIXe siècle (Flaubert est évidemment tout sauf un cas isolé) et celui d'aujourd'hui, on lira le remarquable essai de Paul Lidsky, *Les Écrivains contre la Commune*, Maspero, 1970 (rééd. La Découverte, 2010). Sous ce rapport, il ne fait aucun doute que l'image des classes populaires qui a fini par devenir dominante, depuis la contre-révolution des années 1980, dans l'intelligentsia libérale de gauche et ses « sociologues » d'État (la « France moisie » de Philippe Sollers) doit infiniment plus à Hippolyte Taine et Gustave Le Bon qu'à Victor Hugo ou Jules Michelet.

[**c**] On songe à la formule provocatrice d'Aymeric Patricot dans son livre *Les Petits Blancs* (Éditions Plein

Jour, 2013) *:* « Trop pauvres pour intéresser la droite, trop blancs pour intéresser la gauche. »

[**d**] Qui peut croire, en effet, que le célèbre mot d'ordre des paysans du Larzac – *Volem viure e trabalhar al païs* – ne serait pas, de nos jours, *stigmatisé* par l'ensemble de la gauche « citoyenne » comme un appel particulièrement « nauséabond » au « repli sur soi » et au « rejet de l'autre » (même *Le Canard enchaîné* du 24 août 2016 s'indignait qu'on puisse parler de « Corses » pour désigner les habitants de cette île !) ? Il faut cependant préciser que la plupart des opérateurs idéologiques qui allaient rendre ainsi possible le futur retournement libéral de la gauche étaient déjà présents, *dès la fin des années 1970*, dans les écrits précurseurs d'un Alain Touraine. C'est ainsi qu'après avoir postulé qu'il convenait désormais de « renoncer à chercher un principe central dans la société » (exit, donc, la dynamique du capital), celui qui était alors le sociologue officiel de la « deuxième gauche » (et qui, en 1968, avait même consacré un chapitre entier, dans *Le Communisme utopique*, à établir la légitimité politique du « populisme ») se plaignait déjà – non sans, d'ailleurs, quelques ultimes hésitations – qu'« au nom du tiers-mondisme, de la colonisation, de Cuba, de l'Algérie et du Viêt-Nam, on ait appuyé des mouvements qui parlaient au nom de la spécificité et de la différence, et d'un certain nationalisme : identité-communauté-nation ». Autocritique libérale qui conduisait, dans la foulée, cet éminent sociologue à remettre en question non seulement les luttes « régionalistes » de Mai 68, mais jusqu'aux « mouvements antinucléaires », à présent soupçonnés d'encourager une crispation passéiste sur « des situations acquises, une fermeture au-dehors au nom d'une tradition, du localisme, etc. ». Emporté par sa nouvelle foi libérale, Alain Touraine allait même jusqu'à rappeler avec insistance le fait « que Mussolini *a aussi été*

un dirigeant socialiste, et que le mot dont s'est servi le national-socialisme, pour se définir, *ça n'a jamais été le fascisme ni le totalitarisme, ça été « volkisch = populaire »* (on se reportera à son entretien paru dans le numéro d'*Autrement* de février 1981, consacré de façon déjà très significative aux « révolutions minuscules »). Il suffisait donc, dans ces conditions, à la *nouvelle* intelligentsia de gauche de recycler très vite le « droit à la différence » et la critique du « post-colonialisme » dans le fourre-tout du nouveau « multiculturalisme » libéral, pour pouvoir enfin jeter définitivement aux orties ce que George Sand avait appelé, en 1848, *La Cause du peuple*.

[C]

Le dernier Marx

Les ouvrages de Kevin B. Anderson *(Marx aux antipodes. Nations, ethnicité et sociétés non occidentales)* et de Teodor Shanin *(Late Marx and the Russian Road)* ont établi de façon définitive – en prenant appui, entre autres, sur la découverte de manuscrits encore inédits de Marx – comment la rencontre de ce dernier avec les intellectuels populistes russes allait progressivement le conduire, à partir du milieu des années 1870, à revoir considérablement son jugement négatif initial sur les formes d'organisation communautaire des sociétés paysannes traditionnelles (et plus particulièrement – comme on le voit dans ses tout derniers manuscrits conservés à l'Institut international d'histoire sociale d'Amsterdam – sur celles de Russie, d'Inde, de Chine, d'Algérie et d'Indonésie) [**a**]. C'est d'ailleurs cette rencontre avec les *Narodniki* qui le conduira en partie à corriger son appréciation sur toute une série de points historiques majeurs, par exemple la signification politique de la révolte des *Cipayes* et de celle des *Taïpings* (et, d'une façon plus générale, sur le sens même de la colonisation européenne). On regrettera seulement que ces deux essais – désormais indispensables pour quiconque veut saisir la pensée finale de Marx dans toute sa complexité – aient laissé dans l'ombre le rôle décisif joué dans cette évolution du « dernier Marx » par sa rencontre à Londres, en 1870, avec la jeune populiste russe Elizabeth Dmitrieff (future membre de la Commune, amie d'Eugène Varlin et de Benoît Malon, elle dirigeait également *Narodno Diélo* – la « Cause du Peuple » – l'organe central des *Narodniki*). Comme le souligne Kristin Ross (*L'Imaginaire de la Commune*, La Fabrique Éditions, 2015, p. 35), « pour Marx, la rencontre avec Dmitrieff et la lecture intensive des écrits de Tchernychevski sur la commune agricole eurent des effets considérables puisqu'elles l'amenèrent à commencer à penser la possibilité d'une pluralité de voies vers le socialisme – un *tournant* qui ne sera mené à terme que plusieurs années après dans sa correspondance avec une autre jeune femme russe, Vera Zassoulitch ». L'un des tout premiers soucis du jeune Lénine (*cf.* « Ce que sont les amis du peuple et comment ils luttent contre la social-démocratie », revue *Rousskoïé Bogatstvo*, 1894) sera d'ailleurs d'occulter cet aspect, à ses yeux trop encombrant, de la pensée du « dernier Marx » (la même remarque valant d'ailleurs également, dans un autre registre, pour la fameuse question du « mode de production asiatique ») **[b]**. C'est sans doute l'apparition de ce nouveau type de « disciples » qui incitera Marx, au soir de sa vie, à confier à Paul Lafargue que, pour sa part, il n'était pas « marxiste ».

[**a**] Dans *Une pensée devenue monde* (Fayard, 1980), Henri Lefebvre n'hésitait pas à relier « l'inachèvement du *Capital* » à ces nouvelles interrogations philosophiques que la découverte du populisme russe avait suscitées chez Marx.

[**b**] La meilleure étude sur le populisme russe reste, aujourd'hui encore, celle de Franco Venturi, *Les Intellectuels, le peuple et la révolution* (Gallimard, 1972 ; l'édition italienne – *Il Populismo Russo* – datant de 1952). « Une page d'histoire du *mouvement socialiste européen* – écrivait Franco Venturi dans sa préface – voilà ce que voudrait être ce livre. » Le fait que le terme de « populisme » soit aujourd'hui presque unanimement considéré par la propagande médiatique et « universitaire » comme un quasi-synonyme d'extrême droite en dit ainsi très long sur l'ampleur de la *contre-révolution intellectuelle* (et, tout autant, sur l'inculture du personnel médiatique contemporain) qu'allait accomplir la future gauche libérale – sur fond de « nouvelle philosophie » – dans la seconde partie des années 1970. Pour une approche autrement plus sérieuse de ce courant politique majeur, on lira, entre

autres, Roger Dupuy (*La Politique du peuple*, Albin Michel, 2002), Christopher Lasch (*La Révolte des élites et la Trahison de la démocratie*, Flammarion, 2010), Adrian Kuzminski (*Fixing the System, A History of Populism, Ancient and Modern*, Continuum, New York-Londres, 2008) et – en dépit de ses difficultés à rompre entièrement avec le paradigme postmoderne – *La Raison populiste* d'Ernesto Laclau (Seuil, 2008).

[D]

Libéralisme et anthropologie du don

Au cœur de la philosophie occidentale moderne (dont le libéralisme représente la forme de déploiement théorique la plus radicale et la plus cohérente), il y a d'abord la croyance que l'être humain est un individu « indépendant par nature » (avant tout défini par cette *propriété absolue de soi-même* qui reste le fondement ultime de toutes les autres formes de propriété privée) et qu'il ne peut donc en venir à s'associer avec ses semblables – quelle que soit la nature de cette association – que pour autant qu'il y trouve un *intérêt* personnel (à l'image, par exemple, de ces « citoyens » britanniques qui, au lendemain du Brexit, se disaient prêts à renoncer à leur nationalité d'origine dans le seul but de conserver les avantages *pratiques* de la citoyenneté européenne).

De là, cette idée, contraire à toutes les leçons de l'anthropologie moderne – comme d'ailleurs de la psychanalyse – que le contrat est la *seule* façon authentiquement humaine de nouer des liens avec autrui **[a]** (seraient-ils purement temporaires, comme dans l'acte d'échange qui lie un vendeur et un acheteur). Ainsi que la réduction corrélative de toute communauté humaine à un simple marché « peuplé de particules contractantes n'ayant entre elles de relations que fondées sur le calcul d'intérêt » **[b]**. C'est, avant tout, ce lien constitutif entre l'individualisme « possessif » libéral (dans l'idéal – écrivait Renan – l'individu pleinement moderne devrait « naître enfant trouvé et mourir célibataire ») et cette théorie de l'« égoïsme rationnel » (Ayn Rand) qui en est le corollaire logique, qui explique que les notions de don, d'entraide ou d'acte désintéressé (de même que celle de *common decency* **[c]**) soient, de nos jours, systématiquement perçues comme naïves et mystifiantes par la quasi-totalité du clergé médiatique et universitaire **[d]**. De ce point de vue, le libéralisme apparaît avant tout comme une *philosophie du soupçon* et de la *déconstruction généralisée* (un « scepticisme devenu institution », écrivait Pierre Manent). Que le roman policier – où les principaux protagonistes se voient tour à tour *suspectés* – soit devenu l'un des genres les plus créatifs de la littérature moderne en est un signe révélateur.

C'est, en grande partie, afin de s'opposer à cette vision réductrice de la nature humaine que l'anthropologue anarchiste David Graeber en est donc progressivement venu (non sans une bonne dose de provocation) à désigner sous le terme de « communisme quotidien » (*baseline communism*, ou encore *everyday communism*) l'ensemble de ces structures psychologiques, morales et culturelles qui gouvernent *dans les faits* une part encore essentielle de nos échanges quotidiens (du moins dans le monde des gens ordinaires), y compris, par conséquent, dans les sociétés occidentales modernes. « Si une canalisation s'est rompue – écrit-il par exemple – et que celui qui la répare dise : “passe-moi la clé anglaise”, son collègue ne répondra pas, en général : “Et qu'est-ce que j'aurais en échange ?” – même s'ils travaillent pour ExxonMobil, Burger King ou Goldman Sachs. » « C'est probablement aussi pour cela – poursuit David Graeber – qu'au lendemain immédiat de grands désastres – inondations, pannes d'électricité géantes ou effondrement de l'économie – les gens se comportent souvent de la même façon : ils *reviennent à un communisme basique*. Pour un instant, si bref soit-il, les hiérarchies, les marchés, etc., deviennent un luxe que nul ne peut s'offrir. Tous ceux qui ont vécu un tel moment peuvent parler de ses spécificités : les étrangers deviennent soudain frères et sœurs, et la société humaine semble renaître. C'est important, car cela montre que nous ne parlons pas seulement de coopération. En fait, *le communisme est le fondement de toute sociabilité humaine.* C'est ce qui rend la société possible. » [e].

Il va de soi que je n'ai aucune objection de principe contre cet usage singulier du terme de « communisme » lorsqu'il s'agit de désigner ces formes élémentaires de réciprocité et d'entraide sans lesquelles aucune communauté humaine ne pourrait se maintenir de façon durable [f]. L'essentiel est de voir que de telles analyses s'inscrivent avant tout dans le champ de recherches que Marcel Mauss avait ouvert, en 1924, avec son célèbre *Essai sur le don* (comme Graeber le reconnaît lui-même en se revendiquant parfois, dans d'autres textes, d'une « approche maussienne »). Cette imbrication constante entre le paradigme « traditionnel » du don (autrement dit, la triple obligation – porté par le sens de l'honneur – de « donner, recevoir et rendre ») et la critique radicale de l'anthropologie libérale n'a, du reste, rien d'étonnant quand on sait que l'œuvre de Marcel Mauss ne saurait se réduire à sa seule dimension anthropologique. Étroitement associé au mouvement coopératif et à celui des

Bourses du travail, militant de la première heure de la Section française de l'Internationale ouvrière (SFIO), administrateur – dès le premier jour – de *L'Humanité* (où il tenait également, aux côtés de Jaurès et de Lucien Herr, la rubrique « coopératives »), Mauss était parfaitement conscient, en effet, que ses recherches anthropologiques sur la question du don – et son refus corrélatif de dissoudre dans le bain d'acide d'un « progressisme » paresseux toute référence positive à l'héritage moral et culturel des sociétés antérieures (« *on doit revenir à de l'archaïque* », allait-il même jusqu'à écrire dans l'*Essai sur le don*) – offraient la meilleure garantie philosophique possible au projet d'un socialisme ouvrier et populaire capable de résister intellectuellement et moralement à toutes les tentations étatistes et autoritaires **[g]**. On comprend sans doute mieux pourquoi son œuvre est si peu appréciée (tout comme celle de Karl Polanyi, d'ailleurs, et pour des raisons analogues) par la plupart des mandarins *cooptés* (voire de plus en plus *consanguins*) de l'université libérale moderne.

[**a**] C'est dans la *Théorie de la justice* de John Rawls (1971) qu'on trouve énoncés le plus clairement les postulats anthropologiques du libéralisme. Le philosophe américain y soutient, en effet, que placés dans la « position originelle » (ou derrière le « voile d'ignorance ») les hommes n'éprouveraient aucune difficulté à s'accorder

sur les principes d'une société juste puisqu'ils se trouveraient alors dans l'impossibilité de connaître à l'avance les particularités concrètes de leur identité future (sexe, couleur de peau, âge, position sociale, etc.) et qu'ils n'auraient donc plus d'autre critère de réflexion que le calcul utilitariste des risques personnellement encourus en se plaçant par la pensée *dans l'hypothèse la plus défavorable* (on retrouverait la même problématique utilitariste du « moindre mal » – ou de la solution dite *sous-optimale* – dans le célèbre « dilemme du prisonnier »). Cette mise en scène métaphysique est cependant tout sauf neutre. Elle présuppose en effet, d'une part, que l'universel ne peut se fonder que sur la *négation* du particulier (au lieu de se construire de manière « dialectique » *à partir* de lui) et, de l'autre, que *l'homme précède la société* et n'est donc pas un « animal social » par nature (les notions de *confiance* et de *parole donnée* ne pouvant dès lors jouer aucun rôle dans cette situation originelle – tout comme dans le dilemme du prisonnier – d'autant plus que les individus y sont supposés « mutuellement indifférents »). La position libérale de Rawls se situe ainsi à l'exact opposé de celle du socialisme originel. Comme le rappelait en effet Martin Buber dans son remarquable essai, publié en 1950 (avec une préface de Levinas) sur *Utopie et socialisme* (L'Échappée, 2016), pour les fondateurs du socialisme – ou du moins pour ceux qui s'inscrivaient, depuis Pierre Leroux, dans son versant antiautoritaire et ne cherchaient pas à construire une « utopie » intégralement rationnelle – le moment contractuel et constructiviste inhérent à toute société moderne n'avait de sens émancipateur que s'il prenait simultanément appui sur des formes d'existence sociale *préjuridiques* (celles que l'*Essai sur le don* de Marcel Mauss permettra précisément de théoriser). Après avoir ainsi rappelé la formule de Proudhon selon laquelle la société bourgeoise actuelle serait progressivement « remplacée par les *institutions* fédéralistes et les *coutumes* communales », Buber ne manquait donc pas de souligner qu'une telle conception invitait à s'interroger sur la nature des principes qui devraient théoriquement unir, dans une perspective socialiste, « les dispositions nouvelles à *créer* – autrement dit les institutions – et les formes communautaires à *entretenir* – autrement dit les coutumes » (*Utopie et socialisme*, p. 68). Notons que cette question cruciale, d'un point de vue socialiste, de l'articulation entre le moment « précontractuel » de la vie commune et celui de l'auto-institution consciente de la société figurait déjà au centre de l'œuvre – particulièrement méconnue en France – de l'Américain Charles Cooley (1964-1929). On se reportera sur ce point à la remarquable présentation qu'en donne Philippe Chanial dans *La Sociologie comme philosophie politique et réciproquement* (La Découverte, 2001, p. 93-112).

[**b**] Alain Supiot, *La Gouvernance par les nombres*, Fayard, 2015. Cet essai, fortement marqué par l'influence de Pierre Legendre – l'un des plus grands penseurs de notre temps – constitue l'une des analyses les plus fines et les plus pertinentes de l'idéologie juridique libérale.

[**c**] Parmi ceux qui ont été les premiers à repérer le rôle central du concept de *common decency* dans l'œuvre politique d'Orwell, il convient de citer, en premier lieu, Carlo Fruttero et Franco Lucentini. Dans *La Prédominance du crétin* (Arléa, 1988), ces deux essayistes présentaient déjà l'idée de « décence commune » comme le véritable point de départ du socialisme d'Orwell : un « socialisme humanitaire, populiste, un peu anarchiste, sans cartes ni dogmes, fondé, au bout du compte, sur l'accolade fraternelle, sur la chaude poignée de main

entre camarades » (notons, au passage, qu'à cette époque – les premiers chapitres du livre ont été rédigés dans les années 1970 – le terme de « populisme » pouvait donc encore être employé dans son sens originel sans déclencher la moindre chasse à l'homme).

[**d**] En invitant de façon systématique à rechercher la structure économique cachée de *tous* les comportements humains, la sociologie de Bourdieu (tout comme celle de Christine Delphy et du courant dit « féministe matérialiste ») aura donc largement contribué à diffuser dans l'intelligentsia de gauche française cette théorie du « capital humain » élaborée dès les années 1950 par l'idéologue néolibéral Gary Becker (les premiers travaux de celui-ci portant d'ailleurs, de façon significative, sur le « coût économique de la discrimination »). Et comme le souligne Jean-Pierre Dupuy (dans son excellente préface à l'ouvrage de Michael Sandel – *Ce que l'argent ne saurait acheter*, Seuil, 2014), « rares sont les observateurs qui ont vu dans cette opération ce qu'elle est en réalité : une obscénité ». Elle rend par exemple théoriquement plausible – entre mille autres conséquences également baroques – l'idée d'inclure dans « le PIB élargi le service que vous rend votre femme, en multipliant le nombre de rapports par le prix de la passe, modulé selon son standing ». C'est précisément cette surinterprétation économiste de la vie de couple (cf. *A Treatise on the Family*, Harvard University Press, 1981) qui avait valu à Gary Becker, en 1992, son prix « Nobel » d'économie.

[**e**] *Dette, 5000 ans d'histoire* (Les liens qui libèrent, 2013, p. 117-118). On comprend alors mieux les raisons qui conduiront Marx, dans ses derniers écrits, à faire sienne la formule de l'anthropologue américain Lewis Morgan qui décrivait la future société communiste comme « une renaissance, dans une forme supérieure, *d'un type social archaïque* » (et on comprend

également pourquoi Jean-Loup Amselle – devenu, entretemps, la nouvelle coqueluche des sites libéraux « antifas » – n'hésite même plus à ranger Karl Marx et Marcel Mauss – tout comme, d'ailleurs, les « anarchistes de tout poil » – parmi ces innombrables ancêtres intellectuels du Front national et des fameux « Rouges-Bruns »). Pour autant, il va de soi que ce rôle central reconnu à la « logique du don » dans la vie quotidienne de toutes les communautés traditionnelles ne saurait nous dissimuler l'existence parallèle d'un *versant noir* des relations humaines (la vendetta ou le *potlatch*, par exemple, ne constituant qu'une modalité négative de l'obligation morale de rendre). Comme l'écrivent ainsi Monique Bourin et Pierre Durand (*Vivre au village au Moyen Âge : les solidarités paysannes du XI*[e] *au XIII*[e] *siècle*, Presses universitaires de Rennes, 1984), « la sociabilité qui peut engendrer une solidarité active peut aussi produire son contraire, c'est-à-dire l'opposition, les heurts, la chicane, la violence ». Mais c'est pour ajouter aussitôt cette précision de bon sens : « Pourtant, quand on examine une communauté villageoise *dans la longue durée*, on acquiert vite la conviction que, par-delà les conflits internes vécus au quotidien, c'est l'entraide, l'esprit de groupe, les sentiments communs qui l'emportent. » Je dis « précision de bon sens » car sans ce primat tendanciel de la solidarité sur le conflit, on ne voit pas comment la plupart de ces communautés traditionnelles auraient pu se maintenir aussi longtemps.

[**f**] Précisons, une fois pour toutes, que si le *point de départ* de la révolte socialiste est toujours une indignation *morale* – laquelle trouve effectivement ses plus lointaines conditions de possibilité dans les structures anthropologiques du don traditionnel – encore faut-il apprendre à « transformer cette indignation en *capacité politique* » (selon la formule de Juan Carlos Monedero,

l'un des dirigeants de Podemos). Sans ce travail de transformation politique, toute indignation, si légitime soit-elle, risque en effet toujours de se voir instrumentalisée et détournée vers des cibles secondaires – ou même purement imaginaires – et d'être ainsi *récupérée* au profit du Système (en d'autres termes, la « décence commune », qui s'exerce de façon privilégiée dans les rapports quotidiens en face à face, est toujours susceptible de s'articuler par ailleurs avec telle ou telle forme de la conscience mystifiée). Ce qui est certain, en revanche, c'est qu'à défaut d'un tel point de départ moral (du sentiment – disait Orwell – qu'« il y a des choses qui ne se font pas ») une rhétorique « radicale » – il serait plus juste de dire « extrémiste » – a toutes les chances de n'être que l'un de ces multiples masques sous lesquels se dissimulent ordinairement le ressentiment œdipien, les passions tristes, une fascination morbide pour la violence et un désir éperdu de pouvoir (un petit tour dans les catacombes du Net devrait suffire ici à convaincre les plus sceptiques). C'est toute la différence qui existe entre le *socialisme des gens ordinaires* et celui que l'anarchiste polonais Jan Makhaïski appelait déjà, à la fin du XIXe siècle, le « socialisme des intellectuels » (on oublie d'ailleurs trop souvent que la principale cible de Trotski – lorsqu'il rédigeait, en 1938, *Leur Morale et la Nôtre* – c'était précisément la défense de la *common decency* par Victor Serge et John Dewey).

[g] Mme Garo est si consciente du lien philosophique qui existe entre l'anthropologie maussienne du don et ce rejet de toutes les formes de socialisme autoritaire et monacal qu'elle semble redouter par-dessus tout, qu'elle a tout bonnement jugé plus simple de « réécrire l'histoire » en n'hésitant pas à soutenir – avec cet aplomb caractéristique qui intimide tellement les naïfs *followers* du site *Contretemps* – que Marcel Mauss avait toujours été étranger au mouvement socialiste de son époque et que son argumentation, « *en son temps* élaborée, quoique discutable », se fondait en réalité « sur des options politiques ancrées du côté du radicalisme » (autrement dit, si l'on comprend bien, du côté du petit père Combes, d'Édouard Herriot et de Camille Chautemps). Pour juger sur pièces de l'ampleur d'une telle falsification, il suffira au lecteur intéressé de se reporter directement aux *Écrits politiques* de Marcel Mauss (Fayard, 1997).

[E]

Le transhumanisme, ultime religion du capital

Comme souvent, c'est le très médiatique Raphaël Liogier – dont chacun connaît déjà les remarquables dons de prédiction sur toutes les questions relatives à l'Islam – qui a su formuler avec le plus de franchise, ou du moins de naïveté, les postulats de base de la nouvelle gauche *siliconiste* (je reprends ici l'expression de Pierre Musso). « C'est un peu narcissique – déclarait-il ainsi en 2015 – de penser que le meilleur, l'absolu, l'idéal, c'est l'homme tel qu'il existe aujourd'hui [...]. Qui le dit ? À part cet homme-là, justement, qui a tellement peur de changer et qui, pour ça, a besoin de se rétracter. *On pourrait dire que c'est une forme d'équivalent du nationalisme.* On se rétracte sur son identité, mais là, c'est sur son identité corporelle » **[a]** (*cf.* « Peste islamiste, anthrax transhumaniste : le temps des inhumains », texte accessible en ligne sur l'excellent site de *Pièces et main-d'œuvre*, 2016). Devant cette étrange fascination pour un homme du futur génétiquement modifié (variante libérale de l'*homme nouveau* de saint Paul et de Staline) **[b]**, couvert de la tête aux pieds de puces informatiques, biologiquement libéré du lourd fardeau de la sieste **[c]** et connecté en temps réel à tous ses clones de la planète (il doit falloir une sacrée *haine de soi* pour en arriver à vouloir changer d'identité à ce point et n'avoir ainsi plus d'autre rêve que de devenir un pur et simple *assisté technologique*), on pense inévitablement à la célèbre boutade du critique américain : « Si les fascistes reviennent un jour parmi nous, ce ne sera pas en chemises brunes. Ce sera *en blouses blanches* » **[d]**.

[**a**] Cette phobie de toutes les « identités » qui définit la sensibilité libérale s'explique en premier lieu par le fait que tout sentiment d'appartenance (qu'il s'agisse de l'appartenance à une culture, à une classe, ou même – comme on le voit ainsi chez Raphael Liogier – au genre humain *réellement existant* lui-même) est par définition incompatible avec ce projet d'atomisation du monde – le règne des individus atomisés – qui est au cœur du capitalisme. Projet dont les postulats philosophiques remontent en partie au nominalisme de Guillaume d'Ockham qui, dès le XIVe siècle, pouvait déjà écrire que *Totum sunt partes* (ce qu'on pourrait

traduire librement, et de façon thatchérienne, par « la société n'existe pas, il n'y a que des individus »). Mais l'homme étant par nature un animal social, et la nature sociale ayant horreur du vide, la dissolution progressive des identités culturelles qu'opère continuellement la logique marchande ne peut donc avoir, dans un système capitaliste développé, qu'une seule et unique conséquence : le fait « qu'aujourd'hui, [ce soit] la consommation (et ses appendices, en particulier les « industries culturelles ») [qui] s'est imposée comme un dispositif central de la construction identitaire » (Philippe Moati, *La Société malade de l'hyperconsommation*, Odile Jacob, 2016, p. 17). Cette phobie libérale de l'identité peut même, à l'occasion, revêtir des formes tout à fait étranges. Par exemple, chez Jean-Loup Amselle, lorsqu'il en vient spontanément à écrire ces lignes très troublantes (*Les Nouveaux Rouges-Bruns*, Lignes, 2014, p. 8) : « *Davantage que l'antisémitisme et l'islamophobie*, me paraissent donc être *plus néfastes encore* leurs figures symétriques et inverses : le philosémitisme et l'islamophilie. » Le fait que pour Jean-Loup Amselle l'antisémitisme soit ainsi moins « néfaste » que le souci de protéger les communautés juives ou l'intérêt pour leur culture spécifique explique sans doute, au passage, l'incroyable popularité dont il jouit désormais dans une grande partie de l'extrême gauche française.

[**b**] Sans même prendre en compte les obstacles *philosophiques* au projet transhumaniste (quel sens aurait, en effet, une humanité composée de milliards d'individus « immortels », continuant à se reproduire de façon exponentielle, et de surcroît confrontée, tôt ou tard, à l'extinction du système solaire ?), *écologiques* (où trouver, sur une planète finie, les matières premières indispensables à la production continuelle des prothèses

biotechnologiques de la Silicon Valley ?), il serait également nécessaire de réfléchir un instant au coût *économique* d'un tel projet. Or le système de santé français, qui est pourtant encore l'un des plus généreux du monde, peine déjà à couvrir un certain nombre de soins élémentaires (ce n'est certes pas un hasard si François Hollande assimilait ironiquement les plus pauvres à des « sans-dents »). C'est même la raison pour laquelle la CIA, dans son rapport sur *Le Monde en 2030* (Éditions des Équateurs, 2013), estimait que seuls 15 % de la population mondiale pourraient éventuellement tirer bénéfice, dans les décennies à venir, de quelques-unes de ces merveilleuses avancées médicales et technologiques siliconiennes. Estimation, de toute évidence, encore bien optimiste. Dans la réalité, il est beaucoup plus vraisemblable que de tels « progrès », à supposer qu'ils ne relèvent pas tous de la science-fiction, ne pourront être réservés qu'à une mince « élite » (c'était d'ailleurs le thème des films d'Andrew Nichols, de *Bienvenue à Gattaca* à *Time out*). Élite dont les critères resteraient dès lors à définir philosophiquement. Ce problème ne semble pas tourmenter outre mesure le brave Raphael Liogier qui pense visiblement que, quelle que soit la définition de l'élite en question, il y possède naturellement sa place.

[c] *Cf.* Jonathan Creary, *Le Capitalisme à l'assaut du sommeil*, La Découverte/Poche, 2016).

[**d**] Comme le rappelle à juste titre Erwan Cario (*Libération* du 14 mai 2016), « en 1964, pour les étudiants de Berkeley qui défilaient avec, autour du cou, de fausses cartes perforées IBM, l'ordinateur symbolisait le complexe militaro-industriel. Une décennie plus tard, pour les hackers californiens du *Homebrew Computer Club* – dont les fondateurs d'Apple, Steve Jobs et Steve Wozniak – il est une promesse d'émancipation ».

Entretemps, l'ancienne gauche était, bien sûr, devenue la nouvelle gauche – le célèbre débat entre Chomsky et Foucault, en 1971, symbolisant à la perfection ce passage de témoin entre cette ancienne gauche socialisante, et encore adossée à des valeurs éthiques minimales, et la future gauche libérale « axiologiquement neutre » des années 1980 (« Ce qui m'a frappé chez Foucault – reconnaîtra d'ailleurs un peu plus tard Noam Chomsky – c'est son amoralisme total. Je n'avais jamais rencontré quelqu'un qui manquât à ce point de moralité »).

[F]

Droits de l'homme et liberté politique

Une chose est de reconnaître, avec tous les socialistes du XIXe siècle, que la « république bourgeoise » (ou, si l'on préfère, libérale) représente, sur le plan des libertés individuelles, un progrès politique *évident* par rapport à toutes les formes d'absolutisme et d'oppression patriarcale **[a]**. Autre chose, en revanche, est de considérer le langage libéral des « droits de l'homme » comme le seul fondement philosophique possible de toute défense de la liberté politique **[b]**. Cette seconde thèse reviendrait à oublier – sans même évoquer ici l'*Habeas Corpus* ou la précieuse tradition du « républicanisme civique » – que nombre de penseurs de l'Antiquité possédaient déjà un sens aigu du principe de liberté. « La liberté – écrit par exemple

Cicéron – ne peut habiter dans aucun État sauf dans celui où le pouvoir suprême appartient au peuple. Il faut reconnaître qu'il n'existe pas de bien plus agréable, et que *si elle n'est pas égale pour tous*, ce n'est pas non plus la liberté. Or comment la liberté pourrait-elle être égale pour tous, je ne dis pas dans un royaume, où la servitude n'est même pas dissimulée, et ne fait aucun doute, mais aussi dans les États où les citoyens ne sont libres qu'en parole ? » (*La République*, livre 1). Contrairement à ce que semblent encore penser un grand nombre de militants de la gauche post-mitterrandienne – parfaits héritiers, sur ce point, de l'idéologie coloniale de Jules Ferry et de la Troisième République – l'histoire de la civilisation humaine ne commence donc certainement pas avec la France de 1789 **[c]**. Et il suffirait, du reste, d'un minimum de connaissance de l'histoire des sociétés anciennes – par exemple celle de l'Égypte pharaonique, de la Mésopotamie ou du Moyen Âge occidental – pour s'apercevoir très vite qu'un certain nombre de ces libertés politiques ou « sociétales » qui sont censées caractériser, aux yeux d'un théologien du « sens de l'Histoire », la seule modernité capitaliste – qu'elles concernent le statut de la femme, les conditions effectives du divorce, la protection des plus faibles ou le rapport à l'homosexualité – ne leur étaient pas toujours aussi étrangères que ne l'imaginent, aujourd'hui encore, la plupart des idéologues « progressistes » (dans son ouvrage classique sur la formation de la persécution en Europe – paru en 1987 – l'historien britannique Robert Moore montrait même de façon très convaincante que la plupart des « minorités », à commencer par les juifs, les hérétiques et les lépreux – jouissaient d'un statut beaucoup plus protecteur et de beaucoup plus de tolérance avant l'apparition, à partir du XIe siècle, de l'État centralisé moderne).

[**a**] De là, entre autres, la politique préconisée par Marx et Engels dans le *Manifeste du parti communiste.* Le mouvement ouvrier devait certes, selon eux, soutenir la bourgeoisie (autrement dit, la gauche libérale et républicaine du temps) « toutes les fois que la bourgeoisie agit révolutionnairement *contre la monarchie absolue, la propriété foncière féodale et la petite bourgeoisie* » (les proudhoniens, beaucoup plus lucides que Marx sur la question du « progrès », se gardant bien, quant à eux, de rejeter entièrement cette « petite bourgeoisie » dans l'enfer des forces réactionnaires ; il suffit de se reporter, sur ce point, à l'histoire de la Commune de Paris). Mais c'était sous la condition expresse qu'il travaille *en même temps* « à éveiller chez les ouvriers une conscience claire et nette de l'antagonisme violent qui existe entre la bourgeoisie et le prolétariat » (ou – si l'on préfère le vocabulaire plus consensuel de Simone Weil dans ses *Réflexions sur les causes de la liberté et de l'oppression sociale* – du fait qu'il existe « des forces qui s'interposent *entre l'effort et le fruit de l'effort*, et qui sont, par leur essence même, le monopole de quelques-uns »). De sorte, ajoutaient Marx et Engels, que « *sitôt les classes réactionnaires détruites*, la lutte puisse s'engager contre la bourgeoisie elle-même ».

Comme on peut le voir, l'idée d'inscrire le projet socialiste dans une hypothétique « union de toutes les forces de gauche » était donc parfaitement étrangère au mouvement ouvrier originel (et, du reste, cette expression ne figure *jamais* dans ses programmes de l'époque).

[**b**] C'est peut-être sur la « question animale » que le processus d'extension indéfinie des « droits de l'homme » et du concept de « discrimination » (dont l'horizon ultime ne peut être que ce « droit de tous sur tout » dans lequel Hobbes voyait la véritable origine de la guerre de tous contre tous) laisse apparaître ses limites les plus criantes. Non, cela va de soi, qu'il faille renoncer à inscrire dans les principes d'une société socialiste décente ce nouveau rapport à la souffrance animale qu'*exige* à juste titre la sensibilité moderne (ce n'est d'ailleurs pas un hasard si Henry Ford avait conçu son perfectionnement du système de Frederick Taylor *après une visite aux abattoirs de Chicago*). Mais la tendance marquée de nombreux défenseurs de la cause animale à formuler ce nouveau rapport indispensable de l'être humain aux animaux – ou à la nature en général – dans le seul langage abstrait de l'idéologie des droits de l'homme (dont le point de départ est toujours le mythe d'un individu supposé « indépendant par nature » et défini par son seul pouvoir de s'arracher continuellement à toutes les formes d'héritage naturel et de donné historique, qu'il s'agisse, par exemple, de la filiation, de la terre natale ou de la langue maternelle) ne peut conduire, dans la plupart des situations, qu'à des contradictions insolubles. C'est déjà le cas, comme on le sait, pour l'humanité elle-même puisqu'il est, par exemple, clairement impossible, d'un point de vue philosophique, de fonder notre respect du « droit » des générations futures à disposer d'une planète habitable sur le seul principe libéral d'un contrat « donnant/donnant » entre celles-ci – qui, par définition, n'existent pas

encore et n'existeront peut-être jamais – et la génération actuelle, qui dans cette optique platement utilitariste, ne pourrait jamais rien recevoir en retour (l'éthique du don échappant plus facilement, en revanche, à ce type de contradiction). Mais cette volonté d'accorder à l'animal le statut d'un « sujet de droit » (en elle-même psychologiquement compréhensible, ne serait-ce que parce que les pratiques de l'élevage industriel et de la mise à mort des animaux – pratiques qui constituent aujourd'hui une véritable école du *fascisme ordinaire* – ne peuvent évidemment que soulever l'écœurement de tout individu décent) – peut même aboutir à des conséquences tout à fait paradoxales. C'est notamment le cas lorsqu'elle s'accompagne – comme dans certaines dérives des partisans les plus extrémistes de l'« antispécisme » (on songera ici à *L'Armée des douze singes*) – de l'appel corrélatif à en finir avec « toutes les discriminations entre l'homme et l'animal » (et même, comme on le voit aux États-Unis, des animaux entre eux – qu'il s'agisse du chat ou de l'araignée). Car en niant ainsi la spécificité évidente de l'être humain – qui constituait justement, aux yeux des philosophes des Lumières, le fondement philosophique premier de la reconnaissance de ses droits individuels – on s'expose, tôt ou tard, à valider l'idée que l'homme n'est, au fond, qu'un animal *comme les autres*. Au risque d'effacer alors toute différence de nature – quelques « antispécistes » n'ont pas hésité à franchir le pas – entre les chambres à gaz d'Auschwitz et, par exemple, l'utilisation d'un produit destiné à neutraliser moustiques et cafards. De ce point de vue – et si nous voulons vraiment instituer un système de protection efficace du monde animal et encourager un regard plus « humain » sur ce dernier – nous avons certainement beaucoup plus à apprendre des sagesses orientales ou de la culture traditionnelle des

Amérindiens que du droit libéral moderne et de son abstraction constitutive. Les travaux de Frans De Waal, lui-même très marqué par les idées de Marcel Mauss, constituant sans doute, dans cette perspective, l'un des meilleurs points de départ philosophiques possibles d'un tel projet (plutôt que l'idée d'un « parlement » des arbres et des animaux – et même d'un « droit de vote » de ces derniers – dont on ne voit pas très bien qui serait légitimement fondé à *parler* en leur nom, si ce n'est l'homme lui-même).

[**c**] La critique par Marx du « pompeux catalogue des droits de l'homme » (qu'il proposait, dans *Le Capital*, de remplacer par une « modeste *Magna Carta* ») s'opère toujours au nom de l'idée que la dynamique spécifique du capitalisme conduit inexorablement à la « désagrégation de l'humanité en monades dont chacune a un principe de vie particulier et une fin particulière » (Engels). Et donc, selon les formules que Marx emploie lui-même dans la *Question juive*, au primat métaphysique de « l'homme égoïste, de l'homme *séparé de l'homme et de la communauté* » (d'où, entre autres, sa critique impitoyable – par exemple dans sa *Contribution à la critique de l'économie politique* – de ces « plates fictions du XVIIIe siècle » que symbolisaient à ses yeux « le chasseur et le pêcheur *individuels et isolés* par lesquels commencent Smith et Ricardo »). C'est la raison pour laquelle Marx estimait que « l'esprit de la société bourgeoise » avait cessé d'être celui de la « communauté » (l'homme n'y étant pensé que comme une « monade isolée, repliée sur elle-même ») pour accorder, au contraire, la priorité à l'« égoïsme et la guerre de tous contre tous » (on retrouverait, bien sûr, des formules équivalentes dans l'œuvre de Proudhon, de Bakounine ou de Kropotkine). C'est donc avec une certaine stupéfaction qu'on découvre sous la plume de Geoffroy de

Lagasnerie (« Nuit debout, le mythe du peuple » – tribune parue dans *Le Monde* du 28 avril 2016) que les références incessantes que ferait selon lui ce mouvement aux concepts de « communauté » et de « commun » s'inscrivent, en réalité, « dans une *tradition bourgeoise* contre laquelle s'est définie la critique sociale *depuis Marx* » (son article se concluant même par une invitation – assez inattendue de la part d'un pieux zélateur de Foucault – à « renouer avec un certain héritage du marxisme »). Emporté par sa toute nouvelle passion néo-marxiste, cet étrange représentant de la « gauche radicale » – dont il se réclame *urbi et orbi*, y compris dans *Grazia* (magazine féminin qui n'hésite d'ailleurs pas à le présenter comme l'étoile montante de la nouvelle gauche) – va même jusqu'à attribuer cet inquiétant retour, à l'intérieur du mouvement radical, des concepts socialistes de « commun » et de « communauté » (il vise tout particulièrement Yanis Varoufakis) aux désolants progrès de cette « rhétorique issue de la critique du néolibéralisme », lequel serait dans son esprit « associé – *à tort* – à l'individualisme, à l'atomisme, à la destruction du lien social, en sorte que lui est opposé le *besoin d'être ensemble* ». Dans ces conditions – conclut fièrement Geoffroy de Lagasnerie – un esprit véritablement fidèle à la pensée de Marx serait donc beaucoup moins celui qui entreprendrait, à l'image de Guy Debord, une *critique de la séparation généralisée* que celui qui aurait enfin le courage de reconnaître, au contraire, que « *la société, ça n'existe pas* », pas plus d'ailleurs – on s'en doutait un peu – que le « peuple » lui-même (remarquons, au passage, que notre éminent « sociologue critique » ne semble donc pas s'être aperçu qu'il reprenait ainsi à son compte la fameuse formule de Margaret Thatcher). Que de telles âneries philosophiques puissent, de nos jours, être prises au sérieux par le monde intellectuel parisien, donc publiées sur une page entière de son journal de référence, en dit assurément long sur l'état présent de nos universités. Comme l'écrivait Simon Leys, « il serait sans doute excessif de prétendre que, à la faveur de certaines de nos procédures actuelles, on pourrait délivrer un doctorat à un âne mort, mais je crois qu'un *âne vivant* parviendrait à le décrocher ». Surtout s'il s'agit d'un doctorat en « sociologie » (que même l'astrologue Élisabeth Tessier possède, et sans doute de façon beaucoup plus légitime que bon nombre de ses collègues).

[**G**]

La contre-révolution progressiste

Si, par « révolution », on entend le « bouleversement continuel de la production et le constant ébranlement de tout le système social » (Marx), alors il est clair qu'une société capitaliste est, dans son principe même, éminemment révolutionnaire (« construisons dans un monde qui bouge ! »). Si, en revanche – et de façon plus classique – on choisit de réserver le terme de « révolution » au seul processus *politique* qui permet à un peuple (ne serait-ce que pendant quelques semaines) de s'emparer d'un pouvoir jusque-là confisqué par une caste ou une oligarchie, on devra au contraire en conclure que le mouvement qui a progressivement conduit, dans la seconde partie des années 1970, au triomphe sans réplique des idées libérales (aussi bien sur le plan économique que politique et « sociétal ») doit nécessairement être défini – au moins dans ses aspects dominants – comme une véritable *contre-révolution culturelle*. L'important étant ici de voir que, dans les conditions historiquement inédites du système capitaliste, tout mouvement officiellement « progressiste » et futuriste – à l'image, on l'a vu, de celui des idéologues de la Silicon Valley [**a**] – peut donc parfaitement s'avérer, *et cela en même temps*, profondément contre-révolutionnaire [**b**]. C'est là, du reste, ce que le roi Louis-Philippe avait eu lui-même l'occasion de constater, lors de son exil belge, face au spectacle dramatique des journées de juin 1848 : « La République a bien de la chance, s'était-il alors exclamé. Elle, au moins, elle a le droit de tirer sur le peuple ! ». Telle est bien, en définitive, la contradiction permanente dans laquelle doivent aujourd'hui se débattre les *Versaillais de gauche* (ou d'extrême gauche) du post-mitterrandisme [**c**].

[**a**] Les exemples ne manquent pourtant pas, notamment sur le plan urbanistique, des nombreux ravages engendrés par l'idéologie progressiste. Tel est entre autres le cas – note par exemple Olivier Rey – de ce fameux « programme Pruitt-Igoe, pensé selon les préceptes du mouvement moderniste » et qui « valut à Yamasaki une grande réputation et, dans les années suivantes, une avalanche de commandes de grande ampleur, jusqu'au World Trade Center. Pourtant, Pruitt-Igoe qui, par les vertus de son agencement, était

censé procurer à ses habitants une vie meilleure, se révéla à l'usage un échec complet. À peine terminé, le quartier commença à se dégrader, et le délabrement fut si rapide que, malgré les commissions appelées à réfléchir aux moyens de l'enrayer et les sommes dépensées, la destruction fut entreprise dès 1972. En 1976, la dernière barre avait disparu. Pruitt-Igoe est un exemple emblématique des erreurs architecturales monumentales qui ont été commises à l'époque de la modernité triomphante. Le gigantisme et l'artificialité radicale du programme empêchaient les habitants de s'approprier les alentours de leur domicile et de tenir à distance la délinquance qui allait jusqu'à la porte de leur appartement. Policiers et pompiers ne se rendaient plus sur les lieux, pour ne pas risquer d'être assommés ou tués par les projectiles qui leur étaient lancés depuis les étages supérieurs. Le climat était si détestable qu'il poussait toute personne qui en avait la possibilité à quitter le quartier dont l'état, après ces départs, se détériorait encore plus » (*Une question de taille*, Stock, 2014, p. 9-11). « Le point le plus marquant concernant Pruitt-Igoe – conclut Olivier Rey – est qu'un quartier qui, lors de sa construction, *avait été présenté comme à la pointe du progrès*, n'ait, moins de vingt ans plus tard, plus mérité d'autre sort que la démolition – inaugurant une longue suite de destructions du même genre. L'architecte Charles Jencks, en 1977, en tira cette conclusion : « L'architecture moderne est morte à Saint-Louis, Missouri, le 15 juillet 1972, à trois heures trente-deux de l'après-midi (ou à peu près), quand le tristement célèbre programme Pruitt-Igoe, plus exactement plusieurs de ses barres, a reçu le coup de grâce en étant dynamitées. » C'est de cette destruction que Jencks date l'entrée dans une nouvelle époque, la postmodernité » (*op. cit.* p. 11). Autrement dit, dans l'ère de cet urbanisme néolibéral dont nous connaissons également, aujourd'hui, les conséquences tout aussi « progressistes ».

[**b**] Tout au long du XIXe siècle, et jusqu'à l'effondrement du régime de Vichy, les termes de *Réaction* et de *Contre-révolution* sont à peu près interchangeables. Le « réactionnaire » (ou l'« ultra ») est alors celui qui – dans le sillage d'un Joseph de Maistre et d'un Louis de Bonald (ou d'un Balzac) – conserve encore l'espoir de *restaurer*, en totalité ou en partie, le *monde d'avant la Révolution* (et, en premier lieu, les privilèges de naissance de la noblesse et le contrôle quotidien des esprits par l'Église). Ce n'est donc qu'une fois « les classes réactionnaires détruites » (Marx) que l'imaginaire du « Progrès » pourra libérer au grand jour l'ensemble des ambiguïtés dont il était porteur *depuis l'origine* (les premiers socialistes étant, par définition, infiniment plus sensibles à ces ambiguïtés, à l'image, par exemple, d'un Proudhon qui notait, en 1852, que « suivant la théorie du Progrès, le peuple doit être traité comme un troupeau de mineurs et de brutes que l'on convertit peu à peu à l'humanité »). À partir du moment, en effet, où l'on a vraiment compris que la dynamique aveugle du capital (fondée sur la nécessité continuelle de reproduire ce dernier sur une base toujours plus élargie) était « éminemment révolutionnaire » et que la société actuelle, bien loin d'être un « cristal solide », constituait, en réalité, un « organisme susceptible de changement *et toujours en voie de transformation* » (Marx), la croyance selon laquelle tout pas en avant constitue automatiquement un pas dans la bonne direction (puisque tel est, par définition, le mantra de base de toute idéologie « progressiste ») perd immédiatement son caractère d'évidence. Sauf, bien sûr, à confondre l'idée selon laquelle « on n'arrête pas le progrès » avec l'idée selon laquelle *on n'arrête pas le capitalisme*.

[c] On trouvera une illustration parfaite de ce que peut signifier un *progressisme contre-révolutionnaire* dans l'œuvre « futuriste » de Filippo Marinetti. « Le livre – écrivait ainsi en 1915 ce partisan enthousiaste de Mussolini – moyen absolument passéiste de conserver et de communiquer la pensée, est depuis longtemps destiné à disparaître, comme les cathédrales, les tours, les musées, l'idéal pacifiste [...]. Le cinématographe – déformation joyeuse de l'univers – deviendra la meilleure école pour les enfants. Il accélérera l'imagination créatrice, développera la sensibilité, donnera le sens de la simultanéité et de l'omniprésence. Il remplacera la revue, toujours pédantesque, le drame toujours prévu, le livre toujours ennuyeux. » Ne croirait-on pas lire ici l'une de ces célébrations incontrôlées de la « culture numérique » et du « monde connecté » dont la nouvelle gauche libérale est aujourd'hui devenue si friande (ce qui confirme, au passage, la profonde intuition d'Orwell selon laquelle les nazis et les fascistes étaient « les vrais hommes modernes *[the truly modern men]* ») ?

[H]

La question sociétale

Chaque fois que les règles de l'*alternance unique* conduisent à confier de nouveau à un pouvoir de gauche le soin de « gérer loyalement le capitalisme », on peut être sûr que ce dernier ne manquera pas de dissimuler cette gestion libérale sous un flux continu de réformes dites « sociétales » (mariage pour tous, vote des étrangers, dépénalisation du cannabis [**a**], lutte contre l'accent circonflexe, etc.). C'est là, pour la gauche, une contrainte structurelle tout aussi puissante que celle qui oblige constamment un pouvoir de droite à masquer son combat en faveur des plus riches sous le voile mensonger d'une défense des « valeurs traditionnelles », du bon sens ou même de l'éthique du travail [**b**]. Il devrait donc être clair, à présent, que sous un gouvernement de gauche, l'objectif *premier* de toute réforme dite « sociétale » – du moins chaque fois qu'elle est imposée d'en haut – est *toujours* d'opérer une manœuvre de diversion (ne serait-ce, par exemple, que pour détourner l'attention des citoyens des négociations que ce pouvoir conduit parallèlement, *en secret* et *à huis clos*, sur le traité transatlantique). De ce point de vue, il fallait vraiment une naïveté à toute épreuve – ou alors être une star du showbiz – pour ne pas comprendre immédiatement que le psychodrame du « mariage pour tous » – devenu, entretemps, l'emblème par excellence de toute réforme sociétale – ne pouvait trouver, *dès le départ*, son véritable arrière-plan politique que dans le « pacte de responsabilité » (celui qui devait créer *un million* d'emplois !) et la future réforme du code du travail. Deux projets d'inspiration bruxelloise que François Hollande avait, bien sûr, déjà en tête au moment même où il prononçait son fameux discours du Bourget [**c**].

Pour autant, cela ne signifie pas qu'il faille réduire cette notion de « question sociétale » à sa seule instrumentalisation politique par la gauche libérale. Dès lors que le système capitaliste a définitivement acquis la forme d'un *fait social total*, il devient, en effet, pratiquement impossible de se soustraire à son emprise idéologique sans avoir *aussi* à mettre en œuvre une réflexion critique sur l'ensemble des questions *morales et culturelles*. Le problème n'est donc pas tant de rejeter *a priori* toutes les revendications qui pourraient émaner des « minorités » – quelles qu'elles soient [**d**] – au prétexte de leur caractère supposé « secondaire » (comme si le fait même de prendre en charge ces revendications impliquait par là même l'oubli de la « contradiction principale »). Il est bien plutôt d'apprendre à discerner – dans l'agencement juridique concret sous lequel chaque nouvelle réforme « sociétale » est à présent imposée au peuple – les multiples points d'entrée de l'idéologie dominante donc le mécanisme qui conduira inexorablement, *dans les faits*, à renforcer encore un peu plus l'invasion de nos vies quotidiennes par la logique marchande [**e**].

Or il s'agit là d'une tâche dont il est impossible de s'acquitter correctement si l'on ne commence pas par reconnaître – comme le rappelle par exemple Michael Sandel – que toute question dite « sociétale » nous place d'emblée « sur un terrain moralement controversé, où il n'est pas possible de conserver une position de neutralité entre des conceptions rivales de la vie bonne » **[f]**. Autrement dit, sur un terrain *moral* et *philosophique*, avec tout ce que cela implique, par définition, de débats véritablement démocratiques et de *liberté totale d'expression*. Il est donc tout à fait illusoire d'imaginer pouvoir résoudre un problème « sociétal » dans un sens anticapitaliste (donc humainement émancipateur) si l'on ne dispose, pour cela, que des seuls outils *axiologiquement neutres* du droit libéral et de son appel contradictoire **[g]** à étendre indéfiniment le « droit d'avoir des droits » (« il n'y a que le néant qui soit neutre », avait coutume de répondre Jaurès). Autant dire que ce n'est certainement pas l'intelligentsia de gauche, ou d'extrême gauche, qui apparaît aujourd'hui la mieux placée philosophiquement pour mener à bien un tel combat. Surtout quand on connaît son aversion grandissante pour le débat démocratique et la liberté d'expression (c'est bien, en effet, la gauche moderne qui, depuis plus de vingt ans, est à l'origine de presque toutes les lois répressives qui permettent de transformer une simple *opinion* – serait-elle abjecte ou moralement inacceptable – en un *délit de droit commun*).

Certains accueilleront sans doute avec scepticisme cette idée, il est vrai assez peu taubirienne, selon laquelle la meilleure chance d'assurer un *véritable soutien populaire* aux luttes dites « sociétales » (contre le sexisme, le racisme, l'homophobie, etc.) réside d'abord dans notre aptitude philosophique à les lier « dialectiquement » (une fois leur noyau rationnel extrait de sa gangue libérale [**h**]) au combat permanent de *ceux d'en bas* pour s'opposer à un système social dont ils doivent supporter quotidiennement tout le poids. J'encourage donc tous les esprits encore hésitants sur ce point à découvrir au plus vite *Pride* – le film réalisé en 2014 par le metteur en scène britannique Matthew Warchus. Ce petit chef-d'œuvre du cinéma politique moderne, entièrement fondé sur des faits réels, retrace en effet l'engagement exemplaire, durant l'été 1984, d'un petit groupe socialiste gay et lesbien de Londres (*Lesbians and Gays Support the Miners*, LGSM) aux côtés de ces mineurs britanniques dont Margaret Thatcher s'était juré de briser une fois pour toutes la résistance acharnée. Cette rencontre, *a priori* improbable, entre ces militants gays londoniens et les mineurs gallois du petit village d'Onllwyn – au départ, on s'en doute, assez surpris et réticents – (rencontre qui donne lieu, dans le film, à des scènes à la fois émouvantes et d'une drôlerie irrésistible) va progressivement amener ces derniers, devant le dévouement sans bornes de ces combattants venus d'un autre monde, à se défaire peu à peu de leurs préjugés les plus tenaces, sans avoir d'ailleurs à abandonner pour autant – c'est une des grandes forces du film – un seul pouce de leur *identité* ouvrière traditionnelle. Jusqu'à devenir capables, au terme de cette aventure collective, de définir par eux-mêmes tous les éléments d'un nouveau *langage commun* – on songe à l'objectif des dirigeants de Podemos – rendu précisément possible par cette lutte commune, et *fraternelle*, contre leur ennemi commun (on pourra se référer ici au rôle décisif que joue le concept de « chaînes d'équivalence » dans le populisme d'Ernesto Laclau). À tel point que le syndicat des mineurs gallois n'hésitera pas, l'année suivante – en guise de contre-don maussien aux militants de LGSM – à apporter un soutien éclatant à la Gay Pride londonienne (au grand dam, on s'en doute, des nombreux gays thatchériens et des équivalents locaux de LGBT). Est-il besoin d'ajouter que cette merveilleuse leçon de socialisme pratique, si conforme à l'esprit orwellien (et par conséquent aux antipodes des idées d'un Noël Mamère, d'un Jean-Michel Ribes ou d'une Najat-Vallaud Belkacem), vaut tout autant pour les autres revendications « sociétales », dès lors que celles-ci possèdent un contenu *réellement* émancipateur (ce qui est malheureusement loin d'être toujours le cas [**i**]). C'est que le véritable universalisme, comme l'enseignait déjà Hegel, ne constitue jamais un point de départ. Il est toujours le *résultat* d'un processus « dialectique » et de luttes politiques menées en commun : « l'unité de l'Universel abstrait et de *son exception constitutive* » – comme le note par exemple Slavoj Žižek dans *Jacques Lacan à Hollywood, et ailleurs* (Éditions Jacqueline Chambon, 2010, p. 138).

[**a**] L'argument principal des libéraux de gauche, lorsqu'ils appellent à dépénaliser l'usage du cannabis, est que, de toute façon, cet usage est déjà massivement répandu dans la jeunesse. On pourrait tout aussi bien exiger la dépénalisation de la fraude fiscale ou du dopage des sportifs de haut niveau (d'autant qu'il y a, en proportion, infiniment plus de riches qui fraudent le fisc, ou de sportifs professionnels qui se dopent lors des grandes compétitions – la Russie n'étant ici qu'un bouc émissaire commode – que de jeunes réellement dépendants du cannabis). Rousseau avait, du reste, souligné une fois pour toutes, dans le livre I du *Contrat social*, les implications politiques ultimes de cet étrange argument lorsqu'il écrivait, à propos de Grotius, que « sa plus constante méthode est d'établir toujours le droit par le fait. On pourrait employer une méthode plus conséquente, mais non plus favorable aux tyrans ».

[**b**] Il semble ainsi aller de soi, pour les économistes de droite, que si les dirigeants d'une grande firme transnationale gagnent cent fois plus que leurs employés, c'est d'abord parce que leur journée de travail est cent fois plus longue ou cent fois plus intense (à l'image, par exemple, de cette Hillary Clinton – la *pasionaria* de Wall Street – qui exige 400 000 dollars chaque fois

qu'elle doit lire à haute voix le texte d'une conférence écrite par un autre). Certains idéologues libéraux poussent même la servilité jusqu'à mettre en relation la richesse indécente de ces dirigeants avec leur supposée propension calviniste à l'abstinence. Mais comme le rappelle Christophe Darmangeat dans *Le Profit déchiffré. Trois essais d'économie marxiste* (La Ville brûle, 2016), « il ne faut pas manquer d'aplomb pour expliquer que les revenus de Liliane Bettencourt, estimés à environ 50 millions d'euros par mois, proviennent de son abstinence – laquelle, à ce niveau-là, doit être véritablement prodigieuse. En réalité, les choses se passent très exactement à l'inverse : dans une société capitaliste, ceux qui pratiquent l'abstinence (forcée) vivent de leur seul travail. La grande bourgeoisie, elle, ne s'abstient de rien, sinon de toute décence ».

[c] Dès 1985, François Hollande avait tenu à publier sous le pseudonyme de « Jean-François Trans » – et en collaboration avec Jean-Yves Le Drian, Jean-Michel Gaillard, Jean-Pierre Mignard et Jean-Pierre Jouyet – un manifeste « libéral de gauche » (*La gauche bouge*, Jean-Claude Lattès), dans lequel il déplorait déjà qu'en dépit de la supériorité, à ses yeux désormais évidente, du système capitaliste (l'un des principaux chapitres s'intitulait d'ailleurs « *La Concurrence est de gauche !* »), les Français demeuraient toujours « aussi frileux devant les mutations, craintifs face à l'avenir, pessimistes sur leur destin, hostiles au changement *et à la mobilité* ». Et il allait même jusqu'à annoncer, dans la foulée, que ce serait dorénavant sur la seule question des « mœurs » et des réformes sociétales qu'aurait à se jouer l'ultime différence électorale entre la « nouvelle gauche » et la droite moderne (la brioche du « mariage pour tous » étant ainsi promise à remplacer le pain de l'emploi). Même en tenant compte des effets intellectuellement

dévastateurs d'une lecture trop fréquente de *Libération*, on se demande encore comment certains ont pu prendre au sérieux *un seul instant* le discours du Bourget.

[**d**] Rappelons que le combat féministe – qui n'a évidemment pas grand-chose à voir avec les délires ultralibéraux de l'idéologie du genre – n'entre pas dans ce cadre philosophique. Les femmes n'ont en effet jamais constitué une « minorité ». Elles représentent tout simplement *l'autre moitié du genre humain*. De ce point de vue, le fait biologique de la différence sexuelle fonctionne donc, avant tout, comme une limite absolue à tous les fantasmes idéalistes de complétude (et, par conséquent, de *toute-puissance*) en invalidant d'emblée toute prétention de l'un des deux sexes – et *a fortiori* celle d'un sujet individuel supposé intégralement maître de ses « choix » – d'incarner à lui seul l'essence de l'humanité (l'idée, en d'autres termes, que chaque *sujet individuel* porterait en lui-même, selon la formule de Montaigne, la « forme *entière* de l'humaine condition »). C'est précisément cette limite structurelle, et la finitude radicale qu'elle implique, que les idéologies libérales de l'*indifférenciation* – toujours ancrées, en dernière instance, dans le mouvement d'uniformisation marchande du monde – s'efforcent désespérément d'abolir de nos jours.

[**e**] Une réforme « sociétale » – chaque fois qu'elle est introduite d'*en haut* et non sous la pression dominante des luttes populaires (par exemple pour le droit à l'avortement) – ressemble donc presque toujours à ces offres commerciales séduisantes qui comportent, cachés dans un coin, un certain nombre d'engagements additionnels – en général nettement plus onéreux – que le client inattentif ne découvre qu'après coup. Il était évident, par exemple, que la loi Taubira, en se

proposant d'enfermer l'union entre deux personnes du même sexe, qui constituait pourtant une *nouveauté* absolue, dans le moule juridique du mariage *traditionnel* – lequel inclut par définition, depuis des siècles, tous les droits relatifs à une possible filiation – n'impliquait pas seulement l'idée, en elle-même profondément émancipatrice, qu'un amour (ou un désir) homosexuel est tout aussi « normal » qu'un autre (rien, en effet, dans l'orientation sexuelle d'un individu ne permet de *préjuger* de son comportement moral ou politique effectif). Elle comportait avant tout, à titre de conséquence implicite et pour des raisons *biologiques* évidentes, la généralisation inévitable d'un *marché* mondial de l'adoption et de la « reproduction artificielle de l'humain » (je renvoie ici au livre d'Alexis Escudero). Or tout le monde sait bien aujourd'hui – comme le confirme du reste chaque jour l'exemple des États-Unis – à quelles dérives redoutables (quoique entièrement prévisibles) cette vision purement *scientiste et marchande* de l'être humain conduit nécessairement : 25 000 enfants « jetables » déjà revendus, *chaque année*, sur le marché américain dit de la « réadoption » (c'est-à-dire quand l'acheteur initial a fini par se lasser de la marchandise commandée), une multiplication accélérée des grossesses dites « de confort » (lorsque, par exemple, une riche bourgeoise de Beverly Hills décide de louer le ventre de sa femme de ménage mexicaine ou d'une chômeuse du Bangladesh, afin de s'épargner les inconvénients de la grossesse et de maintenir intacte sa silhouette de bimbo) et, bien sûr, le développement exponentiel de toutes ces technologies dites « transhumanistes » qu'inventent en continu les *savants fous du capital* (l'une des conséquences les plus baroques de ces nouvelles technologies – manipulations génétiques, procréation médicalement assistée, diagnostic préimplantatoire, etc., étant, comme le rappelle Escudero, la disparition progressive des enfants *roux*). Derrière le nuage d'encre du « mariage pour tous », il s'agissait donc beaucoup moins, en réalité, de lutter contre les préjugés homophobes (Christiane Taubira n'a-t-elle d'ailleurs pas affiché ouvertement son soutien, au printemps 2016, au rappeur Black M ?) que de préparer en sous-main ce règne futuriste de Google et de la Silicon Valley – le « modèle californien » – dont tous les politiciens libéraux s'accordent aujourd'hui à *croire* qu'il constitue l'une des dernières chances pour le système capitaliste de surmonter ses propres contradictions. On n'a pas fini de s'en apercevoir.

[**f**] *Justice*, Albin Michel, 2016, p. 382. Malgré les nombreux points de convergence qui existent entre l'idéologie libérale et l'idéologie républicaine, c'est d'abord sur cette question de la « neutralité axiologique » de l'État moderne (donc du rôle de la philosophie et de la morale dans une société « républicaine ») que s'est toujours jouée la différence entre ces deux grands courants politiques (et notamment sur la question de la laïcité, les libéraux estimant que cette dernière ne devait prendre appui sur *aucun* contenu moral ou philosophique particulier, contrairement aux seconds qui exigeaient, par exemple, que l'école forme d'abord les jeunes citoyens à l'*esprit critique* et aux valeurs morales qu'il implique). On relira donc avec intérêt, de ce point de vue, *La Morale dans la démocratie*, ouvrage écrit en 1868 par le républicain Jules Barni (et réédité en 1992 aux éditions Kimé) dans lequel il s'attaquait résolument à ce nouvel idéal de « neutralité axiologique ». C'est cette différence fondamentale entre le libéralisme et le républicanisme qui explique, entre autres, et comme le rappelle d'ailleurs Pierre Macherey dans son excellente préface au livre de Barni, que les fondateurs de la Troisième République – à l'image, par

exemple, de Thiers et de Gambetta – recrutaient généralement leurs principaux assistants dans le monde des professeurs de philosophie, et non, comme aujourd'hui, dans celui des économistes et des banquiers. C'est même là, souligne Pierre Macherey, « un aspect caractéristique de l'histoire politique française, qui n'a guère d'équivalent dans d'autres pays » (et c'est, bien entendu, cette particularité historique française qui conduira encore Albert Thibaudet à évoquer, en 1927, la « République des professeurs »).

[g] À partir du moment où l'on entend se placer sur le seul terrain du droit libéral (*abstraction faite*, par conséquent, de toute référence à une conception particulière de la vie commune), il devient, en effet, de plus en plus difficile d'arbitrer de façon rationnelle entre deux prétentions rivales dont chacune ne se réclame elle-même que de son seul « droit d'avoir des droits », autrement dit, de sa lutte spécifique contre le type particulier de « discrimination » dont elle s'estime l'objet (les normes abstraites du droit libéral devant par définition s'appliquer de manière *aveugle* – sous peine de devenir discriminantes – quelles qu'en soient les conséquences sur le plan de la décence commune, ou même du simple bon sens). C'est ce que rappelait déjà Marx, dans *Le Capital*, lorsqu'il écrivait qu'entre le point de vue du travailleur et celui du capitaliste – dès lors que l'on refuse, pour résoudre le problème de la longueur « normale » d'une journée de travail, de quitter le terrain abstrait du droit libéral – il existe inévitablement « une antinomie, *droit contre droit [Recht wider Recht]*, tous deux portant le sceau de la loi qui règle l'échange des marchandises ». Et « entre deux droits égaux – poursuivait Marx de façon prophétique – qui décide ? *La force* ». Doit-on, par exemple, tenir la prostitution pour une activité discriminante à l'endroit des femmes et qu'il conviendrait donc d'abolir au plus vite ? Ou faut-il, au contraire, y voir « un métier comme un autre », pratiqué par des « travailleuses du sexe », dont il s'agirait alors de garantir, au nom même de l'égalité, des droits syndicaux et sociaux identiques à ceux des autres travailleurs ? Il est clair que faute d'un accord préalable sur un *minimum de valeurs morales et philosophiques communes* – comme ce serait le cas dans une société socialiste décente – la résolution d'un tel type de problème « sociétal » dépendra toujours, en dernière instance, du seul *rapport de force* existant à un moment donné dans une société donnée (ou, plus exactement, à l'intérieur de l'élite qui gouverne cette société). Croisade contre la prostitution, donc, dans la France de François Hollande. Et célébration parallèle du « travail sexuel » dans l'Allemagne d'Angela Merkel. Mais comme tout rapport de force est par définition provisoire, on ne peut donc jamais exclure – dans une société dont le droit se veut axiologiquement neutre – que les victoires d'aujourd'hui ne se transforment pas en défaites de demain.

De ce point de vue, l'évolution des discours libéraux sur la pédophilie représente un véritable cas d'école. C'est, en effet, au nom des « droits de l'enfant » qu'elle est à présent considérée comme l'une des formes les plus odieuses de la barbarie humaine. À tel point, comme on le sait, que les grands médias de gauche ont même choisi d'en faire l'un de leurs principaux chevaux de bataille contre l'Église catholique. Mais c'est curieusement oublier que, *jusqu'au début des années 1980*, la plupart des intellectuels de gauche considéraient, au contraire, le combat en faveur de la dépénalisation de la pédophilie comme l'exemple même d'une lutte émancipatrice et conforme au « sens de l'histoire » (avec d'ailleurs le *même type d'arguments « progressistes »* – et de bonne conscience inoxydable – que ceux qui seront utilisés, quarante ans plus tard, lors de la séquence historique du « mariage pour tous »). Elle devait non seulement permettre, en effet, d'en finir, une fois pour toutes, avec tous les « tabous judéo-chrétiens » (l'Église catholique étant donc, comme on le voit, perdante dans tous les cas de figure), mais également de fonder, conformément aux enseignements supposés libérateurs de Wilhelm Reich et de Tony Duvert le droit naturel de tout enfant à « disposer librement de son corps et de sa sexualité » (droit auquel, cela va de soi, seuls des esprits « réactionnaires » auraient pu avoir encore le front de s'opposer). Et, de fait, il suffit de se reporter aux innombrables pétitions en faveur de la pédophilie alors publiées par *Le Monde* et *Libération* pour y retrouver aussitôt les signatures les plus prestigieuses de l'intelligentsia de gauche du temps : Jacques Derrida, Louis Althusser, Jean-Paul Sartre, Simone de Beauvoir, Michel Foucault, Roland Barthes, André Glucksmann, Alain Robbe-Grillet, Françoise Dolto, Louis Aragon, Gilles Deleuze, Félix Guattari, Jean-François Lyotard et bien d'autres encore (liste qui a quand même, il faut le reconnaître, une tout autre allure qu'une pétition signée de nos jours par Éric Fassin, Édouard Louis, ou Virginie Despentes). Tous profondément persuadés qu'en apposant ainsi leur nom au bas de ces appels alors considérés comme « progressistes », ils contribuaient de façon décisive au combat pour l'émancipation du genre humain et pour la véritable égalité des droits (« l'abolition de tous les clivages entre l'enfant et l'adulte », selon l'une des formules favorites de l'époque).

La leçon d'une telle mésaventure de la gauche intellectuelle (dont même Daniel Cohn-Bendit, pourtant l'enfant chéri des médias, aura un temps à subir les effets rétrospectifs) me semble particulièrement claire. Tant, en effet, que la seule logique « autoréférentielle » du droit libéral continuera de tenir lieu de morale et de philosophie politique (puisque telle est bien l'essence ultime de la lutte « contre toutes les formes de discrimination ») rien ne pourra jamais garantir que ce qui est aujourd'hui *stigmatisé* comme un vice *nauséabond* ne sera pas glorifié demain, à la faveur d'un nouveau rapport de force, comme une vertu éminemment *citoyenne*. Et réciproquement. Telle est bien, en dernière instance, l'une des conséquences inévitables de ce relativisme moral et culturel « postmoderne » qui définit le noyau dur de toute pensée libérale cohérente.

[**h**] Un des signes les plus nets de cette imbrication « dialectique », dans les conditions du capitalisme moderne, entre ce qui relève d'une émancipation véritable (celle qui a pour effet premier d'*autonomiser* les individus) et une émancipation essentiellement libérale (celle qui conduit, au contraire, à renforcer leur *atomisation*), c'est le fait que l'*égalité sociétale* – telle qu'elle s'inscrit jour après jour dans le marbre du droit libéral – trouve curieusement son complément pratique dans la progression constante de la précarité et de l'*inégalité sociale* (le cas de l'école étant ici exemplaire). Sous ce rapport, le fait que l'intelligentsia de gauche moderne éprouve toujours autant de difficultés à penser l'égalité sociale et l'égalité sociétale *à la fois* dans ce qui les unit et dans *ce qui les distingue ou les oppose* – de sorte qu'elle n'apparaît capable de défendre la seconde qu'en sacrifiant systématiquement la première – est donc incontestablement le signe, comme le notait déjà Engels dans une lettre à Conrad Schmidt d'octobre 1890, que « ce qui manque à tous ces messieurs, *c'est la dialectique* » (compliment qu'on pourrait évidemment étendre, aujourd'hui, à un certain nombre de dames).

[i] Songeons, entre autres, à l'exaltante croisade initiée en 2014 par Rachel Dolezal – une militante américaine blanche, présidente de la National Association for the Advancement of Colored People – pour obtenir le droit d'être officiellement reconnue comme « noire », puisque tel est, selon elle, son véritable « ressenti » psychologique. Faire droit à une revendication aussi surréaliste – mais qui ne fait, après tout, qu'étendre hors de leur champ d'origine les dogmes de la métaphysique du « genre » – ne pourrait évidemment conduire qu'à ouvrir encore un peu plus la boîte de Pandore (si tant est qu'elle ait encore un couvercle). Car au nom de quoi, en effet, pourrait-on alors refuser, par exemple, aux *anorexiques* le droit de se voir, à leur tour, officiellement reconnues comme « réellement » obèses (et de bénéficier ainsi, entre autres avantages, de deux sièges sur certaines compagnies aériennes), dès lors qu'il s'agit bien, à l'évidence, de l'image qu'elles ont d'elles-mêmes ? Incomparablement plus sensée, de ce point de vue, me paraît toujours être la vieille idée matérialiste de Marx selon laquelle c'est *sur ce qu'ils sont réellement* que l'on doit juger les individus. Plutôt que sur la représentation fantasmatique qu'il leur arrive parfois de se faire d'eux-mêmes (et qui, en tant que telle, ne concerne qu'eux).

[I]

Clochemerle et la politique de l'urinoir

La *fusion* que Jaurès et Millerand appelaient de leurs vœux entre le mouvement ouvrier socialiste

– qui s'était tenu jusque-là à l'écart des clivages parlementaires traditionnels **[a]** – et la gauche radicale et républicaine (c'est cet ensemble intégré qui définira désormais la *nouvelle* gauche du XXe siècle) n'entrera définitivement dans les mœurs qu'au cours des années 1930 et sous la menace alors grandissante du fascisme hitlérien **[b]** (de ce point de vue, c'est donc bien l'expérience des Fronts populaires qui permettra d'enraciner dans l'imaginaire collectif l'idée – que presque plus personne ne songe à contester aujourd'hui – selon laquelle une sensibilité de gauche inclut, *par définition*, une dimension « sociale », voire anticapitaliste). Cela signifie, entre autres, que jusqu'à la fin des années 1920 – pour peu qu'on laisse un instant de côté la scène parisienne et que l'on tourne son regard vers la « province » (*le vrai lieu de la politique*, disait Albert Thibaudet) – ce qui définissait encore le plus souvent un « homme de gauche » (expression qui ne commence d'ailleurs à se répandre qu'au lendemain de l'affaire Dreyfus) c'était beaucoup moins son combat contre la modernisation capitaliste du monde que sa farouche opposition républicaine et « radicale » aux « forces réactionnaires », c'est-à-dire aux ultimes survivances **[c]** du pouvoir de l'Église catholique et de l'ancienne aristocratie terrienne **[d]**.

Sous ce rapport, la lecture de *Clochemerle*, le petit chef-d'œuvre de Gabriel Chevallier **[e]**, s'avère tout à fait éclairante. Quel peut être, en effet, en octobre 1922 (c'est la date à laquelle l'action du roman est censée se situer), le souci premier d'une *municipalité de gauche* **[f]** *?* Le dialogue entre Barthélemy Piéchut, le maire du village, et Ernest Tafardel, l'instituteur, ne laisse aucun doute à ce sujet. « Il faut que nous trouvions quelque chose, Tafardel, qui fasse éclater la supériorité d'une municipalité *avancée*. Ce n'est pas votre avis ? — Bien sûr, monsieur Piéchut, bien sûr ! On doit faire pénétrer le progrès dans les campagnes, chasser sans répit l'obscurantisme. *C'est notre grande tâche à nous, hommes de gauche*. » Tafardel a naturellement son idée toute prête. Le cimetière du village n'est-il pas, en effet, « le seul monument public de Clochemerle qui ne porte pas la devise républicaine : *Liberté, égalité, fraternité ?* Est-ce qu'il n'y a pas là une négligence *qui fait le jeu des réactionnaires et du curé ?* Est-ce que la République n'a pas l'air de convenir que son contrôle cesse au seuil de l'éternel séjour ? N'est-ce pas reconnaître que les morts échappent à la juridiction des partis de gauche ? » Mais comme le maire le fait aussitôt observer, « les morts, Tafardel, *c'est le passé*. Nous devons regarder l'avenir. C'est une idée d'avenir que je vous demande [...]. Trouvons quelque chose qui fasse plus d'effet, qui s'accorde avec une époque de progrès comme la nôtre. » Cette « idée d'avenir », ce sera, comme on le sait, la construction du célèbre urinoir **[g]**. Édifice municipal qui aura certes « son utilité, aussi bien pour l'hygiène que pour les mœurs » mais qui permettra surtout de porter un coup décisif à la réaction locale, symbolisée par le curé Ponosse, la baronne Alphonsine de Courtebiche et le notaire Girodot (« Quand je pense que les grands seigneurs de Louis XIV urinaient dans les escaliers du palais ! » s'exclame Tafardel, en historien averti). Idée d'avenir – ou *marqueur symbolique* dirait-on aujourd'hui – que l'instituteur s'empresse donc d'accueillir avec le plus grand enthousiasme (« manifestation rare chez cet homme triste et méconnu dont la joie était comme rouillée, car il la mettait uniquement au service de la bonne cause, dans les grandes occasions : les victoires remportées sur l'obscurantisme désolant qui recouvre encore la campagne française ») : « Pour une idée, monsieur le maire, c'est une idée ! Une idée vraiment républicaine. Bien dans l'esprit du parti en tout cas. *Mesure égalitaire au plus haut point*, et hygiénique. »

Comme on le voit, lorsque le maire Barthélemy Piéchut et l'instituteur Ernest Tafardel (dont il ne serait pas très difficile de trouver les équivalents politiques et intellectuels contemporains) songent à une « mesure égalitaire au plus haut point », ce n'est donc pas pour remettre en question l'écart qui existe, par exemple, entre les conditions de vie des ouvriers agricoles de Clochemerle et celles des riches vignerons qui les emploient (il faut dire que Barthélemy Piéchut – le narrateur ne manque pas de le préciser dès le départ – était « le plus gros propriétaire viticulteur et possédait les meilleures pentes exposées au sud-est, celles qui produisent les vins les plus fruités » [**h**]). C'est bien sûr le fait qu'il y aura désormais *un seul et même urinoir pour tous*. On comprend alors pourquoi, une fois la gauche moderne libérée de l'hypothèque socialiste – ce sera l'œuvre essentielle des années Mitterrand – elle ne pouvait logiquement qu'en revenir à ses premières amours : autrement dit à *la politique de l'urinoir* [**i**] et des marqueurs symboliques « citoyens » – qu'il s'agisse du « mariage pour tous », de la légalisation du cannabis, du vote des étrangers ou de la « féminisation » de l'orthographe. Le retour de Clochemerle, en somme, mais à l'heure de la mondialisation libérale et de la *Silicon Valley*.

[**a**] Dans son *Enquête sur la question sociale en Europe* (publiée en 1897 avec une préface de Jean Jaurès et de Paul Deschanel), Jules Huret – qui est l'un des pionniers, en France, de l'*interview* moderne – interroge ainsi longuement les principaux protagonistes des conflits de classes de l'époque (qu'il s'agisse, par exemple, d'ouvriers des usines Schneider au Creusot ou des élus socialistes de la municipalité de Roubaix). Or tout lecteur attentif remarquera très vite qu'il ne vient encore *jamais une seule fois* à l'esprit de ces militants

révolutionnaires – l'enquête a été réalisée en 1892 – de se définir comme des « hommes de gauche ». Ce refus systématique des premiers partisans du socialisme de se réclamer de la « gauche » marquera, du reste, longtemps le parti communiste français lui-même. Il n'est que de se reporter, par exemple, au compte-rendu de la XIe session plénière du comité exécutif du Komintern (et notamment aux interventions de Thorez, Barbé, Manouïlski, Lozovski et Piatnitski) – session pourtant consacrée, *au début de l'année 1931*, à la critique des « déviations mécaniques dans l'application de la tactique *classe contre classe* » – pour vérifier que le terme de « gauche » n'intervient *qu'une seule fois* au cours des débats. Et c'est alors uniquement pour dénoncer les manœuvres des « *éléments de gauche de la CGT* » visant, selon la formule de Lozovski, à « désorganiser le mouvement révolutionnaire » en recourant, entre autres, à « la tactique plus habile qui consiste à prendre la tête des mouvements pour mieux les torpiller ensuite » (*Le parti communiste devant l'internationale*, Bureau d'éditions, 1931, p. 12 et 76). Le 13 février 1934, au lendemain, donc, de la grande manifestation unitaire qui allait jeter les bases du futur Front populaire, on pouvait du reste encore lire dans *L'Humanité* : « Hier, ce fut le triomphe de l'unité d'action du prolétariat de Paris, soulevé *non pas pour défendre la République bourgeoise comme au temps de l'affaire Dreyfus*, mais pour préparer le renversement de la démocratie pourrie par la vraie République du peuple, ouvriers et paysans, par la République des Soviets de France. »

[**b**] En ce sens, c'est bien, effectivement, l'antifascisme des années 1930 (et, par conséquent, le changement radical de politique alors imposé par la direction de l'Internationale communiste) qui allait permettre de cristalliser de façon définitive – à partir de 1934 et sur des

bases idéologiques en partie nouvelles – l'alliance scellée au cours de l'affaire Dreyfus entre la gauche républicaine et libérale et le mouvement ouvrier socialiste (la réaction monarchiste et cléricale, malgré la vitalité encore incontestable de l'Action française et des Camelots du roi, ayant alors déjà perdu une grande partie de sa base politique et sociale). C'est pourquoi il représente, encore aujourd'hui, le garant ultime de toute « unité » de la gauche (au sens « post-dreyfusien » du terme), celui que l'on est tenu de convoquer rituellement chaque fois que cette unité menace de se défaire pour une raison ou une autre (et quand bien même les conditions historiques du temps n'auraient plus grand-chose à voir avec celles du capitalisme européen des années 1930). On s'explique alors mieux, du coup, le rejet qu'avait immédiatement suscité chez les fractions les plus radicales du mouvement ouvrier socialiste et anarchiste – tout comme, d'ailleurs, chez Orwell lui-même – cet appel de Staline à faire de l'antifascisme le ciment identitaire privilégié d'une « gauche » élargie dont les différents partis communistes ne manqueront plus, dès lors, de se revendiquer ouvertement (rejet de l'« antifascisme » qu'il importe d'ailleurs de distinguer de celui d'une grande partie de l'extrême gauche pacifiste des années 1930 – notamment au sein de la « Ligue des droits de l'homme » – qui y voyait un exemple typique de cette nouvelle « germanophobie » destinée à réveiller les passions bellicistes des classes populaires). Comme le rappellent ainsi Freddy Gomez et Pierre Sommermeyer (*À contretemps*, numéro 16, avril 2004, p. 4-10), « ce « front populaire antifasciste » que l'Internationale communiste appelait de ses vœux représentait, pour les « ultra-gauches », *le pire des remèdes* : l'asservissement du prolétariat aux valeurs d'une démocratie qui l'avait broyé, son enrégimentement sous la direction conjointe de la social-démocratie et du stalinisme, ses pires ennemis. Sans mise en perspective historique, on ne comprend rien à ce rejet actif de l'antifascisme par les « ultra-gauches » » (c'est, du reste, cette « ultra-gauche » qui contribuera de façon décisive à introduire – notamment au travers du mouvement d'occupation des usines qui s'était spontanément déclenché au lendemain des élections de mai 1936 – une dimension anticapitaliste presque totalement absente du programme initial du Front populaire). Pour ces militants radicaux, il était clair, en effet, que si tous les socialistes révolutionnaires se devaient évidemment de combattre *aussi* le fascisme (en Espagne ou ailleurs), ils devaient refuser à tout prix, en revanche, de se laisser *définir* comme de simples « antifascistes » (on retrouvera d'ailleurs le même débat entre communistes et anarchistes tout au long de la révolution espagnole). C'était, à leurs yeux, la survie même du mouvement ouvrier révolutionnaire qui était en jeu avec cette distinction cruciale. Au regard de l'histoire ultérieure – et notamment du rôle que joue toujours la rhétorique « antifasciste » chaque fois qu'une gauche libérale moderne est confrontée à une contestation anticapitaliste naissante – on ne peut pas dire que l'histoire leur ait donné entièrement tort.

[c] Il existe, *de nos jours*, au moins une exception à la règle qui oblige tout homme de gauche à combattre de façon résolue toutes les survivances du sombre passé. C'est celle qui concerne la condition féminine. Rien n'interdit plus, en effet, à un intellectuel de gauche *moderne* de justifier en toute bonne conscience le retour aux formes les plus archaïques de l'asservissement des femmes (voile intégral, refus de la mixité, rejet de l'homosexualité féminine, assignation au foyer, virginité obligatoire avant le mariage, interdiction de montrer son corps à la plage, etc.), dès lors qu'il s'agit officiellement

de lutter contre la seule « islamophobie » (c'est-à-dire, si les mots ont un sens, contre toute critique du Coran). Mais c'est alors uniquement parce que cette dernière lutte est systématiquement présentée comme « antiraciste » par nature (conformément aux thèses, entre autres, de ce « collectif contre l'islamophobie en France » dont l'une des principales références intellectuelles – Rachid Abou Houdeyfa – estimait encore récemment que « la femme non voilée n'a pas d'honneur et *mérite le viol* »). Il resterait évidemment à s'interroger sur la part de misogynie inconsciente – voire de véritable haine des femmes (souvenir œdipien, en général, de la mère castratrice) – que ce prétexte pour le moins ambigu a de plus en plus souvent pour fonction d'abriter. Il suffit, du reste, d'imaginer ce que serait la réaction des secteurs les plus machistes de cette intelligentsia de gauche « anti-islamophobe » – par exemple de la bien nommée « Ligue des droits de l'homme » (et des devoirs de la femme ?) – si demain un collectif de femmes issues de l'immigration décidait d'imposer le port du voile intégral *aux seuls individus de sexe masculin*. Quoi qu'il en soit, cette nouvelle façon de revendiquer fièrement son appartenance de gauche aurait assurément plongé Barthélemy Piéchut et Ernest Tafardel – grands lecteurs de Voltaire – dans un abîme de perplexité.

[**d**] Au début des années 1920, une partie notable de la nouvelle « droite » s'était déjà considérablement démarquée de l'ancienne réaction monarchiste et cléricale du XIXe siècle (celle des émigrés de Coblence et de la Terreur blanche de 1815). À tel point que sur les quatre principaux partis dont l'alliance avait permis, en 1919, la victoire du « Bloc national » – cette « chambre bleu horizon » que beaucoup d'historiens de gauche modernes s'accordent à présenter comme l'une des assemblées les plus « réactionnaires » qui aient jamais

existé – deux se réclamaient encore de la gauche (les Républicains de gauche et la gauche républicaine démocratique de Louis Barthou). Et les deux autres partis avaient eux-mêmes choisi de se présenter aux électeurs sous l'étiquette de l'Entente républicaine démocratique – dont Maurice Barrès était membre – et de l'Action républicaine et sociale). Nul ne saurait évidemment être dupe de ces dénominations « progressistes » (le parti de François Hollande, après tout, ne s'appelle-t-il pas « socialiste » ?). Mais cela vérifie néanmoins la célèbre « loi » formulée par les politologues des années 1920 selon laquelle, depuis la fin de l'affaire Dreyfus, « une nouvelle droite » ne représentait presque toujours qu'une « ancienne gauche » que la dynamique révolutionnaire du capitalisme avait fini par repousser à cette place maudite (songeons, par exemple, à l'évolution du parti radical). C'est ce glissement continuel de la politique moderne vers les valeurs « progressistes » de la gauche originelle (un Poincaré n'étant, au fond, qu'un héritier logique d'Adolphe Thiers et de Jules Ferry) qu'Albert Thibaudet appelait le mouvement « sinistrogyre» des sociétés libérales.

[e] Publié en 1934, *Clochemerle* connaîtra un succès phénoménal (plusieurs millions d'exemplaires vendus et de multiples traductions à l'étranger), signe que Gabriel Chevallier avait bien mis le doigt sur l'une des vérités les plus profondes de la politique française de l'époque.

[f] On est donc bien loin de ce « socialisme municipal » que mettait déjà en œuvre, à l'époque, le mouvement ouvrier révolutionnaire. Dans son *Aperçu de l'activité subversive des socialistes français au sein des conseils municipaux* (texte rédigé en 1898), Rosa Luxemburg cite ainsi en exemple le conseil municipal de Roanne. « On a donné aux enfants que leurs parents ne peuvent garder – écrit-elle entre autres – la possibilité de

partir en vacances. Le conseil municipal a consacré 75 000 francs à l'assistance aux chômeurs, augmenté les pensions de retraite des invalides du travail de 200 à 350 francs, garanti des subventions plus élevées à diverses sociétés d'intérêt public et d'assistance, fondé une caisse de retraite pour les employés municipaux et augmenté leurs salaires. Des cours municipaux gratuits de dessin et de comptabilité ont été mis en place. Le conseil municipal a également décidé de créer un bureau municipal de placement gratuit et une cantine populaire. » Et à Montluçon – note-t-elle encore – « le conseil municipal a décidé à l'unanimité moins une voix la levée des taxes d'octroi sur tous les types d'aliments et de boissons hygiéniques et l'introduction de taxes de remplacement qui n'accablent ni la classe ouvrière, ni le petit commerce, ni les petits artisans ». C'est tout ce dispositif arraché par les luttes populaires des XIXe et XXe siècles que les politiques « néolibérales », de gauche ou de droite, s'efforcent aujourd'hui de remettre en cause.

[**g**] Peut-être faut-il voir dans ce « marqueur symbolique » de gauche une allusion discrète à l'« urinoir » de Duchamp (exposé pour la première fois à New York en 1917), œuvre emblématique de la modernité et objet, à ce titre, de débats sans fin – et tout aussi vifs que ceux de Clochemerle – sur la nature du « progrès » et de la création artistique moderne.

[**h**] Barthélemy Piéchut était, « en outre, président du syndicat agricole, conseiller départemental, ce qui en faisait un personnage considérable à plusieurs kilomètres à la ronde, tant à Salles, qu'à Odenas, Arbuissonnas, Vaux et Perron. On lui prêtait même d'autres visées politiques, non encore démasquées ». Ce qui a donc le moins changé dans la société capitaliste moderne, c'est visiblement la nature de son étonnant personnel politique.

[**i**] D'une façon générale, la gauche libérale moderne semble être littéralement obsédée par ce « problème » de la miction et des toilettes publiques. C'est ainsi, par exemple, qu'en juin 2012 le parti de gauche suédois, à l'initiative de Viggo Hansen, a déposé un projet de loi « sociétal » visant à interdire aux individus de sexe masculin d'*uriner debout*, afin de garantir par là *le même modèle de miction pour tous* (il faut dire que la Suède est quasiment devenue, de nos jours, la Corée du Nord du libéralisme culturel). J'avoue franchement être beaucoup trop profane en psychanalyse pour m'expliquer les dessous inconscients d'une aussi étrange obsession.

[J]

Internationalisme et main-d'œuvre étrangère

La mise en concurrence systématique des travailleurs entre eux – dont l'appel à une main-d'œuvre étrangère ne représente qu'une forme parmi d'autres [**a**] – a toujours constitué l'arme la plus efficace dont disposaient les capitalistes (parallèlement à la formation de ce que Marx appelait l'« armée industrielle de réserve », autrement dit, d'un volant permanent de chômeurs) pour exercer une pression continuelle à la baisse sur les salaires et augmenter ainsi leurs profits [**b**]. C'est pourquoi, la lutte contre cette stratégie concertée du grand patronat européen occupait, *dès le début*, une place centrale dans toutes les réflexions et dans tous les programmes des différentes classes ouvrières du vieux continent. Dans *La Situation de la classe laborieuse en Angleterre*, texte écrit en 1845, Engels consacre ainsi un chapitre entier aux problèmes posés par l'immigration irlandaise – n'hésitant pas, au passage, à en juger la plupart des conséquences morales et culturelles « avilissantes » – pour conclure qu'il s'agissait incontestablement là d'une des causes de « l'abaissement où se trouvent les travailleurs anglais, une cause qui contribue à réduire encore sans cesse le standard de vie de cette classe sociale » (dans sa lettre du 9 avril 1870 à Sigfried Meyer et August Vogt, Marx reprendra cette analyse d'Engels, en soulignant à son tour que cet afflux de main-d'œuvre étrangère « abaisse le salaire et la situation matérielle et morale de la classe ouvrière anglaise » [c]). Il n'est donc pas surprenant que la lutte contre cette stratégie constante du patronat européen ait joué un rôle central dans la fondation, en septembre 1864, de l'Association internationale des travailleurs. En juillet 1863 – quelques jours seulement après l'immense succès du meeting ouvrier de Londres en faveur de l'indépendance nationale de la Pologne, meeting auquel une délégation française composée de Tolain, Perrachon, Cohadon et Limousin était venue apporter son soutien – George Odger et les quatre autres leaders des *trade-unions* anglais invitaient ainsi leurs camarades français à donner un prolongement concret à ce mouvement naissant de solidarité internationale : « La *fraternité des peuples* – écrivaient-ils – est extrêmement nécessaire dans l'intérêt des ouvriers. Car chaque fois que nous essayons d'améliorer notre condition sociale au moyen de la réduction de la journée de travail ou de l'augmentation des salaires, *on nous menace toujours de faire venir des Français, des Allemands, des Belges qui travaillent à meilleur compte.* » « La faute n'en est certes pas aux frères du continent – prenait cependant bien soin de préciser l'appel, afin de couper court à toute interprétation xénophobe – mais exclusivement à l'absence de liaison systématique entre les classes industrielles des différents pays. » C'est pourquoi – concluaient les syndicalistes anglais – « nous espérons que de tels rapports s'établiront bientôt et auront pour résultat d'élever les gages trop bas au niveau de ceux qui sont mieux partagés, d'empêcher les maîtres de nous mettre dans *une concurrence qui nous rabaisse à l'état le plus déplorable qui convient à leur misérable avarice* » **[d]**. De fait, quelques mois seulement après cet appel, dont tous les historiens s'accordent aujourd'hui à reconnaître le rôle décisif, la première Internationale voyait enfin le jour au St Martin's Hall de Londres, offrant ainsi aux prolétaires anglais et continentaux un premier moyen de coordonner efficacement leurs luttes et de mettre en pratique leur idéal internationaliste. Que ce soit, par exemple, lors du combat des vanniers de Londres, en 1867, en organisant aussitôt la riposte aux tentatives du patronat anglais de briser leur grève par l'importation de travailleurs belges (« le lendemain – notait d'ailleurs avec satisfaction le rapport du Conseil général de l'AIT – ces ouvriers, *ayant compris leur devoir*, retournaient en Belgique, indemnisés de leur temps perdu par la société des vanniers de Londres »[**e**]), qu'en contribuant activement, cette même année 1867, à mettre en place la solidarité financière des prolétaires anglais avec la grève des ouvriers bronziers de Paris. De toute évidence, l'invitation constante de la gauche et de l'extrême gauche modernes à lever définitivement tous les obstacles à la « libre circulation des travailleurs » du monde entier [**f**] repose sur une compréhension de l'internationalisme très différente de celle du mouvement socialiste originel [**g**].

[**a**] Au début de la révolution industrielle, c'est surtout la concurrence des ouvriers conservant encore un lien avec la vie paysanne (et qui pouvaient donc se permettre d'accepter un salaire beaucoup plus bas) et celle *des femmes et des enfants* (traités de manière encore plus révoltante) que les premiers syndicats devaient essentiellement affronter. C'est d'ailleurs dans ce cadre historique précis qu'il convient de replacer l'idée, alors très répandue dans le monde ouvrier masculin – notamment chez les disciples de Proudhon – selon laquelle la vraie place de la femme était au foyer. Sans nier, bien

sûr, tout ce qui reliait encore cette idée à une vision traditionnelle de la femme (encore qu'aucun proudhonien n'aurait eu l'idée de soutenir – comme une partie de l'intelligentsia « progressiste » actuelle – que l'invitation à voiler le corps « impudique » des femmes était tout à fait compatible avec les idéaux de liberté et d'égalité), il est clair qu'elle signifiait, avant tout, que la place « naturelle » des femmes, et encore moins celle des enfants, n'était certainement pas dans ces bagnes industriels de Manchester et de Glasgow où l'on travaillait parfois jusqu'à quinze ou seize heures par jour (le rêve, en somme, de Pierre Gattaz et des chroniqueurs économiques du *Monde*).

[**b**] « Si l'accumulation, le progrès de la richesse sur la base capitaliste produit donc nécessairement une surpopulation ouvrière, celle-ci devient à son tour *le levier le plus puissant de l'accumulation,* une *condition d'existence* de la production capitaliste dans son état de développement intégral » (Marx, *Le Capital*, livre I, septième section).

[**c**] Contrairement aux « sociologues » de la gauche moderne, Marx ne considérait donc pas que le recours systématique à une main-d'œuvre étrangère engendrait *automatiquement* une « richesse » supplémentaire pour les classes populaires du pays d'accueil. Pour autant, il convient de préciser aussitôt que cette lutte fondatrice contre la mise en concurrence des travailleurs entre eux (la réponse politique de ces derniers étant logiquement l'« association ») s'accompagnait *toujours*, chez les premiers socialistes, d'un appel pressant à surmonter les éventuels sentiments racistes ou xénophobes que cette politique patronale de division tendait naturellement à susciter en période de crise ou de chômage de masse. Le projet socialiste n'a en effet de sens – une fois le marché capitaliste devenu réellement planétaire – que si tous les peuples du monde (« prolétaires *de tous les*

pays unissez-vous ») finissent par prendre conscience de leurs intérêts communs, donc par unir leurs efforts face au capital, *leur ennemi commun*. C'est donc là, comme on le sait, le *second volet* du combat internationaliste, celui qui nécessite, entre autres, la mise sur pied d'une *association internationale des travailleurs*, susceptible de coordonner leurs efforts à l'échelle planétaire (les élites « globales » disposant déjà pour leur part – avec la Banque mondiale, le FMI ou la Commission européenne – de leurs propres organisations de classe). Aux antipodes, par conséquent, de cette politique d'« ethnicisation » délibérée de la question sociale que François Mitterrand, Jean-Louis Bianco et autres Julien Dray allaient mettre cyniquement en œuvre – une fois la page du socialisme définitivement tournée – dans l'espoir de favoriser la montée d'un Front national alors embryonnaire et de déstabiliser ainsi la droite traditionnelle (« *On a tout intérêt à pousser le Front national*, reconnaîtra même plus tard Pierre Bérégovoy lors d'un entretien avec Franz-Olivier Giesbert, *il rend la droite inéligible* »). Politique qui impliquait, entre autres, qu'on réussisse à persuader les jeunes « issus de l'immigration » – création de SOS racisme à l'appui (et sur ordre de l'Élysée) – que s'ils ne pouvaient pas *tous* devenir immédiatement avocats, médecins, notaires ou architectes, ni accéder sur le champ à ces appartements de rêve que montrent à longueur d'écran les séries télévisées hollywoodiennes, c'était, *avant tout*, parce qu'ils étaient discriminés *sur la seule base de leur origine ethnique*. Alors qu'il s'agit évidemment là du destin commun de *tous* les enfants des classes populaires, quelle que soit par ailleurs leur origine « ethnique » (les sociologues d'État les plus serviles s'étant du reste empressés de clouer Christophe Guilluy au pilori pour avoir osé rappeler cette banalité de base). Une telle stratégie ne pouvait forcément qu'encourager, chez une grande partie de cette jeunesse des « quartiers », un ressentiment bien compréhensible et, *surtout*, leur abandon de toute idée d'action commune avec les autres travailleurs du pays d'accueil – désormais essentiellement perçus comme d'immondes « mécréants » racistes et fascisants (le discours xénophobe et antisémite des « Indigènes de la République » étant, de ce point de vue, tristement révélateur). Nous connaissons aujourd'hui toutes les conséquences (y compris en termes de « repli identitaire » et de dérives « religieuses ») de ce piteux calcul électoral mitterrandien.

[**d**] *La Première Internationale*, recueil de documents publié en 1976 par l'Union générale d'éditions.

[**e**] Cf. Mathieu Léonard, *L'Émancipation des travailleurs. Une histoire de la Première Internationale* (La Fabrique, 2011, p. 105). De la même façon, en 1866, le Conseil général de l'AIT lancera un appel « visant à dissuader les cordonniers français d'aller travailler à Genève où une grève venait d'éclater » (*cf.* Michel Cordillot, *Aux origines du socialisme moderne*, Éditions de l'Atelier, 2010, p. 34). Il est clair, là encore, qu'à l'époque de Marx, de Proudhon et de Bakounine, le Nouveau Parti « Anticapitaliste » (NPA) d'Olivier Besancenot et de Philippe Poutou (dont l'imaginaire *no border* doit certainement beaucoup moins au vieil internationalisme prolétarien qu'au *Guide du routard* et aux clips publicitaires de Benetton) aurait certainement eu beaucoup de mal à être admis dans les rangs de la Première Internationale. Quant aux problèmes réels que continue de poser l'immigration *aujourd'hui* – immigration qui ne constitue, en un sens, que la poursuite au niveau planétaire du vieil exode rural intérieur à chaque nation – le jugement de Ken Loach (*Marianne*, 17 juin 2016) témoigne d'un bon sens élémentaire devenu extrêmement rare de ce côté de la Manche. « La gauche – écrit-il ainsi – a failli sur la

question de l'immigration. C'est très troublant et déstabilisant pour les gens de voir la ville dans laquelle ils ont toujours vécu changer de façon drastique en l'espace même de dix ans. Leur malaise devrait être *reconnu et pris en compte.* Je me suis rendu dans une exploitation agricole dans l'est de l'Angleterre. Une agence avait fait venir des dizaines et des dizaines de travailleurs agricoles des Pays baltes. Il y avait notamment une trentaine de femmes qui touchaient le salaire minimum mais devaient également payer leurs dortoirs, leurs uniformes et le transport. Autant dire qu'il ne leur restait pas grand-chose à la fin de la semaine, mais qu'elles réussissaient cependant à envoyer ce qui leur restait dans leur pays. Elles ne sortaient de leurs dortoirs qu'une fois par semaine pour aller au supermarché. J'ai demandé à l'exploitant agricole pourquoi il n'engageait pas plutôt les gens du coin, dont bon nombre étaient au chômage. Il m'a répondu : "Je veux bien, s'ils sont prêts à vivre dans des dortoirs." La réponse, c'est que, bien sûr, ils ne veulent pas. Pourquoi l'accepteraient-ils ? C'est la loi du marché et de la compétition qui, sans garde-fou, nivelle tout par le bas. Les gens du coin ne peuvent s'empêcher de voir ces migrants économiques d'un mauvais œil, *et c'est normal.* La gauche ne peut pas continuer à dire que l'immigration est une bonne chose pour l'économie. Elle ne se confronte pas au problème de l'immigration car elle a peur de passer pour raciste. *Cela doit cesser.* » Il est sûr que la concurrence des clandestins baltes doit être beaucoup moins rude à la Poste de Neuilly. Mais peut-être Olivier Besancenot répondrait-il que Ken Loach n'est que l'un de ces odieux « Rouges-Bruns » dont les délires « nauséabonds » n'ont pas d'autre but que d'alimenter la progression de la « peste brune » et d'appeler au « repli frileux sur soi » (le site internet du Nouveau Parti Anticapitaliste n'hésite d'ailleurs même plus, aujourd'hui, à accuser Jean-Luc Mélenchon de reprendre à son compte « la rhétorique de l'extrême droite » pour avoir osé critiquer la concurrence organisée par Bruxelles des « travailleurs détachés »).

[**f**] Les amateurs de football savent bien que c'est précisément au nom de ce droit à la « libre circulation intégrale des travailleurs » que la Cour de justice européenne allait réussir à imposer en décembre 1995 – et sous les applaudissements enthousiastes d'une grande partie de la gauche – cet *arrêt Bosman* qui levait définitivement pour les clubs toute limite à l'importation de vedettes étrangères. Vingt ans après, chacun peut constater les effets désastreux de cet arrêt ultralibéral sur l'équité sportive et les mœurs du football professionnel.

[**h**] On trouvera un bon résumé de toutes les ambiguïtés de la gauche contemporaine dans cet éloge par Éloi Laurent, ancien conseiller de Lionel Jospin, des mouvements migratoires et du mode de vie mobile qu'encourage le capitalisme moderne (*Nos mythologies économiques*, Les Liens qui Libèrent, 2016, p. 61) : « Ce que montrent les études menées notamment par l'OCDE dans les pays les plus développés de la planète – écrit-il – est sans équivoque : les migrants sont en majorité jeunes, actifs et éduqués. Ils ont donc tendance à renforcer le *dynamisme économique* des pays où ils s'installent (au travers de l'*innovation*, de l'emploi, etc.), à rebours de la rhétorique de l'extrême droite. Ainsi, les deux tiers des immigrés qui arrivent en France chaque année, en ce moment même, possèdent un diplôme du secondaire, et cette proportion s'est accrue ces dernières années : *c'est presque le double en proportion de la population française.* » Passons d'abord sur le fait que cette analyse contredit déjà la légende entretenue par la gauche « associative » selon laquelle les « migrants » se recruteraient essentiellement dans les couches les plus pauvres de la population mondiale (Éloi Laurent a d'ailleurs

l'honnêteté de rappeler – contre l'idée surréaliste d'un « racisme d'État » – « qu'*à niveau social comparable*, les enfants des familles d'immigrés réussissent *mieux* leur parcours scolaire et connaissent des parcours d'emploi très proches des natifs »). Passons également sur le fait qu'une main-d'œuvre mieux formée et plus diplômée est donc forcément mieux armée, dans la guerre libérale de tous contre tous, que celle du pays d'accueil. Ce qui, en réalité, est le plus troublant, dans cette analyse qui se veut « antiraciste », c'est que si on remplace « innovation » et « dynamisme économique » par « croissance » et « accumulation du capital » (quel autre sens ces deux mots pourraient-ils, en effet, avoir dans une économie libérale ?), on retrouve aussitôt la thèse de Marx selon laquelle le recours systématique à une main-d'œuvre surnuméraire (il existe déjà plus de *six millions* de chômeurs en France) est devenu le « levier le plus puissant de l'accumulation » capitaliste et sa principale « condition d'existence ». À ceci près, bien sûr, que Éloi Laurent, en bon intellectuel de gauche, *se félicite* d'un processus historique que Marx et les premiers socialistes dénonçaient dans son principe même. Mais peut-être Éloi Laurent pense-t-il, au plus profond de lui-même, que ce qui est bon pour le « dynamisme » du capital est donc forcément encore meilleur pour tous ceux qu'il permet d'exploiter.

[K]

L'affaire Dreyfus, ou le grand tournant du socialisme

Dans un article paru le 20 septembre 2015 sur le site *regards.fr* (qu'il codirige avec Clémentine Autain), l'historien Roger Martelli a enfin trouvé l'explication *psychologique* de ma thèse, à ses yeux intenable [**a**], selon laquelle, *jusqu'à l'affaire Dreyfus*, la critique socialiste originelle ne plaçait pas encore ses combats sous le signe de « l'union de toutes les forces de gauche », mais, au contraire, sous celui de *l'autonomie ouvrière*. Une persévérance aussi diabolique dans l'erreur – qui ne peut qu'ouvrir, Roger Martelli ne manque pas de le préciser, « un boulevard au Front national » – devrait, en effet, s'expliquer par le fait que « Michéa n'aime pas Jaurès et déteste l'affaire Dreyfus ». J'avoue ne pas très bien comprendre ce que signifie exactement l'expression « détester l'affaire Dreyfus » (est-ce à dire qu'il faudrait l'*aimer* ?). Mais, pour le reste, je vois très bien, en revanche, où l'excellent Roger Martelli veut en venir. Il appartient, en effet, à cette catégorie d'idéologues – dont la philosophie libérale encourage logiquement la prolifération [**b**] – qui jugent inconcevable de critiquer quelqu'un dès lors qu'on est censé l'aimer et qui en concluent donc le plus tranquillement du monde que si on s'oppose à leur point de vue, ce ne peut être qu'en raison d'une animosité personnelle envers eux.

Je ne m'attarderai évidemment pas sur les fondements *infantiles* d'une telle conception du débat politique (« si la maîtresse m'a mis une mauvaise note, c'est parce qu'elle ne m'aime pas »). J'inviterai plutôt notre historien, puisque tel est officiellement son statut, à se reporter au plus vite aux innombrables débats, vifs et passionnés, que l'affaire Dreyfus avait aussitôt suscité dans le mouvement social-démocrate international. Et tout particulièrement aux écrits que Rosa Luxemburg – elle représentait alors, avec Franz Mehring, l'aile la plus cohérente et la plus combative de ce mouvement – avait aussitôt tenu à consacrer à cet épisode clé de l'histoire du mouvement socialiste moderne. Il pourra ainsi vérifier par lui-même que non seulement cette grande dame du socialisme (assassinée avec Karl Liebknecht, en 1919, lors de la répression sanglante du mouvement spartakiste *ordonnée par un gouvernement de gauche*) éprouvait effectivement une immense admiration pour Jean Jaurès, mais qu'elle soutenait également sans réserve sa décision d'engager le parti ouvrier français, malgré les réticences initiales de Guesde, Vaillant et Lafargue [c], aux côtés d'Émile Zola et de la gauche républicaine dans leur combat en faveur de Dreyfus. « *Jaurès avait raison* – déclare-t-elle par exemple en 1900. Pour la première fois, la classe ouvrière était amenée à mener une grande lutte politique. Jaurès et ses amis l'ont conduite au combat et ont inauguré ainsi *une nouvelle époque dans l'histoire du socialisme français* [d]. »

Pour autant, ce profond respect pour Jaurès – je sais combien ce point doit être difficile à comprendre pour Roger Martelli – ne rendait pas Rosa Luxemburg aveugle aux inquiétantes dérives dont le combat dreyfusard de ce dernier allait très vite devenir porteur. Car dès lors, en effet, qu'il ne s'agissait plus seulement de *soutenir* la gauche dans sa lutte légitime contre l'État-major nationaliste et la droite cléricale et monarchiste (de nouer avec elle, en d'autres termes, une alliance politique essentiellement *tactique* et *défensive*) mais bel et bien d'appeler à *fusionner* avec la gauche, dans le cadre de cette « *bouillie « républicaine » de l'union des gauches que la grande pensée de Jaurès est de maintenir* » **[e]**, on engageait presque inévitablement le mouvement socialiste sur une voie politiquement désastreuse et, *à terme*, suicidaire. Celle d'une alliance organique « nommée *bloc républicain*, avec divers partis bourgeois radicaux, *donc avec les ennemis de la classe ouvrière* » **[f]**. Rosa Luxemburg aura du reste l'occasion de constater, dès 1902, les tristes effets de cette dissolution prévisible de toute critique sérieuse du système capitaliste dans le magma informe d'une gauche déjà purement « citoyenne ». « Depuis qu'à propos de l'affaire Dreyfus, Jaurès et tout son groupe *ont rallié le camp bourgeois des "républicains"* – note-t-elle ainsi –, [...] tous les résultats obtenus par le socialisme ont en grande partie rétrogradé. Les *socialistes ministériels*, bien loin d'élever la moindre critique à l'égard des républicains bourgeois, ont participé au contraire avec la plus grande ardeur au charlatanisme bourgeois pendant les élections. Il n'a pas été question de problèmes économiques ou sociaux, de politique douanière, fiscale ni d'antagonismes de classe : *"républicains" ou "nationalistes" – telle a été la seule différence que les "socialistes" ont présentée à la classe ouvrière*. La campagne électorale de Jaurès s'est présentée sous le signe de candidats communs, de soutiens réciproques, d'alliances les plus fraternelles entre partis bourgeois et socialistes ! » **[g]**. Et devant cette « farce républicaine » d'une union de la gauche intégrant désormais les socialistes (c'est d'ailleurs seulement à partir de cette époque que ces derniers prendront l'habitude de se définir comme la nouvelle « extrême gauche », terme jusque-là réservé aux héritiers de Gambetta et à la petite bourgeoisie jacobine et radicale), Rosa Luxemburg exhortait une dernière fois ses anciens camarades à ne pas tomber dans le piège qui leur était tendu. « Tous ceux – écrivait-elle – qui n'ont pas encore perdu tout instinct de conservation politique reculeront en frissonnant devant le concubinage avec le radicalisme. Et il suffirait de la force d'attraction du *socialisme unifié de la "vieille école"* pour les délivrer des liens *acceptés à contrecœur* et les rassembler sur la base de la lutte prolétarienne **[h]**. »

Une telle analyse des conséquences politiques de l'affaire Dreyfus et de la stratégie de Jaurès [**i**] – qui sonne d'une façon étrangement prophétique dans la France de François Hollande et d'Emmanuel Macron – me semble, sur le fond, d'une lucidité toujours aussi exemplaire (ce qui ne veut, bien sûr, pas dire qu'elle soit indiscutable ni que Jaurès ait eu tort sur tous les points). Mais sans doute Roger Martelli et Clémentine Autain préféreront-ils y voir la preuve que Rosa n'aimait pas Jaurès, détestait l'affaire Dreyfus et songeait, avant tout, à ouvrir un large boulevard pour le fascisme à venir.

[**a**] Je rappellerai, entre mille exemples, que le 22 janvier 1893, le Parti ouvrier français – par la voix de Jules Guesde et de Paul Lafargue – appelait encore à former un « grand parti de libération », « depuis les travailleurs des villes et des champs, déjà dépossédés et réduits à l'état de salariés, jusqu'à la petite bourgeoisie encore industrieuse, qui voit son lendemain de plus en plus compromis dans les krachs laissant derrière eux l'égalité de la misère et l'insécurité pour tous ». Et cet appel unitaire se concluait en invitant les classes populaires (« ceux d'en bas » dirait-on aujourd'hui) à chasser du pouvoir « les voleurs *de gauche ou de droite* ». Il me semble évident que, même aujourd'hui, un tel appel – très proche, en somme, de ceux de Podemos – aurait beaucoup plus de chances de rencontrer un écho parmi les classes populaires que la promesse, assurément plus « moderne », de dépénaliser l'usage des drogues, d'abolir les dernières frontières protectrices encore existantes ou de féminiser l'orthographe.

[**b**] En ne reconnaissant de légitimité aux « jugements de valeur », qu'ils soient religieux, moraux ou philosophiques, que dans la seule sphère privée, l'idéologie libérale – celle qui voit dans la neutralité axiologique de l'État de droit et du marché le seul garant possible des « libertés individuelles », que celles-ci conduisent à délocaliser son entreprise au Bangladesh, porter le « burkini » ou travailler le dimanche – ne peut qu'encourager l'idée selon laquelle toute « opinion » (à la différence du discours supposé *sans sujet* de la science et des « experts ») ne représente rien d'autre, en dernière instance, que l'expression d'une *sensibilité* particulière (Robert Altman avait pourtant répondu aux critiques qui lui reprochaient son « pessimisme » : « Je ne filme pas ce que je suis, je filme ce qui est »). De là, entre autres, cet usage désormais incontrôlé du concept de « phobie » (et au train où vont les choses, le jour n'est peut-être plus très loin où Roger Martelli et Clémentine Autain tiendront, par exemple, la critique par Marx de la théorie de la valeur de David Ricardo pour un exemple particulièrement regrettable de *ricardophobie*). Même s'il est important de rappeler que l'un des tout premiers usages politiques du concept de « phobie » remonte, en fait, à l'idéologie nazie elle-même (c'était effectivement dans le but de discréditer la résistance acharnée des peuples britanniques et serbes à l'« Europe nouvelle » que la propagande hitlérienne – notamment dans la revue *Signal*, prioritairement destinée aux pays occupés par l'armée allemande – avait eu l'idée de génie de recourir au terme d'« *europhobie* », terme aujourd'hui repris en boucle, et sans le moindre état d'âme, par la plupart des professionnels du monde politique et médiatique).

[c] C'est ainsi que le 18 janvier 1898 – alors que l'affaire Dreyfus *avait commencé il y a déjà quatre ans* – le parti ouvrier français de Jules Guesde, Édouard Vaillant

et Paul Lafargue appelait encore les prolétaires à ne s'enrôler « dans aucun clan de cette guerre civile bourgeoise ». Position « séparatiste » qui n'étonnera certainement pas la vigilante Mme Garo (*Au Nom du peuple, J.-C. Michéa réécrit l'histoire*) pour qui Jules Guesde était précisément l'exemple même d'un esprit borné et sectaire, incapable par nature de militer dans un parti qui ne soit pas « hiérarchisé et rigide », et promis depuis sa plus tendre enfance à se rallier tôt ou tard à l'« union sacrée » contre l'invasion allemande. Il semble pourtant que Rosa Luxemburg ait été, sur ce point, d'un avis très différent. « Ces temps derniers – écrivait-elle ainsi –, *et surtout depuis l'affaire Dreyfus*, on a vu naître l'idée, même dans notre presse, que la querelle fratricide française s'expliquerait parce que les représentants de la tendance révolutionnaire, *les anciens partis de Guesde et de Vaillant*, se feraient les adeptes d'un fanatisme dogmatique purement sectaire, d'une politique d'abstention stérile, qu'ils ignoreraient les exigences pratiques de la vie quotidienne. La fraction de Jaurès, au contraire, représenterait l'évolution vivante de la tactique socialiste, l'adaptation à toute la diversité de la vie politique et sociale, la perception des intérêts immédiats de la classe ouvrière. *Cette idée repose sur une complète ignorance de la situation réelle du socialisme français.* Ce furent précisément les anciennes organisations, le *Parti ouvrier*, dit guesdiste et le *Parti socialiste révolutionnaire* (dit blanquiste) qui ont frayé la voie à la lutte pratique selon laquelle avance le mouvement socialiste en France » (*La Crise socialiste en France*, *Œuvres complètes*, t. III, p. 159 – Agone & Smolny, 2013). Il est vrai que pour Mme Garo, ma lecture de l'histoire du socialisme (qui – souligne-t-elle avec son sens habituel de la nuance – est avant tout le fait d'un « charlatan », soucieux de « monter sa petite affaire » et invitant « à courir après l'extrême droite ») s'explique essentiellement par le fait que je serais « obnubilé par l'affaire Dreyfus ». À lire Rosa Luxemburg, je ne suis visiblement pas le seul.

[**d**] Rosa Luxemburg, *op. cit.* p. 116.

[**e**] *Op. cit.*, p. 124.

[**f**] *L'Unification des socialistes français, op. cit.*, p. 247.

[**g**] *Les Résultats des élections en France, op. cit.*, p. 227.

[**h**] Après le congrès de 1901, *op. cit.*, p. 194.

[**i**] Dans son célèbre débat public avec Jaurès du 26 novembre 1900 (à Lille et devant huit mille ouvriers !), Guesde défendait une analyse en tout point semblable à celle de Rosa. Après avoir rappelé que « ce qu'on a appelé l'affaire Dreyfus » constituait bien « le principe, le commencement, la racine d'une divergence qui n'a fait depuis que s'aggraver et s'étendre », Guesde concluait ainsi : « Il a suffi qu'un jour [le parti socialiste] nouât une première alliance avec une fraction de la bourgeoisie *pour que sur cette pente glissante il menace de rouler jusqu'au bout* » (Jean Jaurès, Jules Guesde, *Discours des deux méthodes*, p. 59 et 71, Le Passager clandestin, 2014). Le parti « socialiste » de François Hollande et de Manuel Valls ayant clairement « roulé jusqu'au bout » de cette pente glissante (il ne peut, en effet, guère tomber plus bas, sauf, bien sûr, à se transformer en un pur et simple parti démocrate à l'américaine), on comprend alors beaucoup mieux pour quelles raisons *structurelles* tous les Versaillais de gauche de notre temps, du mandarin le plus médiatique au « sociologue » le plus insignifiant, se retrouvent aujourd'hui inexorablement contraints, s'ils veulent conserver leur statut officiel de *rebelles d'État* et les nombreux avantages moraux et matériels qui

s'attachent à ce statut enviable, de dénoncer sans relâche comme « néoréactionnaire », ou même « rouge-brune » – pétitions dans *Le Monde* et *Libération* à l'appui – toute invitation à faire enfin preuve d'un minimum de sérieux historique. Telle était déjà, sous le règne de *Big Brother*, la tâche essentielle du ministère de la Vérité.

[L]

Socialisme d'en haut et socialisme d'en bas

Le seul mérite que l'on peut rétrospectivement reconnaître à la « nouvelle philosophie » – puisque c'est ainsi qu'on désignait, dans la seconde partie des années 1970, le mouvement idéologique initié par André Glucksmann et Bernard-Henri Lévy – c'est d'avoir porté un *dernier coup* à l'idée simpliste, mais intellectuellement rassurante, selon laquelle l'État « soviétique » ne constituait rien d'autre qu'une « trahison » des idéaux du socialisme originel (bel exemple, au passage, de ce « rienavoirisme » – ou de ce « pas d'amalgames » – que Jean Birnbaum a si bien décrit). Il devenait dès lors effectivement beaucoup plus difficile, pour l'intelligentsia de gauche, de continuer à nier plus longtemps les liens logiques, pourtant évidents, qui reliaient *certains* aspects de la pensée de Marx au « socialisme réellement existant ». Pour autant, et si pertinente que soit sur ce point cette critique, elle ne saurait nous conduire – comme s'y emploie, depuis Michel Foucault, la *nouvelle* gauche – à considérer la question du socialisme comme une affaire définitivement classée (et encore moins à valider sans autre forme de procès l'équation – devenue, de nos jours, médiatiquement indiscutable – entre socialisme et « goulag »). C'est que sous ce vieux terme de « socialisme », on a encore trop souvent tendance à confondre *deux niveaux de réflexion* qu'il serait enfin temps d'apprendre à dissocier. D'une part, celui de la *critique* du nouvel ordre social et économique qui commençait à se développer en Europe dans le sillage de la révolution industrielle (l'Angleterre étant le lieu classique de ce nouveau système de production et d'échange). Et, de l'autre, celui de la *description positive* – qu'elle soit détaillée ou non – de la société « idéale » qui devait, tôt ou tard, lui succéder.

Sur le premier point – celui de la critique radicale du capitalisme – il n'existait évidemment aucune divergence de fond entre les différentes écoles du socialisme naissant. Toutes s'accordaient à reconnaître que l'idéal de liberté et d'égalité porté par la philosophie des Lumières et la Révolution française (idéal que la plupart des courants socialistes – la seule grande exception étant Fourier – ne remettaient jamais en question *en tant que tel*) avait eu pour principal effet *pratique* de favoriser l'émergence d'une *nouvelle* aristocratie – celle de l'argent – et l'apparition corrélative de *nouvelles* formes de servitude et d'aliénation (celles qui étaient liées au salariat et à la grande industrie). D'où leur critique implacable, et la plupart du temps énoncée en termes très proches, des fondements mêmes de ce nouveau système capitaliste – le règne du calcul égoïste, des individus atomisés et de la recherche obsessionnelle du profit **[a]** –, critique dont *Le Capital* de Marx représente, aujourd'hui encore, la forme la plus intelligente et la plus développée (même Bakounine, pourtant son ennemi mortel, ne manquera pas de le reconnaître à de nombreuses reprises). Si donc, par « socialisme », on entend d'abord désigner cette critique radicale du « mouvement de la société moderne », pour reprendre l'expression de Marx, alors il est clair que non seulement elle n'a rien d'« archaïque » mais qu'elle est même probablement devenue, dans les conditions spécifiques du capitalisme globalisé, *plus actuelle que jamais*. Et cela, quel que soit par ailleurs le jugement négatif qu'il convient de porter sur la Russie de Staline ou la Chine de Mao. Tout autre, en revanche, est la question de la société « post-capitaliste » et des formes concrètes qu'elle était censée revêtir. Car ici, au contraire, on peut voir s'affronter, *dès le départ*, deux schémas d'interprétation très différents (qui peuvent bien sûr, à l'occasion, se combiner philosophiquement – y compris chez un même penseur) et qu'on pourrait symboliser, en simplifiant à l'extrême, par les noms de Marx et de Proudhon.

En dévoilant la « loi économique du mouvement de la société moderne » *(das ökonomische Bewegungsgesetz der modernen Gesellschaft)* sous sa forme chimiquement pure – débarrassée, en un mot, des particularités historiques et géographiques du capitalisme manchestérien de son temps – Marx a réussi un tour de force qui a bien peu d'équivalents dans l'histoire de la pensée philosophique. Celui de pouvoir décrire, dès le XIXe siècle – alors que le capitalisme n'en était encore qu'à ses premiers pas **[b]** – tout un jeu de *tendances systémiques* que son devenir moderne n'a cessé de confirmer jour après jour (et plus encore depuis son entrée, à la fin des années 1970, dans son cycle « néolibéral »). Mais c'était, malheureusement, au prix d'une ambiguïté politique majeure. Car si Marx est, à coup sûr, celui qui a le mieux compris l'essence de la dynamique capitaliste (elle contraint le capitaliste – nous dit-il – « à *étendre sans cesse son capital pour le conserver*, et il ne peut l'étendre qu'au moyen d'une accumulation progressive »), il faut bien reconnaître qu'il était, *en même temps*, littéralement fasciné par les multiples implications « révolutionnaires » de cette réalité alors entièrement nouvelle que constituait la grande industrie (de ce point de vue, Marx s'inscrit clairement, n'en déplaise à Mme Garo, dans la tradition du socialisme saint-simonien) **[c]**. Cette fascination n'apparaît nulle part de façon aussi nette que dans son analyse des rapports entre cette grande industrie naissante et l'agriculture traditionnelle. « Dans la sphère de l'agriculture – écrit-il par exemple – la grande industrie agit plus révolutionnairement que partout ailleurs en ce sens qu'elle fait disparaître le paysan, *le rempart de l'ancienne société*, et lui substitue le salarié » (*Le Capital*, livre I, quatrième section). Et Marx de préciser avec un enthousiasme non feint : « L'exploitation la plus routinière et la plus irrationnelle est remplacée par l'application technologique de la science. Le mode de production capitaliste rompt définitivement entre l'agriculture et la manufacture le lien qui les unissait dans leur enfance ; *mais il crée en même temps les conditions matérielles d'une synthèse nouvelle et supérieure.* » Ce rejet de principe de l'idée qu'une société socialiste pourrait bien avoir, au contraire, – ne serait-ce que pour des raisons écologiques ou de qualité des valeurs d'usage – à maintenir et encourager certaines formes de *petite* agriculture paysanne (rejet qui contenait donc déjà en germe l'idéal d'une agriculture à la fois industrielle et intégralement collectivisée) découle clairement, chez Marx, de sa conviction constante (du moins jusqu'à sa rencontre avec les populistes russes) que seules la « centralisation des moyens de production et la socialisation du travail » opérées par la grande industrie capitaliste sont à même de conférer à la future société socialiste mondiale sa véritable *assise matérielle et technologique*.

Cette thèse pour le moins ambiguë – puisqu'elle revient, d'une certaine manière, à considérer la société socialiste comme l'*héritière légitime* de la révolution bourgeoise **[d]** – trouve chez Marx l'une de ses sources privilégiées dans son analyse du caractère contradictoire du développement capitaliste. Celui-ci est censé reposer, en effet, sur une « division sociale du travail » qui assigne officiellement *au seul marché*, depuis Adam Smith, le soin de mettre « en face les uns des autres des *producteurs indépendants* qui ne reconnaissent en fait d'autorité que celle de la concurrence, d'autre force que la pression exercée sur eux par leurs intérêts réciproques, de même que dans le règne animal la guerre de tous contre tous, *bellum omnium contra omnes*, entretient plus ou moins les conditions d'existence de toutes les espèces ». C'est cette mystique de la libre entreprise qui explique selon Marx que la bourgeoisie libérale pousse toujours « des hauts cris et se pâme quand on parle de contrôle, de réglementation sociale du procès de production ! Elle dénonce toute tentative de ce genre comme une attaque contre les droits de la Propriété, de la Liberté, du Génie du capitaliste » (*Le Capital*, livre I, quatrième section). Or le problème – Marx ne manque jamais de le rappeler – c'est que la concurrence, et la révolution technologique permanente qui en est la conséquence logique, finissent *toujours*, dans la pratique, par favoriser la concentration du capital entre un nombre de mains toujours plus réduit – que ce soient celles de Bill Gates, de Carlos Ghosn ou de Vincent Bolloré. Et, par là même, à conférer au processus de production industrielle moderne – celui des grandes entreprises transnationales – ce caractère toujours plus centralisé, coordonné et planifié que les libéraux affectent pourtant de dénoncer par ailleurs. Comme le souligne par exemple David Harvey, le vieux dogme libéral qui voit dans toute idée de planification économique et de gestion centralisée du processus de production une menace mortelle pour la « libre entreprise » se trouve en permanence « contredit par l'organisation interne de Toyota ou de Walmart. Les grandes corporations ont recours à des techniques sophistiquées de gestion de qualité, d'analyse input-output, d'optimisation de la conception et de la gestion du temps, bref *elles planifient chaque aspect de la production dans ses moindres détails* [e].

C'est précisément cette contradiction structurelle entre, d'une part, la socialisation et la centralisation toujours plus poussées du processus de production capitaliste – dont l'horizon ultime, si l'arrière-plan géopolitique du système ne la rendait pas hautement improbable, serait la transformation de la « société tout entière en une vaste fabrique » – et, de l'autre, le caractère encore *privé* de son organisation présente, qui rend à terme historiquement inévitable, selon Marx, le remplacement du mode de gestion capitaliste de la grande industrie moderne par un système « socialiste ». Autrement dit, par un système dont l'organisation permettrait enfin de conduire à son véritable terme logique (« une vaste fabrique ») **[f]** ce processus de *socialisation du travail* inauguré par le capitalisme. Car une fois, en effet, la propriété privée des moyens de production définitivement abolie, plus rien ne devait plus empêcher, selon Marx, les producteurs désormais « associés » de coordonner et de planifier rationnellement, *et sans avoir jamais à recourir au moindre échange marchand* (ce dernier supposant, par définition, la propriété privée des biens échangés **[g]**) la production à l'échelle *planétaire* de *tous* les biens et services nécessaires à la vie humaine. Comme Lénine le résumera clairement, avec son franc-parler habituel, dans *L'État et la Révolution* (et, *sur ce point*, il se révèle un bien meilleur lecteur de

Marx que Mme Garo), sous un régime socialiste « la société tout entière *ne sera plus qu'un seul bureau et un seul atelier*, avec égalité de travail et égalité de salaire » [**h**]. Certes – et à la différence, précisément, de Lénine qui allait jusqu'à valider l'organisation taylorienne du travail – Marx prend toujours soin de préciser que sous un commandement capitaliste la gestion du travail socialisé (ou du « travailleur collectif ») revêt inéluctablement la forme d'un « despotisme d'usine ». Il reste qu'il ne remet presque jamais en question la « neutralité axiologique » du nouveau machinisme industriel (dont seul le type d'« usage » pourrait ainsi différer d'un système à l'autre [**i**]), pas plus qu'il n'assigne au futur processus de planification planétaire de la production « socialiste » la moindre limitation politique, serait-elle dictée par de simples considérations de bon sens ou d'autonomie locale. Au risque de légitimer alors les fantasmes d'un Victor Considerant sur ce « *gouvernement unitaire* qui serait le centre des grandes opérations industrielles exercées par les nations des différents continents » et le « *point culminant de la hiérarchie administrative* établie comme un réseau sur le globe tout entier » (*La Destinée sociale*, 1834). Quelles que soient par ailleurs les réticences de Marx à « faire bouillir les marmites du futur », on est donc bien obligé de reconnaître que son image de la société socialiste « rationnelle » le conduit *presque toujours* – sauf, peut-être, dans ses derniers écrits – à pencher du côté d'un *socialisme d'en haut.*

On comprend alors mieux ce qui pouvait pousser Pierre Leroux, le fondateur du socialisme français, à déplorer, *dès 1834*, la tendance d'une partie du mouvement socialiste alors naissant **[j]** à favoriser, consciemment ou non, l'avènement d'une « papauté nouvelle [...] qui transformerait l'humanité en une machine où les vraies natures vivantes, les individus, ne seraient plus que matière utile, au lieu d'être d'eux-mêmes les arbitres de leur destinée ». Une société dans laquelle, par conséquent, l'individu serait « devenu fonctionnaire, et uniquement fonctionnaire, serait enrégimenté, aurait une doctrine officielle à croire et l'Inquisition à sa porte » **[k]**. C'est évidemment dans la lignée de ce socialisme antiautoritaire et particulièrement attentif à la question des libertés individuelles, qu'il convient de replacer le combat obstiné d'un Proudhon, et, d'une façon générale, de tous ceux qui, dans son sillage, refuseront jusqu'à l'idée même d'un « socialisme d'État » **[l]**. Non, cela va de soi, que cette forme « libertaire », ou radicalement démocratique, du socialisme originel ait été opposée dans son principe à toute idée de planification économique (il arrive même à Proudhon, pour désigner cette planification, d'employer le terme de « centralisation économique »). Mais, aux yeux de ses partisans, un tel projet – en lui-même indispensable dès lors qu'on rejette l'idée d'une coordination des activités productives par la *seule* logique du marché – devait toujours trouver sa source première dans *l'autonomie communale* et le droit corrélatif des individus à exercer un contrôle direct sur leurs conditions d'existence immédiates. Pour se déployer ensuite – selon la célèbre formule de Proudhon reprise par Bakounine – de « *bas en haut et de la circonférence au centre* » **[m]** (Proudhon ne souscrivait donc pas au mythe d'une société purement « horizontale »). Bien entendu, une telle organisation « fédérale » de la société (les échelons supérieurs – eux-mêmes placés sous le contrôle permanent de ceux d'en bas – n'ayant vocation à prendre en charge que les tâches que les niveaux inférieurs ne pouvaient pas, *ou ne devaient pas*, régler par eux-mêmes, par exemple l'éducation de la jeunesse, la répartition des matières premières indispensables ou l'organisation des systèmes de transport) soulevait dans la pratique une multitude de problèmes concrets qui donneront d'ailleurs lieu, dans le mouvement « anarchiste », à d'inépuisables débat théoriques (ces problèmes me semblent toutefois bien moins compliqués à résoudre, si on y réfléchit bien, que ceux qu'engendrent par définition le projet d'une planification intégrale et centralisée de la production planétaire ou, à l'inverse, celui d'un abandon complet de la vie humaine aux seules lois impersonnelles et anonymes du marché dit « autorégulé »). Il reste que cette préférence constante pour le principe « fédéral » explique en grande partie la position beaucoup plus souple de Proudhon et de ses successeurs sur toutes les questions qui concernaient, par exemple, la liberté individuelle, l'échange marchand, le crédit ou la petite propriété privée (position que les marxistes orthodoxes – défenseurs enthousiastes des futurs « sovkhozes » et des « kombinats » industriels – ne manqueront naturellement pas de dénoncer immédiatement comme « petite bourgeoise » dans son essence).

Si l'on garde présente à l'esprit l'existence de ces *deux* traditions – celle de Marx et celle de Proudhon – il devrait donc être clair que l'effondrement, en lui-même inévitable et salutaire, de ce qu'Orwell appelait le « mythe soviétique », n'implique aucunement, d'un strict point de vue philosophique, celui du *socialisme d'en bas* (l'efficacité de certaines expériences de gestion libertaire de la production et des échanges pendant la guerre civile espagnole tendrait même à prouver le contraire). Si l'on tient vraiment, par conséquent, à échapper à l'idée désespérante selon laquelle l'essence de la politique moderne se réduirait aujourd'hui au seul choix entre barbarie totalitaire et capitalisme libéral (autrement dit, entre la figure du « pire » et celle du « moindre mal »), il est donc grand temps d'apprendre à relire d'un autre œil l'œuvre hérétique de Proudhon et, avec elle, tout ce trésor provisoirement perdu du *socialisme antiautoritaire* **[n]**. Mais cela suppose, bien entendu, que l'on ait d'abord donné leur congé définitif à toutes ces mythologies libérales que la « nouvelle philosophie » avait su transformer en évidences médiatiques, il y a déjà plus de quarante ans.

[**a**] La critique de l'« atomisation du monde », et la réhabilitation corrélative du concept de « communauté » (la *Gemeinschaft* de Marx), constituent ainsi le *centre de gravité* de la critique socialiste originelle. C'est probablement la raison pour laquelle, dans *Le Spectateur émancipé* (La Fabrique, 2008), Jacques Rancière – passé en quelques décennies d'un marxisme libertaire intelligent à une approbation presque totale de la culture du capitalisme de consommation (approbation que plus rien ne semble à présent distinguer de celle des « nouveaux philosophes ») – n'hésite plus à soutenir, aujourd'hui, que cette « critique des droits de l'homme, de la révolution bourgeoise et du rapport social aliéné » qui constituait l'essence du socialisme originel ne pouvait trouver, en réalité, ses véritables racines intellectuelles que « *sur ce terrain de l'interprétation contre-révolutionnaire* de la révolution démocratique comme révolution individualiste bourgeoise déchirant le tissu de la communauté ». Ce qui – si on comprend bien – revient donc à considérer le projet socialiste initial comme une simple variante des idées

de la vieille droite cléricale et monarchiste du XIXe siècle (et, par conséquent, comme l'un des signes les plus inquiétants d'une « droitisation » de la société). Pour une critique décapante de cette triste évolution de Rancière vers la gauche libérale – évolution probablement favorisée par son point de départ althussérien – on lira l'impitoyable mise au point de Matthieu Amiech, « L'Indispensable alliage », publiée dans l'*Inventaire* (hiver 2015).

[**b**] Une société ne peut être dite pleinement capitaliste que lorsqu'elle en vient à tourner, pour l'essentiel, sur ses *propres* bases économiques, juridiques et culturelles (ce qui était encore loin d'être le cas à l'époque de Marx, même dans l'exemple particulier de l'Angleterre victorienne). Comme l'écrit ainsi Ellen Meiksins Wood, cela suppose donc, en premier lieu, que la plupart des membres de cette société soient progressivement devenus « dépendants du marché *[market dependent]* pour maintenir et reproduire leurs conditions d'existence ». Concrètement, cela signifie également – précise-t-elle – « que toutes les relations entre les classes y sont désormais médiatisées par le marché, en sorte qu'à la différence des systèmes précapitalistes – dans lesquels les classes exploiteuses pouvaient extraire un surplus de travail en exploitant les travailleurs au moyen d'un pouvoir coercitif supérieur, une coercition directe et non économique – la contrainte capitaliste se manifeste avant tout sous la forme d'*impératifs économiques*. Dans une économie capitaliste parvenue à maturité *[a mature capitalist economy]*, le capitaliste n'a donc nul besoin de disposer d'un pouvoir politique, juridique ou militaire supérieur sur les travailleurs, à la façon dont un propriétaire foncier précapitaliste devait posséder un tel pouvoir sur des paysans qui disposaient d'un accès non marchand à la

terre. Si les travailleurs salariés sont contraints de vendre leur force de travail au capitaliste, c'est tout simplement parce que c'est leur unique possibilité d'accéder aux moyens nécessaires à leur propre existence [...]. Tout le système capitaliste est donc gouverné par des impératifs marchands, qu'il s'agisse de l'obligation de se soumettre à la concurrence, de la maximisation du profit ou de l'accumulation du capital » (« Empire in the Age of Capital », entretien avec Sasha Lilley, publié dans *Capital and its Discontents. Conversations with Radical Thinkers in a Time of Tumult*, PM Press, 2011, p. 27). C'est en ce sens, et en ce sens seulement, qu'on peut définir le capitalisme, avec l'école de Robert Kurz, comme un « système automate » (Marx).

Ajoutons que cette particularité historique du système capitaliste permet, au passage, d'éclairer l'un des paradoxes les plus singuliers, et les moins bien compris, du mode de vie « moderne ». Comme le soulignait ainsi Alexander Titarenko (il aura été l'un des philosophes soviétiques les plus intéressants et les plus subtils – ils ne sont pas nombreux – de l'ère brejnévienne), « le fait que les rapports capitalistes ne soient pas fondés, comme l'étaient, par exemple, le servage et l'esclavagisme, sur les *contraintes extra-économiques* et les *dépendances personnelles*, eut une importance considérable dans *l'adoucissement des mœurs*. La nécessité d'un libre déroulement du commerce et de la concurrence créa l'obligation d'assurer, y compris sur le plan législatif, la protection (encore que souvent purement formelle) de la dignité personnelle et des droits individuels » (*La Structure de la conscience morale*, Éditions de Moscou, 1981, p. 148). Mais si l'on doit ainsi reconnaître au mode de vie capitaliste contemporain, du moins dans sa forme occidentale, un type de « douceur » effectivement inconnu des sociétés de classes antérieures (il faut n'avoir jamais vécu sous un régime policier pour en douter), cela ne contredit aucunement le fait que le monde du « doux commerce » et du consumérisme déchaîné – précisément parce qu'il repose sur la *réification* des relations entre les individus atomisés – s'avère, par ailleurs, infiniment plus *déshumanisant* (il attaque l'âme humaine dans ses tréfonds les plus intimes) que tous les systèmes, pourtant notoirement plus *brutaux* qui l'avaient précédé dans l'histoire. C'est cette dialectique de la « douceur » relative du mode de vie libéral (pour le moment encore) et de la « déshumanisation » absolue qu'il engendre *parallèlement* que les vieux paysans et artisans du Luberon interrogés par Jean-Pierre Le Goff dans sa passionnante enquête sur *La Fin du village* (Gallimard, 2012) s'efforçaient de formuler à leur manière en lui répondant que leur vie d'autrefois – c'est-à-dire lorsque le développement du capitalisme n'avait pas encore atteint le stade qui est aujourd'hui le sien – était à la fois « *plus dure et plus heureuse* » (un sentiment amplement confirmé, du reste, par la plupart des enquêtes anglo-saxonnes consacrées à ce sujet). Et de fait – c'était d'ailleurs l'une des grandes leçons d'Orwell – une vie théoriquement plus « facile » et plus « douce », ne serait-ce que sur un plan strictement matériel, ne signifie pas *automatiquement* une vie réellement plus heureuse et humainement plus accomplie (un paradoxe que l'idéologie moderne du « Progrès » rend bien sûr philosophiquement *impensable*). « Renoncez à l'usage de vos mains – écrivait par exemple Orwell dans *Le Quai de Wigan* – et vous aurez perdu d'un coup une large part de votre personnalité ».

[c] C'est donc à juste titre qu'Isaac Joshua relève « la très nette filiation historique qui conduit de la foi dans le progrès des Lumières au déterminisme historique des saint-simoniens, puis de ce dernier au matérialisme

historique de Marx » (*La Révolution selon Karl Marx*, Éditions Page deux, 2012, p. 160). Notons que cet ouvrage est l'un des plus stimulants publiés sur la question.

[**d**] On trouvera un développement particulièrement extrémiste de cette idée fondamentale de Marx (et de Lénine) dans le *Manifeste accélérationniste,* publié en 2013 par Nick Srnicek et Alex Williams dans *Multitudes.* Selon ces deux auteurs, qui se réclament de Deleuze et Guattari, « le progrès se trouve emprisonné dans le cadre étroit de la plus-value, de l'armée de réserve de la main-d'œuvre, et de la libre circulation du capital », « tandis que l'innovation sociale s'encroûte dans les restes kitch des communautés du passé » et que le néolibéralisme « fait bon ménage avec un retour aux sources vers les valeurs du passé, arc-boutées sur la famille et la religion » (un excellent résumé, comme on le voit, des dogmes de Bill Gates et de la Silicon Valley). L'objectif d'une véritable gauche devrait donc être, dans de telles conditions, d'« accélérer » tous les processus du capitalisme global (mondialisation, déterritorialisation, flux migratoires, etc.) afin de contraindre ce dernier, en le « prenant de vitesse », à dépasser ses propres limites structurelles et à se transformer ainsi de lui-même en « communisme » planétaire. Ce n'est sans doute pas un hasard si la diffusion de ce manifeste a été largement le fait, en France, de *Multitudes*, la revue versaillaise de gauche dirigée par Yann Moulier-Boutang.

[**e**] David Harvey, *Pour lire Le Capital* (La Ville Brûle, 2012, p. 202).

[**f**] Commentant le célèbre passage du *Capital* dans lequel Marx ironise cruellement sur la contradiction où s'enferme inévitablement la « conscience bourgeoise » dès lors que le principal reproche qu'elle trouve encore à adresser au socialisme c'est qu'il conduit nécessairement à « transformer la société tout entière en une vaste

fabrique » – alors même, rappelle Marx, *que c'est précisément ce qu'elle fait déjà elle-même* (préparant donc ainsi la voie, à son insu, à un mode de production « supérieur ») – David Harvey ne manque pas de relever que « c'est une chose de souligner avec Marx l'hypocrisie de l'attitude capitaliste envers la planification sociale, et tout autre chose d'avancer que, si élaborées soient-elles, leurs techniques conçues pour produire de la plus-value relative permettraient de planifier une société socialiste dont le but serait d'améliorer le bien-être matériel de chacun. En un mot, serait-il raisonnable, pour réaliser le socialisme, de faire du monde une économie planifiée de façon centralisée, ou de le transformer en une gigantesque usine ? » (*op. cit.*, p. 203). Cette analyse de David Harvey confirme amplement, si besoin était, que Mme Garo – qui se définit pourtant comme la grande gardienne française de l'orthodoxie marxiste – a donc réussi le prodigieux tour de force de comprendre *à l'envers* le texte de son idole, n'hésitant pas à attribuer à Marx l'idée selon laquelle la socialisation du travail qui est déjà à l'œuvre dans la « fabrique » capitaliste serait, en tant que telle, totalement étrangère à la future planification socialiste. Jusqu'à me reprocher paradoxalement ensuite – sur ce ton inimitable de surveillante d'internat qu'elle affectionne particulièrement – d'avoir refusé de la suivre dans son contresens éléphantesque.

[g] Comme le soutenait déjà Marx dans *Misère de la philosophie*, « l'échange individuel correspond aussi à un mode de production déterminé, qui, lui-même, répond à l'antagonisme des classes. *Ainsi pas d'échange individuel sans l'antagonisme des classes* » (Éditions sociales, 1968, p.88). Notons, au passage, qu'on trouvera également dans ce livre – *significativement écrit contre Proudhon* – les premiers symptômes de cette fascination constante de Marx pour l'organisation

« rationnelle » de la fabrique capitaliste : « La société tout entière – écrit-il – a ceci de commun avec l'intérieur d'un atelier, qu'elle a aussi sa division du travail. Si on prenait pour modèle la division du travail dans un atelier moderne, pour en faire l'application à une société entière, *la société la mieux organisée pour la production des richesses* serait incontestablement celle qui n'aurait qu'*un seul entrepreneur en chef*, distribuant la besogne selon une règle arrêtée d'avance aux divers membres de la communauté » (c'était précisément, on l'a vu, l'idéal de Lénine et de Trotski, l'État « prolétarien » reprenant alors à son compte la fonction de l'« entrepreneur en chef »). Mais – ajoutait aussitôt Marx – il ne pourra jamais en être ainsi sous un régime capitaliste parce que « tandis que dans l'intérieur de l'atelier moderne la division du travail est minutieusement réglée par l'autorité de l'entrepreneur, *la société moderne n'a d'autre règle, d'autre autorité, pour distribuer le travail, que la libre concurrence* » (*Misère de la philosophie*, p. 142). En d'autres termes, c'est donc bien, selon Marx, parce qu'il reste fondé, en dernière instance, sur le libre-échange entre producteurs théoriquement indépendants que le système capitaliste échouera toujours à faire de la « société *tout entière* une vaste fabrique » et qu'il est donc tenu de laisser à un mode de production objectivement « supérieur » *le soin de réaliser intégralement cet objectif.* C'est ce que Mme Garo et son fan-club moutonnier n'ont toujours pas réussi à comprendre.

[**h**] Il convient de relever, sous ce rapport, l'évidente parenté idéologique qui relie l'idéal léniniste et celui d'un siliconiste de choc comme Jeremy Rifkin : « L'Internet des objets – écrit ainsi ce dernier dans *La Nouvelle Société du coût marginal zéro* (Les Liens qui libèrent, 2014) connectera tous et tout dans *un réseau mondial intégré*. Pour alimenter en *big data* son système

nerveux planétaire, on fixe déjà des milliards de capteurs sur les ressources naturelles, les chaînes de production, le réseau électrique, les réseaux logistiques, les flux de recyclage, et on en implante dans les logements, les bureaux, les magasins, les véhicules *et même les êtres humains.* » C'est ce rêve *totalitaire* d'un monde intégralement connecté (aux antipodes, par conséquent, de tout projet d'*autonomie* des peuples et des individus) qui définit l'imaginaire commun du socialisme policier et du capitalisme de la Silicon Valley.

[**i**] Comme le note encore David Harvey, les technologies modernes « posent bel et bien problème puisqu'elles intériorisent, *dans leur conception même*, certains rapports sociaux, certaines conceptions intellectuelles, certaines manières de produire et de vivre ». C'est pourquoi – conclut-il – « tenter d'asseoir le socialisme sur les technologies capitalistes n'aboutira sans doute qu'à créer une *autre version* du mode de production capitaliste » (*op. cit.*, p. 241). L'expérience soviétique le confirme amplement. Quant à la possibilité d'imaginer, à l'inverse, des technologies modernes qui pourraient être à la fois efficaces et « conviviales » (selon le mot d'Ivan Illich) on se reportera au livre de Philippe Bihouix, *L'Âge des low-tech. Vers une civilisation techniquement soutenable*, Seuil 2014). Et, d'une façon générale, à tous les écrits des théoriciens de la *décroissance.*

[**j**] « Quand j'inventais le terme de *socialisme* pour l'opposer au terme d'*individualisme*, je ne m'attendais pas que, vingt ans plus tard, ce terme serait employé pour exprimer, d'une façon générale, la *démocratie religieuse.* Ce que j'attaquais sous ce nom, c'étaient les faux systèmes mis en avant par de prétendus disciples de Saint-Simon et par de prétendus disciples de Rousseau égarés à la suite de Robespierre et Babeuf » (*Anthologie de Pierre Leroux* établie et présentée par Bruno Viard,

Desclée de Brouwer, 1997, p. 163). Notons que dans sa recension de *The Soul of Man under Socialism* d'Oscar Wilde (*The Observer* du 9 mai 1948), Orwell souligne que ce dernier « connaissait l'existence des tendances autoritaires dans le mouvement socialiste mais qu'elles n'avaient selon lui aucune chance de l'emporter, et il écrivait avec une sorte d'ironie prophétique : "J'ai du mal à croire qu'il se trouve aujourd'hui un seul socialiste pour proposer sérieusement qu'un inspecteur se rende tous les matins dans chaque maison pour veiller à ce que chaque citoyen se lève et accomplisse huit heures de travail manuel" – ce qui, malheureusement, est le cas d'innombrables socialistes modernes. *Il est clair que quelque chose a mal tourné* ».

[**k**] Comme on peut le voir, il existait donc bel et bien, et dès le début du XIXe siècle, une critique *socialiste* du « totalitarisme » à venir. Critique qui se montrait même capable de prévoir avec une précision étonnante certains des traits les plus singuliers du régime soviétique (ou « maoïste »). Preuve supplémentaire, si besoin était, qu'il n'est nul besoin d'être un libéral pour être en mesure de dénoncer le « goulag » et les abominations d'un socialisme policier. Il serait par ailleurs intéressant d'étudier dans quelle mesure cette division du socialisme originel entre un pôle autoritaire et un pôle libertaire ne recoupe pas *en partie* celle qui existe parallèlement (y compris dans le mouvement « décroissant ») entre, d'un côté, une sensibilité puritaine, ascétique et monacale (Lénine en est l'un des plus célèbres exemples) et, de l'autre, une sensibilité beaucoup plus ouverte aux plaisirs de la vie quotidienne (je pense, par exemple, à Paul Lafargue, Joseph Déjacque ou Albert Camus) et fondée, avant tout, sur la conviction que la politique ne détient pas à elle seule toutes les clés du bonheur et de l'épanouissement individuel (« Si un homme ne peut prendre plaisir au retour

du printemps – écrivait par exemple Orwell dans ses célèbres *Réflexions sur le crapaud ordinaire* – pourquoi devrait-il être heureux dans une Utopie qui allégerait le travail humain ? »). Sur cette différence, qui traverse toute l'histoire du socialisme, entre ce que j'appellerais une « ligne de Diogène » (la célébration de l'« austérité » la plus sévère) et une « ligne d'Épicure » (la célébration de la « frugalité » et des plaisirs de la vie comme condition du véritable accomplissement de soi), on se reportera au livre à la fois érudit et passionnant de Thomas Bouchet, *Les Fruits défendus. Socialismes et sensualité du XIX*[e] *siècle à nos jours* (Stock, 2014).

[I] « On a du mal à imaginer aujourd'hui – écrit René Berthier dans *Affinités non électives* (Les Éditions du Monde libertaire, 2015) l'influence des idées de Proudhon dans l'Europe de son temps. » « Dire, comme le font Besancenot et Löwy, que les proudhoniens furent présents "dès le début", c'est être très en dessous de la vérité, cela relève d'une volonté délibérée de minimiser leur rôle dans la fondation de l'Internationale, car ils en furent, avec leurs camarades anglais, les cofondateurs : l'influence de Proudhon est alors déterminante dans le mouvement ouvrier français, même si sa pensée a souvent été mal comprise par ses successeurs, et utilisée à tort et à travers. Il reste que les idées d'associations ouvrières, d'autonomie des travailleurs face au capital et à l'État, l'idée de gestion de la production par les producteurs eux-mêmes – autrement dit l'autogestion – la notion de fédéralisme en matière politique et économique, etc., constituent un fond commun du mouvement ouvrier français » (p. 16). Et de fait, comme le démontre longuement René Berthier, on ne saurait comprendre, par exemple, la pensée de Bakounine ou l'importance du syndicalisme révolutionnaire sans cette influence décisive de

Proudhon. Ajoutons que Marx avait, pour sa part, une conscience aiguë des véritables enjeux politiques de son conflit avec ce dernier au point de compter sur la victoire de la Prusse de Bismarck pour régler le problème. « Les Français – écrivait-il ainsi à Engels le 20 juillet 1870 – ont besoin d'être rossés. Si les Prussiens sont victorieux, la centralisation du pouvoir de l'État sera utile à la centralisation de la classe ouvrière allemande. De plus, la prépondérance allemande *transportera de France en Allemagne le centre de gravité du mouvement ouvrier de l'Europe occidentale.* Il suffit d'ailleurs de comparer le mouvement ouvrier dans les deux pays, depuis 1866 jusqu'à nos jours, pour constater que la classe ouvrière allemande est supérieure à la française tant du point de vue de la théorie que pour son organisation. Au plan de la scène internationale, la prépondérance du prolétariat allemand sur le prolétariat français serait en même temps la prépondérance de *notre* théorie sur celle de Proudhon. » Belle anticipation, au passage, de la Commune de Paris !

[**m**] Au cœur de la tradition libertaire, on retrouve toujours la conviction, qui était déjà celle des communards de 1871 (il n'est que de relire la collection intégrale du *Cri du peuple* de Jules Vallès), que plus les décisions qui affectent notre vie quotidienne sont prises *loin de nous* et par des « experts » anonymes sur lesquels nous n'avons aucun contrôle *réel* – l'exemple limite serait un gouvernement « démocratique » mondial décidant depuis Sydney ou Toronto selon quelles règles impératives chaque région du globe devrait produire un vin de terroir ou définir le calibre de ses tomates – *moins elles sont démocratiques.* Il suffit alors d'assimiler cette précieuse exigence de *proximité* et d'autonomie locale à une forme de repli « identitaire » et de rejet « xénophobe » de l'autre – quand il s'agit, par exemple,

de privilégier les « circuits courts » sur l'importation par containers géants de marchandises inutiles ou toxiques fabriquées à l'autre bout du monde par des enfants esclaves – pour discréditer aussitôt comme « réactionnaire » ou « archaïque » toute tentative de s'opposer au contrôle intégral de nos vies par la logique du marché mondial. Telle est bien, en définitive, la mission première de tous ces chasseurs professionnels de « Rouges-Bruns » pour qui l'« identité c'est la guerre » et l'autonomie locale le berceau naturel de tous les « fascismes » à venir.

[**n**] Mme Garo n'ignore évidemment pas l'importance de cette tradition ouvrière proudhonienne et anarchiste. Mais plutôt que de s'expliquer avec elle, au risque d'écorner parfois l'image qu'elle se fait de Marx, elle préfère clore d'entrée le débat, au prétexte du « soutien final de Proudhon à l'Empire ». Faut-il rappeler que Proudhon est mort en *janvier 1865* (après avoir, du reste, passé de nombreuses années de sa vie dans les geôles de Napoléon III) et que ses derniers combats tournaient presque exclusivement autour de l'autonomie ouvrière – d'où, par exemple, son long débat avec Tolain et les rédacteurs du *Manifeste des soixante* sur la question des candidatures ouvrières indépendantes – et de l'appel à rejoindre la Première Internationale qui venait juste d'être fondée à Londres (la première section française sera d'ailleurs essentiellement composée de disciples de Proudhon). Quant au mythe de son « soutien final à l'Empire », nous avons affaire ici à l'une des pires *calomnies* – comme Mme Garo *ne peut pas l'ignorer* – mises en circulation par la propagande stalinienne dans le cadre de sa lutte contre l'anarchisme. Comme le soulignait déjà, à sa manière fleurie, Jacques Langlois dans *Défense et actualité de Proudhon* (ouvrage paru en 1976 et dans lequel il recensait, entre autres, tous les

ragots que ses ennemis n'avaient cessé de colporter sur Proudhon), il s'agit même ici d'une « calomnie qui se situe précisément au niveau des graffiti de pissotières » (Payot, p. 155). Je me garderai bien, évidemment, d'en tirer la moindre conclusion philosophique sur les sources réelles d'information de Mme Garo.

[M]

Les habits neufs de l'idéologie

Nos convictions politiques, morales et philosophiques (ou, si l'on préfère un terme plus marxiste, notre « idéologie ») portent inévitablement la marque de la position que nous occupons dans la société donc du *point de vue* que cette position détermine. Machiavel le reconnaissait à sa manière, lorsque – soucieux de justifier sa prétention à « discourir et donner les règles du gouvernement des princes » (lui qui se présentait comme un « homme de basse et infime condition ») – il notait dans sa dédicace à Laurent de Médicis que « tout comme ceux qui dessinent les paysages se mettent en bas dans la plaine pour regarder la nature des monts et des hauteurs, et pour regarder les lieux bas ils se mettent en haut sur les montagnes, de même, pour bien connaître la nature des peuples, il faut être prince, et pour bien connaître celle des princes, il faut être peuple » (*Le Prince*, 1513) [**a**]. En ce sens, le recours à la notion d'« idéologie » n'est tout d'abord qu'une façon de prendre acte du fait que nous sommes toujours condamnés à observer les rapports sociaux *sous un certain angle* et qu'il existe, par conséquent, un certain nombre de choses que notre position dans la société nous interdit de percevoir (ou du moins, précisait Marx, qu'elle nous oblige à percevoir *sous une forme inversée*).

Cette représentation classique de l'idéologie s'avère toutefois très insuffisante pour rendre compte de ces nouvelles formes de déni de la réalité et d'aveuglement intellectuel qui ont commencé à se répandre dans le monde entier au lendemain de la Première Guerre mondiale et de la révolution russe [**b**]. Il ne s'agit plus ici, en effet, de ce banal *effet d'optique* qui permet de comprendre que la bonne conscience de « ceux d'en haut » trouve le plus souvent sa raison d'être dans la quasi-impossibilité qui est la leur de percevoir, ou même parfois d'imaginer, les conditions de vie réelles de ceux sur lesquels leur domination s'exerce. Il s'agit, en réalité, d'un *régime mental entièrement nouveau* – celui de l'« esprit réduit à l'état de gramophone » – qu'il apparaît d'ailleurs impossible de comprendre jusqu'au bout sans faire intervenir également des *catégories psychologiques* [**c**]. C'est bien, entre autres, ce qui allait peu à peu conduire Orwell à recourir de façon systématique au concept de « schizophrénie ». Son analyse de ce nouveau régime mental, qui occupe à partir de 1945 une place de plus en plus importante dans ses articles et essais, s'organise en effet autour de quatre thèmes fondamentaux. En premier lieu, observe-t-il, le fonctionnement de l'« esprit réduit à l'état de gramophone » s'accompagne toujours d'une indifférence totale au génie de la langue [**d**] (pas d'idéologie sans « langue de bois », autrement dit, sans discours mécanique et stéréotypé), d'un mépris absolu de la morale ordinaire et d'une soif dévorante de pouvoir qui se dissimule souvent à elle-même sous le masque d'un dévouement exemplaire à la cause [**e**]. Mais il trouve avant tout, selon Orwell, son support sociologique privilégié dans cette intelligentsia des *nouvelles* classes moyennes que leur statut social profondément contradictoire (ces classes, en effet, regroupent essentiellement ce qu'André Gorz appelait les « *agents dominés de la domination* ») porte presque inévitablement à développer une vision ambigüe, voire dédoublée, de la réalité. « J'ai devant moi – écrit-il par exemple, en 1946, dans *Où meurt la littérature* – une brochure qui doit être aujourd'hui très rare : rédigée par Maxime Litvinov en 1918, elle résume les récents épisodes de la révolution russe. Elle ne mentionne pas Staline, mais elle fait un éloge appuyé de Trotski, ainsi que de Zinoviev, Kamenev et quelques autres. Quelle sera la réaction d'un communiste, *aussi scrupuleux sur le plan intellectuel soit-il*, devant une telle brochure ? Dans le meilleur des cas, ce sera la réaction obscurantiste consistant à déclarer que ce document est indésirable et doit être mis sous le boisseau. Et si l'on décidait, pour une raison quelconque, de publier une version falsifiée de cette brochure, qui dénigrerait Trotski et ferait référence à Staline, aucun communiste resté fidèle à son parti ne pourrait protester. » Et Orwell d'ajouter que « le plus remarquable n'est cependant pas que ces falsifications soient commises, mais qu'elles ne suscitent, même lorsqu'elles sont connues, aucune réaction collective des intellectuels de gauche ». C'est pourquoi – concluait-il – « un État totalitaire qui parviendrait à se perpétuer instaurerait probablement *un système de pensée schizophrénique* dans lequel les lois du sens commun demeureraient valables dans la vie quotidienne et dans certaines sciences exactes, mais dont politiciens, historiens et sociologues pourraient ne tenir aucun compte ». C'est, bien sûr, l'existence d'un tel système de pensée « schizophrénique » qui rend non seulement intelligible l'incroyable cécité des intellectuels de gauche, tout au long du XXe siècle, devant la véritable nature du stalinisme et du maoïsme (ou, de nos jours, et dans un tout autre registre, devant les liens pourtant *évidents* qui unissent, par exemple, l'imaginaire *no border* et *no limit* du libéralisme culturel à celui de l'accumulation sans fin du capital), mais également la mise à l'index systématique, et les formes de chasse aux sorcières correspondantes, de tous ceux qui – à l'image, précisément, d'Orwell, de Camus **[f]** ou de Simon Leys (tous en leur temps accusés d'être de « nouveaux réactionnaires » ou même des « agents de la CIA ») – avaient osé faire remarquer *que le roi était nu.*

Cette référence au conte d'Andersen *Les Habits neufs de l'empereur* (publié en 1837) est tout sauf innocente. Ce n'est certainement pas un hasard, en effet, si Simon Leys avait justement choisi de publier son analyse iconoclaste de la « révolution culturelle » maoïste sous le titre des *Habits neufs du président Mao.* Ou encore si Orwell tenait tellement à ce que la BBC diffuse enfin son adaptation radiophonique du conte de l'écrivain danois (dans une lettre du 3 janvier 1946 à son ami Dwight Macdonald, n'écrivait-il pas que « les gens en ont plus qu'assez de toute cette histoire russe. Il ne reste plus qu'à voir qui acceptera de dire que *le roi est nu* » ?). Il faut dire que la situation décrite dans ce conte présente une analogie assez troublante avec ce « système de pensée schizophrénique » auquel l'intelligentsia de gauche donnera, un siècle plus tard, ses lettres de noblesse définitives. Elle illustre, par exemple, de façon particulièrement lumineuse la contradiction dans laquelle toute *perception populaire* de la réalité se trouve inévitablement inscrite dès lors que l'emprise quotidienne d'une idéologie dominante dépasse un certain degré d'intensité. Ce n'est pas tant, en effet, que les sujets qui applaudissent au passage de leur empereur aient perdu tout bon sens au point d'être devenus incapables de voir par eux-mêmes que celui-ci est nu. Mais le poids du dispositif idéologique mis en place par les deux charlatans est tel (à les en croire, seul un mauvais sujet de l'empereur – autrement dit un sujet *politiquement incorrect* – pourrait ne pas remarquer à quel point ses nouveaux habits sont magnifiques) que chacun de ces sujets pris à part est spontanément conduit à penser, dans la crainte et le tremblement, qu'il est en réalité *le seul* à percevoir la nudité réelle du roi. Et *de peur de passer pour « réactionnaire »*, et d'avoir ainsi à affronter les conséquences quotidiennes de ce statut infamant, il se retrouve donc logiquement amené à *dire tout haut le contraire de ce qu'il pense tout bas.*

Dans la mesure, toutefois, où il demeure clair – dans ce conte d'Andersen – que l'homme ordinaire (*the ordinary decent man* – écrit souvent Orwell) conserve intacte sa capacité de voir ce qu'il a sous ses yeux, il reste très difficile de le ranger dans la catégorie des idéologues au sens strict. Et c'est donc bien seulement, encore une fois, la présence dissuasive de ce système de surveillance idéologique chargé de définir à chaque instant ce qu'il est politiquement correct de voir et de ne pas voir, qui peut l'amener ainsi à *mimer les effets de la schizophrénie* en décidant de fermer les yeux sur tout ce qu'il n'est pas censé voir (quitte à se défouler ensuite dans l'isoloir où – comme le rappelait Don Camillo à Peppone – « Staline ne te voit pas »). Tout autre, en revanche, est le cas de l'*intellectuel idéologique* du XXe siècle, dont le curieux mode de pensée repose, au contraire, sur la disqualification préalable du sens commun *en tant que tel* (une version simplifiée des analyses de Bachelard pouvant suffire ici à donner un vernis « épistémologique » à cette opération). Or à partir du moment où c'est bien cette volonté de rompre avec le « deux et deux font quatre » de la perception ordinaire (Orwell) qui définit l'essence de ce nouveau régime mental (est-il besoin de préciser que l'intellectuel de gauche du XIXe siècle, de Benjamin Constant à Émile Zola, n'aurait jamais accepté de tels compromis avec la vérité ?), il devient possible, en développant jusqu'au bout les implications du dispositif mis en scène dans les *habits neufs de l'empereur*, de décrire par avance, et avec une précision étonnante, les deux principales formes que devra revêtir la *perversion idéologique moderne* **[g]**.

À un premier niveau – disons celui de l'intellectuel de gauche *moyen*, qu'il soit universitaire, journaliste ou militant – l'idéologue moderne sera ainsi celui qui s'arrange constamment – de manière plus ou moins inconsciente – pour *refuser de voir ce qu'il a sous les yeux* chaque fois que la réalité contredit le dogme (et notons au passage qu'il s'agit là – Orwell insiste beaucoup sur cette idée – d'une capacité psychologique qui suppose toujours, en amont, un certain degré de « pauvreté émotionnelle »). Seul, en effet, ce processus de neutralisation continuelle du témoignage des sens – et, d'une façon plus générale, de tout sens commun – peut permettre à ce type d'intellectuel d'échapper à chaque instant, *et en toute bonne conscience*, à ses incessantes contradictions (on se souviendra ici de la célèbre plaisanterie soviétique : « il ment comme un témoin oculaire »). Tel est par exemple – note Orwell dans une lettre à *La Tribune* de juin 1945 – « l'effet du mythe russe sur le mouvement socialiste *ici*. En ce moment, nous appliquons tous, plus ou moins ouvertement ce système de *deux poids deux mesures* en morale. » C'est ainsi – continue-t-il – que nous pouvons *sincèrement* « nous écrier que la déportation de masse, les travaux forcés et la suppression de la liberté d'expression sont des crimes atroces, alors que *dans le même temps* nous proclamons que ces choses sont parfaitement normales si elles sont faites par l'URSS ou ses États satellites : et là où c'est nécessaire, nous rendons ceci plausible en tripatouillant les informations et en éliminant les faits difficiles à accepter » (et Orwell d'en conclure qu'on ne peut « certainement pas construire un mouvement socialiste sain si l'on est obligé de *fermer les yeux* sur n'importe quel crime dès lors qu'il a été commis par l'URSS ») **[h]**. Naturellement, ce mode de pensée « schizophrénique » (« cachez ce goulag *que je ne saurais voir* ») est en lui-même tout à fait indépendant des « sophismes du moment ». Et l'intellectuel stalinien est très loin d'en représenter l'unique spécimen possible. Tout idéologue libéral, par exemple, *voit ainsi très bien* (sauf, peut-être, Luc Ferry) que l'idée d'une croissance exponentielle dans un monde fini – et, de surcroît, déjà soumis à un désastre écologique grandissant – constitue une *impossibilité absolue*. Une moitié de son cerveau désactive néanmoins d'emblée cette idée de bon sens afin que l'autre moitié puisse continuer à dévider tranquillement son système d'équations *comme si de rien n'était* (c'est même souvent à cette seule condition qu'un « économiste » pourra, par exemple, se voir invité dans l'émission *C dans l'air* ou chez les « *Informés* » de France Info). C'est précisément, comme on le sait, ce nouveau mode de fonctionnement « schizophrénique » de l'intelligence qu'Orwell avait choisi d'appeler, dans son roman *1984*, la *double pensée* (« persuader consciemment l'inconscient, puis devenir ensuite inconscient de *l'acte d'hypnose* que l'on vient de perpétrer ») **[i]**.

Cette forme élémentaire du mensonge à soi-même – qui, en un certain sens, relève de l'analyse sartrienne de la « mauvaise foi » et des conduites « métastables » – ne représente toutefois que le premier degré de la perversion idéologique moderne (même si la grande majorité des intellectuels de gauche s'abstiennent, en général – et c'est heureux – d'aller beaucoup plus loin). Car au-delà de ce refus désormais banal d'admettre que « le roi est nu », il existe encore une forme beaucoup plus perfectionnée du déni idéologique de la réalité. Celle qui conduit régulièrement un certain nombre d'intellectuels, si brillants puissent-ils être par ailleurs, à *voir réellement* la splendeur des habits neufs de l'empereur, jusqu'à se montrer capables d'en décrire avec une précision infinie les plus infimes détails. On songe naturellement ici à ces innombrables intellectuels occidentaux, si cruellement moqués par Simon Leys (et dont Maria Antonietta Macciocchi restera à jamais le modèle indépassable), qui pouvaient tranquillement témoigner à leur retour de Chine – pays où les terribles luttes de pouvoir liées à la « révolution culturelle » de Mao avaient pourtant déjà fait des centaines de milliers de morts – qu'ils *avaient réellement vu se matérialiser sous leurs yeux* le royaume de la liberté politique et le paradis des travailleurs (certains, le plus souvent issus de l'École normale supérieure, ayant même été capables, à l'époque, de voir de leurs propres yeux les champs de blé mûrir plus vite et les vaches donner plus de lait sous le soleil généreux de la « pensée de Mao »). Bien entendu, cette aptitude mystique à *voir ce qui n'est pas* ne se limite nullement, là encore, à la perception enchantée des sociétés totalitaires. Elle peut tout aussi bien conduire un cerveau idéologique à *voir réellement*, par exemple, que les joueurs de l'équipe de France de football ont presque tous la peau blanche (et que ce sont donc, *de toute évidence*, des critères purement « racistes » qui président à leur sélection ou à leur non-sélection), que l'espérance de vie moyenne des êtres humains accomplit « tous les trois mois » un grand bond en avant (alors qu'elle a même commencé à décroître aux États-Unis) ou même que le niveau des élèves modernes ne cesse de s'élever (et à l'allure où les sociologues de gauche *le voient* réellement monter depuis trente ans, la culture historique et littéraire d'un lycéen de terminale devrait être, aujourd'hui, assez proche de celle d'un agrégé des années 1950). Ce type d'hallucination idéologique trouve de nos jours sa forme la plus accomplie (l'art de la délation collective – et la fièvre pétitionnaire qu'il implique – étant devenu une activité « universitaire » à plein temps) dans la figure bien connue du *chasseur de sorcières professionnel* – ou, si l'on préfère le vocabulaire d'Orwell, du « *policier de la pensée* ». Que ce dernier se montre ainsi capable – comme à l'époque maccarthyste – de repérer au premier coup d'œil le « bolchevik » caché sous son lit, ou, plus près de nous, le « Rouge-Brun » en uniforme (libre adaptation par l'extrême gauche contemporaine du vieux concept stalinien d'« hitléro-trotskyste ») qui défile au pas de l'oie sous les fenêtres de son université ou qui se lance dans de sinistres croisades « islamophobes » sous le fallacieux prétexte que les femmes auraient les mêmes droits que les hommes. Ce n'est, bien entendu, que lorsque le mode de pensée schizophrénique (et même, dans certains cas, franchement paranoïaque) atteint ces sommets ultimes – songeons, par exemple, à l'idée d'un complot « rouge-brun » aux ramifications universelles défendue *urbi et orbi* par le pauvre Jean-Loup Amselle (cf. *Les Nouveaux Rouges-Bruns*, *op. cit.*) – qu'il devient alors difficile d'écarter plus longtemps l'hypothèse suggérée par Orwell d'une véritable *démence idéologique*, quelle que soit, par ailleurs, la part évidente d'histoire personnelle (en général œdipienne) qui prédispose un sujet à devenir ainsi un nouveau Dr. Folamour ou, à l'image, par exemple, d'un Didier Daeninckx, un délateur de métier.

Notons enfin, pour compléter cette analyse, que dans son essai sur *James Burnham et l'ère des organisateurs* (publié en 1946), Orwell avait lui-même tenu à décrire le type d'être humain qui lui semblait le plus exposé à ce type de tentation délirante. « S'abstenir d'admirer Hitler ou Staline – écrivait-il ainsi – ne devrait pas demander un énorme effort intellectuel. *Mais il s'agit en partie d'un effort moral.* Qu'un homme aussi doué que Burnham ait pu, pendant un certain temps, considérer le nazisme comme quelque chose d'assez admirable, qui pouvait construire et construirait probablement un ordre social capable de fonctionner et de durer, *montre à quel point ce qu'on appelle aujourd'hui "réalisme" peut compromettre la perception de la réalité* » **[j]**. Il ne faut sans doute pas chercher beaucoup plus loin les racines ultimes de cette méfiance chronique de la plupart des idéologues de gauche et d'extrême gauche modernes envers l'idée même de sens moral ou de décence commune **[k]**.

[**a**] On pourrait toutefois se demander (et, si l'on en croit Rousseau, c'était même la pensée véritable de Machiavel) si une société qui repose sur la domination de classe n'a pas, en définitive, beaucoup plus de chances d'être saisie dans sa vérité ultime par ceux qui l'observent de *bas en haut* que par ceux qui ne peuvent la contempler que de *haut en bas* (quitte à s'abriter, si nécessaire, derrière le miroir déformant de la statistique d'État). Il est sans doute plus facile, en effet, de prendre conscience du fait que l'on est exploité ou opprimé que d'admettre que l'on est soi-même un exploiteur ou un oppresseur (tout comme il est plus facile de mesurer le taux d'inflation réel en faisant soi-même ses courses qu'en s'en remettant aveuglément aux chiffres officiels de l'Insee). Comme le rappelait d'ailleurs ironiquement l'écrivain italien Claudio Magris, « en cette époque dite de culture de masse, ce ne sont pas les masses qui manquent de culture mais plutôt les élites. Il est rare d'entendre dans un autobus des bourdes aussi monumentales que celles qu'on remarque à la télévision ou dans les journaux ». Telle est, en tout cas, la conviction première des *populistes*.

[**b**] Dans son ouvrage classique *De la Grande Guerre au totalitarisme. La brutalisation des sociétés européennes* (publié en 1990), l'historien américain George Mosse mettait en relation la naissance des mouvements totalitaires du XXe siècle avec la « brutalisation » des mœurs que la Première Guerre mondiale avait contribué à engendrer. Il serait intéressant d'étudier, de ce point de vue, quels ont été les effets directs et indirects de cette « brutalisation » des mœurs sur la nature et les formes du débat intellectuel, en Europe, depuis les années 1920.

[**c**] Herbert Marcuse le soulignait déjà dans *Éros et civilisation* (Boston, 1955). « Cet essai – écrivait-il ainsi

dans sa préface – utilise des catégories psychologiques *parce qu'elles sont devenues des catégories politiques.* » C'est cette prise de conscience de la dimension psychologique inhérente au capitalisme de consommation (on lira sur ce sujet les ouvrages indispensables de Dany-Robert Dufour) que la sociologie d'État, principalement sous l'influence de Pierre Bourdieu et de ses disciples, contribuera à étouffer progressivement, au cours des années 1970, inaugurant ainsi l'ère du *sociologisme* moderne. Bien entendu, un tel recours aux données de la psychologie et de la psychanalyse n'a de sens que s'il s'articule lui-même – par exemple chez Christopher Lasch, Slavoj Žižek ou Herbert Marcuse – à une interprétation non psychologique de la logique capitaliste (le « psychologisme » n'étant évidemment que la forme symétrique du « sociologisme »). Mais il peut également permettre, à l'occasion, de mettre en lumière la présence d'un certain nombre de structures caractérielles communes entre des mouvements idéologiques que tout est censé opposer par ailleurs. À l'image, par exemple, de ces similitudes psychologiques pour le moins troublantes – concernant notamment leur culte « viril » de la violence et leur croyance au caractère « subversif » et rédempteur de la haine – qui existent, de nos jours, entre les skinheads d'extrême droite, les « ultras » d'un kop de football moderne, les casseurs « libertaires » de l'extrême gauche parisienne ou encore cette fraction de la « jeunesse des quartiers » tentée par l'islam radical et ses dérives terroristes (de ce point de vue, les analyses de Reich et d'Adorno sur la psychologie du fascisme et la « personnalité autoritaire » conservent tout leur intérêt). On comprend alors mieux pourquoi tant de « chercheurs » en sciences sociales – surtout parmi les stakhanovistes de la pétition – jugent plus prudent d'exclure tout recours aux facteurs moraux et psychologiques dans l'étude des phénomènes politiques et sociaux – sauf, de temps à autre, lorsqu'il s'agit d'exonérer un terroriste de l'État islamique de la responsabilité politique de ses actes (le recours à l'hypothèse de « troubles psychiatriques » pouvant alors être exceptionnellement toléré).

[**d**] L'un des principaux apports d'Orwell à l'étude du délire idéologique contemporain est d'avoir montré qu'il était inséparable d'un langage appauvri et stéréotypé (qui tourne même parfois – comme on le voit, par exemple, dans les écrits des idéologues du genre ou de la « déconstruction » – à une pure et simple variante de *l'écriture automatique*). « Comme j'ai tenté de le démontrer – écrit-il ainsi dans *La politique et la langue anglaise* – le style moderne, dans ce qu'il a de pire, ne consiste pas à choisir des mots en fonction de leur sens ni à inventer des images pour rendre plus clair ce qu'on veut dire. Il consiste à *agglutiner des paquets de mots prêts à l'emploi* et à rendre le résultat présentable par des astuces de charlatan. » Sous ce rapport, rien ne saurait mieux révéler la présence d'une « novlangue » idéologique que l'usage des *verbes* ou des *adjectifs* dans le discours dit « militant ». Il suffit, en effet, de se reporter à n'importe quel dictionnaire pour vérifier aussitôt qu'il existe en français au moins *quatorze* synonymes du verbe « stigmatiser » et plus de *trente* de l'adjectif « nauséabond ». Mais ce n'est certainement pas en écoutant le président de SOS-Racisme ou tout autre leader de la « gauche radicale » (et encore moins Audrey Azoulay – notre actuelle « ministre de la Culture ») que l'on pourra soupçonner l'existence d'une telle richesse lexicale de la langue française. Tel est le principe de toute *langue de bois*.

[**e**] Le « vœu secret » de tout intellectuel de gauche « russophile » – écrit Orwell dans *James Burnham et*

l'ère des organisateurs – est « la destruction de la vieille version égalitaire du socialisme et l'avènement d'une société hiérarchisée *où l'intellectuel se serait enfin emparé du fouet* ». Ce rapport entre la démence idéologique, l'anesthésie du sens moral et le désir de pouvoir est certainement l'un des thèmes les plus récurrents de l'« anarchisme » orwellien. Et ce n'est pas – selon la rude formule de Castoriadis – parce qu'il a aujourd'hui « changé de trottoir » qu'on pourra donc en conclure que l'intellectuel de gauche a « changé de métier ».

[**f**] Dans une lettre de l'été 1962 au militant anarchiste Jean-Paul Samson, le poète René Char avait eu ces mots impitoyables pour caractériser la campagne de calomnies dont, de son vivant, Camus était l'objet continuel de la part des intellectuels de gauche (et en décrivant, dans *La Distinction*, l'*Homme révolté* de Camus comme « un bréviaire de philosophie édifiante sans autre unité que le vague à l'âme égocentrique qui sied aux adolescentes hypo-khâgneuses », Bourdieu ne faisait, en somme, qu'ajouter sa touche personnelle à cette campagne de calomnies) : « Quand on sait pourquoi – écrivait ainsi René Char – cette meute française, qui s'enflamme pour des ouvrages de sots, s'acharne contre Camus-et-son-œuvre, on ne s'interroge pas plus avant, et on tourne son dégoût, on vire à l'opposé de cette espèce de *pétainisme inverti*, perverti, qui est le lot d'intellectuels d'aujourd'hui fardés au progressisme » (cf. *Albert Camus et les libertaires*, écrits rassemblés par Lou Marin, Égrégores, 2008, p. 260). Il suffit de lire l'abjecte pétition destinée à réduire au silence Kamel Daoud – lui-même déjà menacé de mort par les « islamistes radicaux » – et publiée avec l'aval du *Monde*, en février 2016, par un collectif de prétendus « chercheurs », pour mesurer à quel point ce « pétainisme inverti » se porte aujourd'hui mieux que jamais (et en

tout cas visiblement beaucoup mieux que la recherche universitaire en « sciences sociales »). On songera ici à la description cruelle que Simon Leys donnait, dans *Images brisées*, de cette sinistre « meute française », avec laquelle lui-même avait eu tant de maille à partir : « La passion policière qui pousse certaines gens à dénoncer voisins, parents, relations ou collègues ne trouve de véritable exutoire que dans les périodes de guerre, d'occupations, etc., mais même en temps normal, elle n'en demeure pas moins latente chez les ratés, les envieux et les médiocres et constitue un phénomène psychologique singulier qui mériterait d'être mieux étudié. La vénalité est rarement absente, mais ce serait une erreur d'y voir son moteur exclusif ; dans ce genre de démarche, en effet, la recherche d'avantages personnels s'augmente le plus souvent d'autres mobiles non moins puissants : des sentiments d'infériorité ou de frustration (sur qui la seule apparence du succès chez autrui vient agir comme une intolérable provocation), le désir de se donner de l'importance, une forme d'exhibitionnisme, et surtout un respect inné du Pouvoir, de l'Ordre établi, des Autorités, *l'instinct flic*, la haine de tout ce qui apparaît non conforme, différent, hétérodoxe, hérétique » (Leys visait ici, entre autres, Michèle Loi, cette « dame un peu exaltée et brûlant pour sa passion maoïste du feu des néophytes » et qui « s'était mise en tête d'accumuler les mérites dans le paradis de Mao par la dénonciation des hérétiques et des mal-pensants »). L'existence d'Internet et des « réseaux sociaux » a malheureusement élargi de façon considérable le pouvoir de nuisance de ces « pétainistes invertis ».

[g] On ne saurait trouver meilleure illustration de cette indifférence absolue de l'intellectuel de gauche « postmoderne » pour tous les faits susceptibles de déranger sa bonne conscience ou de menacer ses privilèges que la mésaventure récemment survenue à Michel Onfray. Jusque-là, en effet, tous les ouvrages de cet auteur avaient généralement rencontré un accueil favorable dans la plupart des médias de gauche. Il aura donc suffi qu'au détour d'un entretien au *Point*, Michel Onfray ait eu le malheur de rappeler que tout intellectuel digne de ce nom devrait *évidemment* toujours préférer une « analyse juste » (serait-elle formulée – écrivait-il – par Alain de Benoist) à une « analyse injuste » (serait-elle le fait de BHL) pour qu'il se retrouve immédiatement au centre d'une tourmente médiatique proprement ahurissante. Il est pourtant clair qu'il n'avait fait là que reprendre à son compte la vieille maxime de Gramsci selon laquelle « seule la vérité est révolutionnaire » (maxime qu'on peut, bien sûr, retrouver sous des formes voisines dans tous les écrits d'Orwell, de Camus ou de Simon Leys). On peut donc tirer au moins deux leçons de ce singulier psychodrame. D'abord, que pour l'intelligentsia de gauche moderne, la fée d'hier est toujours susceptible de devenir la sorcière d'aujourd'hui (et réciproquement ; songeons à François Mitterrand allant s'incliner respectueusement en février 1989 – et sans qu'aucun « antifasciste » professionnel ne songe à protester – devant la tombe de Hirohito, le principal allié de Hitler pendant la Deuxième Guerre mondiale). Et, ensuite, que cette intelligentsia n'a clairement pas avancé d'un pouce depuis l'époque où elle proclamait fièrement qu'elle préférait « *avoir tort avec Sartre plutôt que raison avec Raymond Aron* ». Voilà qui vérifie une fois de plus, si besoin était, la prophétie bien connue d'Orwell : « Le véritable ennemi, c'est l'esprit réduit à l'état de gramophone, *et cela reste vrai que l'on soit d'accord ou non avec le disque qui passe à un certain moment.* »

[**h**] Ce système idéologique du « deux poids, deux mesures » (ou de la « double pensée ») – occupe toujours une place *centrale* dans le dispositif intellectuel de la gauche moderne. Dans *La Nouvelle Lutte des classes* (Fayard, 2016, p. 29), Slavoj Žižek ironise ainsi sur le fait que ces « mêmes libéraux de gauche qui pratiquent la super-herméneutique du soupçon à propos des sociétés occidentales et discernent des traces de sexisme ou de racisme dans des détails guère perceptibles de notre discours ou de notre comportement font preuve d'une tolérance stupéfiante en présence de femmes portant la burka au prétexte qu'il s'agit là de formes de résistance malicieuses, d'un acte d'antimarchandisation (une protestation contre la réduction des femmes au statut d'objet sexuel), etc. Il existe bien sûr une part de vérité dans tout cela, mais elle ne change rien à *ce fait élémentaire* que la burka a pour sens ultime de mettre en œuvre la subordination des femmes ». Naturellement, cette pratique constante de la double pensée est tout aussi répandue chez les idéologues de la droite libérale. À l'image, par exemple, de ce pauvre Éric Brunet qui ne cesse de déplorer, à longueur d'antenne, les faillites régulières de petites et moyennes entreprises, tout en célébrant par ailleurs de façon enthousiaste le principe de la « concurrence libre et non faussée ». Ou encore de se plaindre de la fuite croissante de nos « cerveaux » à l'étranger, tout en défendant simultanément l'idée que, dans une économie ouverte, le destin des *winners* ne peut se jouer qu'*à l'international.* Il arrive même parfois que la rhétorique des deux camps entrecroise ses effets. S'agissant, par exemple, de la délinquance, l'intellectuel de gauche aura ainsi naturellement tendance – malgré tous les efforts de l'excellent Bernard Lahire pour dissimuler cette évidence – à *excuser* le criminel au nom de sa propre foi calviniste en une *prédestination* sociale (« je ne suis pas damné parce que j'ai

agi de manière coupable, mais j'agis de manière coupable parce que je suis socialement damné »). Là où son clone de droite, beaucoup plus pélagien sur le coup (ou plus sartrien), s'efforcera au contraire d'établir la responsabilité pleine et entière de l'assassin ou du violeur. En revanche, sur la question de la libération conditionnelle des détenus, le même intellectuel de droite tendra généralement à condamner le « laxisme » des magistrats, en défendant l'idée qu'un délinquant est, *par nature*, déterminé à récidiver, tandis que son clone de gauche soutiendra cette fois-ci que tout être humain est susceptible de s'amender du fait de son *libre arbitre constitutif*. Ainsi va la vie intellectuelle dans une société libérale.

[**i**] « À partir du moment – écrivait Camus dans *L'Homme révolté* – où, faute de caractère, on court se donner une doctrine, dès l'instant où le crime se raisonne, il prolifère comme la raison elle-même, il prend toutes les figures du syllogisme. Il était solitaire comme le cri, le voilà universel comme la science. Hier jugé, il fait la loi aujourd'hui. » On trouvera un exemple particulièrement accablant de cette *anesthésie du sens moral* et de cette indifférence psychologique au crime qu'engendre inévitablement le mode de pensée idéologique (ou « politiquement correct ») dans le scandale survenu au Royaume-Uni, en août 2014, après la publication du rapport d'Alexis Jay, ancienne inspectrice des affaires sociales. De 1997 à 2013, ce sont, en effet, près de 1 400 jeunes filles, âgées de 11 à 16 ans, qui avaient été séquestrées, violées et torturées à Rotherham – dans le comté du Yorkshire – sans que ni les services sociaux ni le conseil municipal de la ville, *pourtant avertis à plusieurs reprises des faits*, n'aient entrepris la moindre démarche pour mettre un terme à leur calvaire. Il faut

dire que leurs tortionnaires étant presque tous d'origine pakistanaise, c'est d'abord – comme le précise le rapport d'Alexis Jay (*Le Monde* du 26 août 2014) – « *par crainte d'être traités de racistes* » que la mairie « progressiste » de Rotherham et ses « travailleurs sociaux » s'étaient courageusement résolus, *seize ans durant*, à fermer les yeux sur ces tortures et ces viols. Reste, bien sûr, à savoir si les choses auraient pu se dérouler de façon identique dans l'hypothèse où les tortionnaires auraient été, par exemple, des *prêtres catholiques*. Car ce n'est, visiblement, que dans certains cas bien précis qu'un intellectuel de gauche estimera de son devoir « moral » d'appeler à « libérer la parole » et d'orner de son nom les pétitions rituelles du *Monde* et de *Libération*. La « communauté » asiatique – victime, depuis des années, d'innombrables agressions racistes (parfois mortelles) *qui sont systématiquement passées sous silence* par les partis de gauche, la « Ligue des droits de l'homme », et les organisations dites « antiracistes » (et cela, pour des raisons très voisines de celles de la municipalité de Rotherham) – est particulièrement bien placée pour le savoir. On lira sur ce point l'ouvrage *absolument dévastateur* d'André Perrin, *Scènes de la vie intellectuelle en France* (L'Artilleur, 2016). Il s'agit même désormais de l'une des meilleures introductions existantes à la pensée philosophique.

[j] On pourra se souvenir ici de l'une des plus célèbres plaisanteries de l'ère brejnévienne : « On peut être communiste et honnête, mais c'est alors qu'on n'est pas intelligent. On peut être communiste et intelligent, mais c'est alors qu'on n'est pas honnête. On peut être intelligent et honnête, mais c'est alors qu'on n'est pas communiste. » Il suffit de remplacer le terme de « communiste » par celui de « sociologue de gauche » ou

d'« économiste de droite » – pour obtenir une excellente description de la vie intellectuelle française d'aujourd'hui.

[**k**] De nos jours, c'est sans aucun doute dans l'œuvre de Mme Garo que l'on pourra trouver l'une des formes les plus achevées de ce « système de pensée schizophrénique » qu'évoquait Orwell. Non seulement, en effet, elle maîtrise à la perfection l'art singulier de ne pas voir ce qu'elle a sous les yeux (ayant lu – dit-elle – tous mes ouvrages, elle a ainsi pu *constater par elle-même* à quel point « exploitation, accumulation, pillage colonial, domination bourgeoise *sont des mots que Michéa ne prononce jamais* »). Mais elle possède en outre à un degré inégalé l'extraordinaire faculté de *voir ce qui n'est pas.* C'est ainsi – nous avoue-t-elle – que ce qui l'a finalement conduite à prendre conscience du danger que représentaient mes écrits, et donc de la nécessité de publier son petit pamphlet, c'était, entre autres, le fait qu'elle ne supportait plus de me voir « *présent sur tous les plateaux de télé* ». Entendons-nous bien. Je ne doute pas un seul instant que Mme Garo m'ait *réellement* vu à de très nombreuses reprises sévir à la télévision, et qu'elle soit même en mesure de décrire avec un luxe infini de détails chacune de mes interventions (il devait probablement s'agir d'appels à réhabiliter la pensée de Hitler, de Mussolini ou de Hirohito). Le problème c'est que, pour des raisons d'éthique qui me sont propres, j'ai toujours décliné *toutes* les invitations à venir m'exprimer sur ce média et qu'en conséquence aucune personne encore douée de bon sens n'a jamais pu me voir, ne serait-ce qu'*une seule fois*, dans une émission télévisée. Il semble qu'avec Mme Garo, la gauche « radicale » ait enfin trouvé sa nouvelle Bernadette Soubirous.

[N]

Autonomie locale, monnaies complémentaires, circuits courts

Dans *La Décroissance* d'avril 2016, Vincent Cheynet met à juste titre ses lecteurs en garde contre les dangers que représenterait une « monnaie locale » fonctionnant en dehors de tout cadre politique et institutionnel démocratique (les risques d'ubérisation de la vie locale seraient alors effectivement très grands). Il semble toutefois négliger le fait que les véritables monnaies locales – celles, du moins, que la « décroissance » a pour vocation d'encourager – n'ont jamais eu pour objectif de circuler sur le modèle de la monnaie classique (de ce point de vue, c'est plutôt le « franc pacifique » de Nouvelle-Calédonie et de Polynésie française qui correspond le mieux à la définition proposée par Vincent Cheynet **[a]**). Elles constituent en réalité de simples monnaies *complémentaires* dont le « pouvoir d'achat » ne devrait théoriquement porter que sur un certain type de biens et de services *produits localement* **[b]** et, dans l'idéal, selon certaines normes sociales, écologiques et politiques définies en commun et garanties par des structures démocratiques appropriées **[c]** (un peu, au fond, comme si *une partie* des allocations familiales était versée en *bons d'achat* ne valant que pour l'acquisition de produits réellement nécessaires à l'éducation morale et matérielle des enfants et non pour des baskets de marque ou des jeux vidéo). Avec l'avantage de favoriser ainsi l'essor d'une *économie de « circuits courts »* **[d]** (dont la qualité des produits est forcément plus facile à contrôler par les *usagers* que ceux que l'on trouve dans la grande distribution **[e]**) donc de diminuer progressivement la dépendance des habitants d'une région donnée – pour tout ce qui concerne les produits les plus indispensables à leur vie quotidienne – envers le lobby agro-industriel et les mouvements erratiques du marché mondial **[f]**. Cela rend bien sûr tôt ou tard *inévitable* – Vincent Cheynet a mille fois raison sur ce point – un affrontement politique décisif avec cette oligarchie bruxelloise dont l'objectif premier a toujours été de *criminaliser* par avance – au nom de la liberté d'entreprendre et de la « concurrence libre et non faussée » – toute mesure qu'un pays européen pourrait être amené à prendre, sous la pression de ses classes populaires, pour se soustraire, même partiellement, aux diktats du marché mondial et des grands lobbies industriels **[g]**.

Soulignons enfin, tant est grande la confusion qui règne aujourd'hui sur ce point, que c'est seulement dans certaines conditions historiques et sociales bien précises – comme Marx n'a cessé de le rappeler – que l'« argent » en vient à fonctionner comme capital et la monnaie comme « équivalent *général* » (c'est-à-dire comme un pouvoir « axiologiquement neutre » d'acheter *n'importe quelle* marchandise). La plupart des sociétés dites primitives – dont une grande partie ignore d'ailleurs la division en classes antagonistes – utilisent ainsi de nombreuses formes de « monnaie » (ne serait-ce que dans leurs relations avec les tribus voisines). Mais le mode de fonctionnement de ces dernières – comme l'ont bien montré, entre autres, Jean-Michel Servet et les chercheurs du Mouvement anti-utilitariste en sciences sociales (MAUSS) – se fonde, en réalité, sur de tout autres principes anthropologiques que ceux qui gouvernent les sociétés marchandes modernes. Seule la sidérante inculture d'une grande partie de l'extrême gauche française moderne (Claude Allègre, Philippe Meirieu et Facebook sont malheureusement passés par là [**h**]) peut donc conduire à confondre en permanence l'universalité relative de la *monnaie* et le caractère historiquement déterminé du *capital*.

[**a**] Il est assez curieux que dans les innombrables débats sur la possibilité, pour un pays comme la France, de sortir du système de la monnaie unique (lui-même très souvent confondu avec celui d'une monnaie *commune*), on ne mentionne presque jamais l'exemple des territoires français du Pacifique. C'est pourtant bien le

« franc pacifique », *et non l'euro*, qui circule en priorité sur ces territoires.

[**b**] La notion de production « locale » ne saurait évidemment être définie *a priori* et encore moins imposée d'en haut, à l'image, par exemple, du découpage des nouvelles « régions » par un État libéral bureaucratique (elle dépend, avant tout, de l'histoire, de la culture, et de la géographie locales). Rappelons également que le concept de « relocalisation » des activités productives les plus indispensables à la vie quotidienne des individus (à commencer par toutes celles qui concernent leur alimentation de base) ne doit évidemment pas être confondu avec celui d'*autarcie*. L'autonomie locale – celle qui permet par exemple aux habitants d'une « localité » donnée d'être le moins dépendants possible des décisions arbitraires des pouvoirs centraux ou des cours perpétuellement changeants du marché mondial – ne peut, en effet, trouver son accomplissement véritable que dans le cadre d'un monde « *fédéral* », au sens proudhonien du terme (« de bas en haut, et de la circonférence au centre »). C'est bien ce qu'entendait souligner à sa manière l'écrivain portugais Miguel Torga lorsqu'il observait, en 1954, que « *l'universel, c'est le local moins les murs* ». Encore faut-il, bien entendu, que la décision d'abattre tous les « murs » qui séparent et opposent les humains n'ait pas pour objectif premier – comme c'est le cas dans l'idéologie libérale du *no border* – la disparition complète et définitive de tout ce qui – étant local et particulier (et par conséquent différent) – s'oppose par définition à l'uniformisation marchande du monde.

[**c**] La loi du 31 juillet 2014 sur les monnaies complémentaires locales – que l'on doit au travail de Jean-Philippe Magnen, vice-président écologiste du conseil régional des pays de Loire – est bien l'une des rares mesures du quinquennat de François Hollande qui

n'aille pas dans le sens d'un renforcement immédiat du capitalisme et du pouvoir des élites. Reste, bien entendu, à savoir ce qu'il pourra en sortir concrètement. Une version remaniée du rapport de Jean-Philippe Magnen – *D'autres monnaies pour une nouvelle prospérité* – a été publiée en 2015 par la Bibliothèque du MAUSS aux éditions Le Bord de l'eau.

[**d**] Dans *Éléments d'une politique convivialiste* (ouvrage collectif dirigé par Alain Caillé, Le Bord de l'eau, 2016), Geneviève Azam propose, pour favoriser le développement de ces « circuits courts », d'« envisager la possible mise en place d'une taxe au kilomètre parcouru pour l'ensemble des produits » et « d'utiliser les produits de la taxe pour favoriser les expériences de relocalisation ». C'est une idée qui va incontestablement *dans la bonne direction* (sous réserve, bien sûr, de tenir compte de tous les cas particuliers et de définir le type de distance – forcément variable – à partir de laquelle cette taxe devrait entrer en vigueur). On sait bien en effet, et pour ne prendre qu'un exemple, qu'un pot de yaourt – afin de satisfaire aux exigences de l'accumulation mondialisée du capital (c'est-à-dire au primat de la valeur d'échange sur la valeur d'usage) – doit aujourd'hui parcourir en moyenne *neuf mille kilomètres* avant d'arriver dans notre assiette (pendant que des « tomates » industrielles et sans saveur sont continuellement produites en Espagne afin d'être exportées aux Pays-Bas et aux Pays-Bas afin d'être exportées en Espagne). Il restera, bien sûr, à affronter ensuite l'inévitable courroux des libéraux d'extrême gauche qui ne manqueront pas de dénoncer le projet de Geneviève Azam comme l'exemple même d'une taxe raciste et xénophobe. À l'instar, par exemple, de cet inénarrable Jean-Loup Amselle pour qui l'idée même de production locale contient déjà en elle tous les éléments du fascisme à venir. « On ressent une certaine gêne

– écrit-il ainsi – à se voir proposer des marchandises “made in France” supposées être de meilleure qualité que des équivalents étrangers. N’y aurait-il pas là, dans le domaine du marketing, l’équivalent de la “préférence” ou de la “priorité nationale” dans le secteur de l’emploi, *mot d’ordre qui forme désormais le fonds de commerce de la droite et de l’extrême droite ?* » (*Les Nouveaux Rouges-Bruns*, *op. cit.*, p. 73). On notera donc, au passage, que pour Jean-Loup Amselle, « être de gauche » signifie avant tout encourager de toutes les façons possibles l’importation par containers géants de marchandises produites à l’autre bout du monde – et hors de tout contrôle technique et écologique sérieux – par une main-d’œuvre payée au lance-pierre et travaillant dans des conditions proches de l’esclavage (sinon pourquoi la grande distribution se fatiguerait-elle à importer de *si loin* des marchandises qu’il est possible de fabriquer *beaucoup plus près* et avec un contrôle de qualité supérieur ? Apparemment, notre brillant anthropologue ne s’est jamais posé la question). Toute autre solution, on s’en doute, ne pouvant être que d’inspiration « rouge-brune » et fasciste. Pas étonnant, dans de telles conditions, que Jean-Loup Amselle soit aujourd’hui devenu l’une des principales références intellectuelles de tous les sites de l’extrême gauche libérale.

[**e**] Des *usagers* et non plus (comme dans la grande distribution) de simples *clients.* Autant dire que la mise en œuvre de monnaies complémentaires locales n’a de sens que si elle est simultanément associée (par exemple au Pays basque) à tout un travail politique et culturel, à défaut duquel – là encore, Vincent Cheynet a entièrement raison – la logique capitaliste finira inéluctablement par reprendre le dessus (en transformant par exemple ces monnaies locales en simples variantes du système des *bitcoins*).

[f] On pourrait définir l'essence de la logique capitaliste comme le mouvement qui tend à diminuer toujours plus le degré d'*autonomie* des gens ordinaires et des communautés locales. C'est précisément ce qui conduisait les fondateurs du socialisme à combattre la privatisation croissante des « moyens de production », c'est-à-dire des conditions pratiques de toute autonomie individuelle ou collective. Dès lors, en effet, qu'un groupe social ne dispose plus d'aucune terre ni d'aucun outillage technique suffisant, il est bien forcé, pour subvenir à ses propres besoins, de louer contre un *salaire* la seule chose qui lui reste – sa capacité de travailler – aux conditions qu'*imposent* nécessairement ceux que Marx appelait « les détenteurs des conditions objectives du travail ». C'est cet effet continuel de la logique capitaliste que David Harvey – dans le prolongement des analyses du *Capital* sur le rôle joué par le mouvement des *enclosures* dans la formation du capitalisme moderne – appelle l'*accumulation par dépossession*. De ce point de vue, l'illustration la plus parfaite de cette tendance *constitutive* du capital à déposséder les gens ordinaires des conditions réelles de leur autonomie quotidienne est certainement la politique de Monsanto. En s'efforçant de priver progressivement les paysans du monde entier de la possibilité (et du droit) de réutiliser les semences *issues de leurs propres récoltes*, elle conduit inexorablement, en effet, à désintégrer les bases mêmes de l'autonomie traditionnelle de ces paysans – celles qui permettaient encore, par exemple, à un village africain ou asiatique de se nourrir par lui-même. Et cela dans le but de lui substituer un rapport de dépendance quasi féodal (mais dissimulé, comme toujours, sous la forme libérale d'un simple « rapport entre les choses ») envers les grandes entreprises semencières mondiales. Dépendance rendue de surcroît encore plus destructrice par la spéculation indécente des marchés

financiers sur les produits alimentaires de base. C'est sans doute ce qu'Alain Minc appelait la « mondialisation heureuse ».

[**g**] Lorsque la prochaine crise du système financier mondial ne manquera pas d'éclater, il est certain que les régions du globe qui auront déjà su prendre partiellement appui sur un système de monnaies locales *complémentaires* (avec tout ce que cela suppose donc, par définition, de structures d'entraide et de solidarité) seront forcément beaucoup plus à même de *limiter* les phénomènes de *réactions en chaîne* et d'atténuer ainsi certains des effets les plus dévastateurs de cette crise. C'est en ce sens que le concept de *zones d'autonomie locale* – qui prend sa source dans le meilleur de la tradition proudhonienne et anarchiste – possède à la fois une fonction « offensive » (celle de préfigurer, dès maintenant, certaines des formes d'organisation propres à la future société post-capitaliste) et une fonction *défensive* et *protectrice*, de moins en moins négligeable par les temps qui courent.

[**h**] Les ravages intellectuels engendrés par des décennies de réformes libérales de l'école – de Claude Allègre à Najat Vallaud-Belkacem – sont désormais visibles à l'œil nu. Au lendemain de Mai 68, les ouvrages de théorie critique *les plus ardus* (Althusser, Lacan, Debord, etc.) se vendaient généralement à des dizaines de milliers d'exemplaires (et même parfois plus). Si on regarde, en revanche, quels sont les deux derniers best-sellers de la pensée « citoyenne » d'aujourd'hui (*Matin brun* de Franck Pavloff en 1998, et *Indignez-vous !* de Stéphane Hessel en 2010), on constatera, au contraire, qu'il s'agit là de simples opuscules, très reposants pour le cerveau, et ne dépassant pas, dans les deux cas, quelques dizaines de pages. Un esprit chagrin pourrait presque en déduire que le prochain best-seller

de l'extrême gauche citoyenne comportera donc tout au plus une quinzaine de pages, dont sept ou huit à colorier. Cette conséquence on ne peut plus logique de *l'enseignement moderne de l'ignorance* (que confirme, entre autres, le fait particulièrement inquiétant que plus le nombre d'étudiants augmente, plus le nombre de librairies diminue) n'est certainement pas étrangère au vide intellectuel abyssal de l'extrême gauche post-mitterrandienne (bien qu'il existe encore, heureusement, d'honorables exceptions). Les efforts de Philippe Meirieu et des pédagogues « progressistes » ont visiblement porté leurs fruits.

[**O**]

Les intellectuels, le peuple et les réseaux sociaux

On pourrait définir le « socialisme des intellectuels », au sens où l'entendait Jan Makhaïski [**a**], comme celui qui voit d'abord dans la « Révolution » *une fin en soi* et la clé ultime de toute rédemption personnelle (le *Catéchisme révolutionnaire* de Netchaïev, écrit en 1868, représentant la forme la plus extrême d'un tel point de vue). C'est uniquement dans ce cadre psychologique qu'a pu se former l'étrange question du « sujet révolutionnaire », autrement dit de ce groupe humain privilégié dont la « mission historique » serait de faire advenir le paradis sur terre. Or, dans la mesure où cette approche clairement messianique conduit inévitablement à considérer ce « sujet révolutionnaire » comme un simple *moyen* d'accomplir les prophéties de la Théorie, il va de soi que le statut privilégié de ce dernier ne peut jamais être garanti. Si donc, pour telle ou telle raison, le prolétariat indigène ou la paysannerie locale en venaient à décevoir les espérances intellectuelles qui s'étaient religieusement portées sur eux, un autre groupe *élu* ne manquerait pas de prendre aussitôt la relève, qu'il s'agisse des immigrés, de la jeunesse, des femmes, du lumpenprolétariat, ou même, comme chez Judith Butler, des drag-queens. C'est d'ailleurs la raison pour laquelle tant d'intellectuels de gauche en concluent si allègrement, aujourd'hui, que le « peuple n'existe pas » (ce qui les dispense, au passage, d'avoir à s'interroger plus longuement sur les racines réelles de leur mode de vie privilégié). Entendons par là que seuls importent à leurs yeux la Théorie juste et ses gardiens autoproclamés.

C'est donc, à coup sûr, l'un des grands mérites de Podemos que d'avoir rompu, dès le départ, avec cette vision sacrificielle de la Révolution et, du même coup, avec ce « monde de la haine et des slogans » (Orwell) qui en est le complément inévitable. Ce qui singularise, en effet, les fondateurs de ce mouvement, c'est avant tout leur *empathie* peu commune – du moins dans le monde intellectuel et universitaire – avec « ceux d'en bas » **[b]**, quelle que soit l'histoire particulière de chaque membre des classes populaires et son degré présent de conscience idéologique : « Ce que tu as voté hier – écrit par exemple Juan Carlos Monedero – ça nous est égal ; ça nous est égal de savoir avec quelle idéologie tu ordonnes le monde ; ça nous est égal comment tu lis, et avec quels mots, quelle image te renvoie le miroir ; ça nous est égal de savoir comment tu lis le passé et aussi si, maintenant, tu ne veux pas affronter les raisons pour lesquelles tu as rejoint la majorité silencieuse. Aujourd'hui, tout cela importe moins que de savoir si, *au-delà de ton histoire*, tu es d'accord avec le fait que personne ne doit être expulsé de sa maison parce qu'il ne peut pas payer le loyer ou l'hypothèque ; personne ne doit se coucher tôt pour fuir le froid seulement parce qu'il ne peut pas payer le chauffage de son logement ; si tu es d'accord avec le fait qu'une société où les enfants sont pauvres et ont faim est une société brisée qu'il faut réinventer ; si tu es d'accord avec le fait que nous devons obtenir que les biens communs soient répartis de manière commune, que les femmes continuent de prendre en charge des responsabilités multiples qui sont en vérité de la responsabilité de tous et qu'elles perdent leur vie pour en offrir aux autres une plus digne ; que les corrompus doivent payer pour leurs mensonges et que les riches doivent payer des impôts parce que la richesse est une construction sociale où nous sommes tous nécessaires ; que nous avons des obligations et des droits dans nos communautés et que nous tous qui vivons ensemble et ensemble existons, d'où que nous venions, nous sommes la matière première de nos rêves et de nos espérances » **[c]**. Ce n'est, vraisemblablement, que si l'on *commence* à s'adresser aux « gens ordinaires » **[d]** sur ce ton simple et chaleureux – à mille lieues, par conséquent, du discours autistique qui caractérise la plupart des organisations militantes d'extrême gauche – qu'il deviendra alors éventuellement possible de dépasser progressivement les limites « keynésiennes » du programme initial (celles que Pierre Thiesset avait relevées à si juste titre). Et d'entreprendre ainsi, dans un second temps – grâce, entre autres, aux habitudes prises de débattre et de lutter en commun – de s'attaquer de façon plus radicale aux fondements mêmes d'un système « qui ne va pas questionner tes idées, quelles qu'elles soient, ni regarder la couleur de ta peau ou ton lieu de naissance, quand il t'enlève ton logement, quand il t'expulse de ton travail et quand il limite de plus en plus le domaine de décision de la démocratie ». Comme on s'en doute, très nombreux seront ceux, dans l'extrême gauche de métier, qui ne manqueront pas de juger un tel programme de *mise en route* insuffisamment « radical » – sous prétexte, par exemple, qu'il ne vise pas à rassembler *d'emblée* l'ensemble des victimes du système capitaliste sur un catéchisme idéologique dans lequel aucun bouton de guêtre politiquement correct ne viendrait à manquer. Mais ces sourcilleux critiques oublient tout simplement (ou feignent d'oublier) que rien ne saurait, en réalité, être plus « radical », au point de décomposition politique où nous en sommes arrivés, qu'une plateforme minimale qui réussirait enfin à mettre en mouvement la majorité des classes populaires, *pourvu que ce soit, dès le départ, dans la bonne direction* [**e**]. Classes populaires dont les capacités de révolte se trouvent précisément paralysées, depuis maintenant des décennies, par la survie de ces vieux clivages idéologiques qui sont non seulement devenus la garantie la plus sûre de la perpétuation du système oligarchique mais également la condition première des privilèges matériels et symboliques de *tous ceux qui ont fait le choix personnel d'en vivre*, que ce soit sur le plan politique, médiatique, universitaire ou associatif [**f**].

Toutefois, le fait, en lui-même décisif, de mettre ainsi la théorie politique au service du peuple et non plus, comme jusqu'à maintenant, le peuple au service de la Théorie (Gramsci allait même jusqu'à évoquer, en novembre 1917, une « Révolution contre *le Capital* »), ne permet pas pour autant de faire disparaître d'un coup de baguette magique tous les autres problèmes. Car même si Podemos – qui n'est organisé en parti politique, il ne faut quand même pas l'oublier, que depuis 2014 – a déjà réussi à se faire entendre d'une fraction importante du peuple espagnol (ce qui devrait, au passage, inciter la gauche « radicale » française à plus de modestie dans ses critiques de ce mouvement), il lui reste encore à franchir l'obstacle le plus redoutable d'entre tous (sans même prendre ici en compte le fait que dès qu'une organisation politique acquiert un certain degré de pouvoir – *donc un certain nombre d'élus* – elle attire inévitablement ambitieux et carriéristes tout comme la lumière les papillons de nuit).

Les lieux les plus propices à la prise de conscience et à la révolte des gens ordinaires **[g]** sont, en effet, presque toujours *ceux où ils vivent* (le quartier, le village ou la commune) et *ceux où ils travaillent* (l'usine, l'atelier, la ferme, le bureau, l'école, l'hôpital, etc.). Non seulement parce que c'est sur ces lieux où se déroule la plus grande partie de leur existence quotidienne que leur puissance d'agir en commun est logiquement la plus facile à réveiller (protestation contre la fermeture d'une école ou de la maternité locale, une pollution industrielle, un plan social, des conditions de logement indécentes, l'insécurité quotidienne, etc.). Mais aussi, et surtout, parce que ce sont ces *territoires premiers* qui constituent le principal lieu d'initiation à la *vie commune* – laquelle inclut, entre autres, l'habitude de discuter avec le voisin ou le collègue *qui ne pense pas forcément comme nous* (une habitude qui se perd facilement, en revanche, dès qu'on se retrouve enfermé dans l'entre-soi d'une secte religieuse ou politique). Et donc l'un des lieux d'apprentissage privilégiés du débat démocratique et du dépassement quotidien des « contradictions au sein du peuple » (on peut d'ailleurs se demander ce qui resterait, en France, de l'esprit frondeur – le vrai – sans l'existence des cafés de quartier ou de village).

Une organisation qui se donnerait réellement pour objectif de rendre la parole et le pouvoir à *ceux d'en bas* ne pourra donc réussir à mettre en mouvement ces derniers et leur permettre ainsi de prendre conscience par eux-mêmes de la nature réelle du système qui mutile leur puissance de vivre, que si elle parvient, d'une façon ou d'une autre, à s'enraciner durablement dans ces territoires premiers (à l'image, par exemple, du parti communiste de la grande époque – alors organisé en cellules d'entreprise et cellules de quartier – qui avait fini par constituer une véritable *contre-société* capable de mobiliser les catégories les plus diverses, du sportif amateur au jeune de banlieue – la jeunesse communiste était alors très puissante – en passant par les artistes ou les anciens combattants). Or, dans l'état de décomposition avancée qui est devenu celui de presque toutes les formes de médiation politiques, syndicales ou associatives traditionnelles (et l'atomisation libérale du monde a évidemment joué un rôle central dans une telle décomposition) cette volonté d'*aller au peuple* – pour reprendre la formule des populistes russes – se heurte à des obstacles beaucoup plus puissants qu'autrefois. Le réflexe naturel des nouveaux mouvements sociaux – y compris, par conséquent, de Podemos **[h]** – est donc, *dans un premier temps*, de chercher à compenser cette absence initiale d'enracinement populaire en se reportant de façon massive sur le nouveau monde des « réseaux sociaux ». On ne saurait, bien sûr, les en blâmer. C'est là, en effet, non seulement l'une des façons les plus efficaces, de nos jours, de *court-circuiter* les médias officiels et ces organisations politiques traditionnelles que la « loi d'airain de l'oligarchie » (Robert Michels, *Les Partis politiques*, 1914) a peu à peu conduit à se refermer sur elles-mêmes et à se couper ainsi des gens ordinaires. Mais c'est également l'un des moyens les plus rapides de mettre en œuvre certaines procédures de décision qui sont au moins aussi « démocratiques » que celles qui relèvent d'une logique purement représentative (c'est Proudhon qui disait qu'il « faut avoir vécu dans cet *isoloir* qu'on appelle Assemblée nationale pour concevoir comment les hommes qui ignorent le plus complètement l'état d'un pays sont presque toujours ceux qui le représentent »).

Le problème c'est que cet univers scintillant des nouveaux réseaux sociaux est tout sauf politiquement neutre. D'une part, en effet, parce qu'il matérialise, *dans sa structure même*, tous les effets de la vision « siliconienne » du monde : « Au lieu de construire des murs – se vantait par exemple Mark Zuckerberg, le PDG de Facebook – nous pouvons aider les gens à construire plus de ponts. Au lieu de diviser les gens, nous pouvons les rassembler. Et nous le construisons une connexion à la fois, une innovation à la fois, jour après jour. » Discours de propagande parfaitement rôdé, mais qui confirme amplement, une fois décodée sa novlangue « citoyenne » (et notamment la fameuse opposition libérale des « ponts » et des « murs ») que ces nouveaux « réseaux sociaux » ont bien été conçus et mis au point par le *capitalisme cool* **[i]** de la Silicon Valley dans le seul but – selon la formule célèbre de Guy Debord – de « réunir le séparé *en tant que séparé* » (ce que Sherry Turkle décrit pour sa part comme le fait d'être « seuls ensemble » et Jean-Pierre Lebrun comme celui de « vivre ensemble sans autrui » **[j]**). À ce titre, ils présupposent donc un monde dans lequel cette *connexion* perpétuelle de tous avec tous trouve, en réalité, son principe ultime dans le déclin préalable, et toujours plus poussé, de tous les *liens sociaux primaires* (et il faudrait effectivement être très naïf, ou très immature, pour voir dans Facebook un « âge d'or de l'amitié » ou dans Twitter une forme supérieure du débat démocratique [**k**]).

Mais ce nouveau monde des réseaux sociaux n'est pas simplement lié à un projet de société – censé être plus « égalitaire » et plus « horizontal » – dans lequel la *connexion* aurait définitivement pris le pas sur le *lien social* (ou pourrait même le remplacer entièrement, comme dans le cas de ces *otakus* japonais qui restent cloîtrés, vingt-quatre heures sur vingt-quatre, devant leur écran d'ordinateur). Dans la mesure où il exige un certain nombre de moyens technologiques sophistiqués, beaucoup de temps libre (comment passer toutes ses nuits debout lorsqu'on doit se lever chaque matin ?) et, surtout, certaines habitudes culturelles spécifiques (par exemple celle de vivre les yeux constamment rivés sur l'écran de son ordinateur ou de son smartphone) – il conduit presque immanquablement, dans les faits, à conférer un poids social et politique disproportionné aux *nouvelles classes moyennes* des grandes métropoles (et particulièrement à leur jeunesse). Or s'il est incontestable que ces classes – organiquement liées à l'encadrement technique, managérial et culturel du mode de production capitaliste – sont de plus en plus touchées par la crise et la précarité (notamment depuis 2008 **[l]**), il est non moins incontestable que leur statut social ambigu (et leur mode de vie encore relativement privilégié si on le compare à ce que doivent subir quotidiennement ceux d'en bas, notamment dans le monde rural) ne les prédispose guère, du moins pour le moment, à remettre en question *de façon réellement cohérente* l'imaginaire du capitalisme de consommation. Il suffit de songer ici, entre mille autres exemples, à leur confiance naïve dans les vertus supposées « émancipatrices » du libéralisme culturel et de la « mobilité » **[m]**, à leur mépris constitutif de toutes les « frontières » existantes, ou encore à leur croyance que l'État-nation (lui-même le plus souvent réduit par les fractions les plus extrémistes de la jeunesse de ces nouvelles classes moyennes à sa seule présence policière) constituerait encore le véritable centre de décision du pouvoir capitaliste moderne. Alors même – comme le soulignait ironiquement Thomas Frank – qu'aujourd'hui, s'agissant du monde marchand et financier, « le problème vient plutôt du fait que l'État ne régule et ne contrôle à peu près rien ».

Dans ces conditions, le risque est alors très grand, pour tout mouvement social « tombé amoureux de lui-même » **[n]**, de voir le front commun naissant des classes populaires céder progressivement la place, sous le regard bienveillant des médias officiels, à une simple *révolution Facebook* (avec ses *blogueurs* professionnels et leurs multiples *followers* perpétuellement connectés) dans laquelle le pouvoir de décider de l'orientation concrète du mouvement finirait par rester aux mains de cette nouvelle « petite bourgeoisie » précarisée qui, abandonnée à elle-même et à ses fantasmes prétendument « libertaires » (songeons, par exemple, au paradoxe hallucinant de ces « réunions non mixtes » dans un mouvement qui, comme Nuit debout, se voulait initialement « rassembleur »), n'a, en réalité, que très peu de chances de susciter l'enthousiasme et l'adhésion de *ceux d'en bas*. Si encore elle ne contribue pas, par son folklore estudiantin et son « charabia pseudo-intellectuel » **[o]** (selon la formule de Thomas Frank), à repousser une partie de ces derniers dans les bras des partis d'extrême droite ou, à tout le moins, à les confirmer dans l'idée que l'abstention reste, tout compte fait, le meilleur des choix.

Cela ne veut bien sûr pas dire qu'un mouvement social qui entendrait prendre appui de façon privilégiée, *au départ,* sur les réseaux sociaux et les technologies numériques serait, du même coup, condamné à l'échec (d'autant que l'approfondissement, à terme inévitable, de la crise de l'économie capitaliste mondiale ne manquera pas de dissiper une grande partie des illusions que ces nouvelles classes moyennes entretiennent encore sur le « progrès », la « croissance » et la « modernité »). Mais cela implique, en revanche, que tout mouvement de ce type devra *très vite* prendre conscience des limites constitutives de la prétendue « démocratie numérique » (« les réseaux sociaux ouvrent la voie à une démocratie participative », se réjouissait d'ailleurs récemment – et de façon significative – le président des jeunes juppéistes, Matthieu Ellerbach). C'est-à-dire du fait que ces réseaux sociaux – dans la mesure où le type de mise en « connexion » qu'ils opèrent quotidiennement suppose toujours le déclin préalable de toute vie réellement commune – tendent de façon presque inévitable à faire revenir par la fenêtre cet imaginaire *atomisant* du libéralisme qu'on croyait pourtant bien avoir chassé par la porte (ils encouragent par exemple les individus à se regrouper en fonction de leurs seules *affinités personnelles*, selon le modèle bien connu des « communautés » Facebook, alors que ce qui définit justement l'essence d'une vie réellement *commune* – donc humainement et moralement formatrice – c'est d'abord le fait qu'elle nous oblige à vivre avec *des gens que nous n'avons pas choisis*, qu'il s'agisse de nos voisins, de nos parents ou de nos collègues de travail).

Il ne s'agit donc pas de bannir définitivement – surtout en ces temps difficiles où la donne politique est presque entièrement à refaire – tout usage politique des technologies numériques (à l'image de ces *écoles sans ordinateur* où les maîtres de la Silicon Valley prennent bien soin d'envoyer leurs propres enfants – signe que leur lucidité est très supérieure, sur ce point, à celle de beaucoup d'intellectuels « radicaux »). Mais, avant tout, de prendre enfin conscience que le temps est désormais venu d'apprendre à *penser avec les réseaux sociaux contre les réseaux sociaux* **[p]**. Pour autant, du moins, qu'on désire encore sincèrement – à l'image de Podemos – trouver un véritable appui politique chez tous ceux qui vivent à des années-lumière du monde de Foucault ou de Judith Butler (et je ne vois du reste pas comment on pourrait concrètement y parvenir sans établir des liens directs et permanents – sur leurs lieux de vie et de travail – avec les classes populaires *réellement existantes* ou, au minimum, sans travailler en permanence à se défaire de ses préjugés de classe les plus tenaces concernant leurs manières de vivre et de penser **[q]**). C'est là, on s'en doute, *un art du lien social* très difficile à mettre en œuvre et dont la gauche, tout à sa nouvelle fascination libérale pour la « culture numérique », le « jeunisme » et le « monde de demain » n'a bien sûr jamais songé un seul instant à préparer ses derniers fidèles. C'est pourtant uniquement à ce prix que des mouvements comme Podemos pourront conserver toutes leurs chances de devenir les véritables représentants des classes populaires et de mener à son terme ultime le travail qu'ils ont généralement si bien *commencé*. Je n'en dirai pas autant, malheureusement, de tous ces mouvements sociaux qui, à l'inverse précisément de Podemos, excluent d'emblée tout autre point de départ que celui aujourd'hui offert par la gauche dite « radicale » et qui se retrouvent donc, *de ce simple fait*, presque mécaniquement condamnés à devoir tourner indéfiniment en rond sur telle ou telle grande place de la planète connectée, en attendant d'être, à leur tour, consumés par le feu [**r**]).

[**a**] « Introduisant dans sa science "prolétarienne" la providence socialiste – écrivait Jan Makhaïski en 1898 –, la social-démocratie a appris dans sa pratique aux masses ouvrières à attendre patiemment l'avènement du paradis socialiste et à bénir de ses prières communistes *le progrès bourgeois*. » Pour ce libertaire polonais, la social-démocratie et le bolchévisme symbolisaient avant tout, en effet, la prise de contrôle progressive du mouvement ouvrier socialiste originel par ces *nouvelles* classes moyennes intellectuelles dont le développement du capitalisme moderne favorisait partout la montée en puissance (il suffit de vérifier l'origine de classe des dirigeants bolchéviques). Il allait même jusqu'à tenir la distinction opérée par Marx, au début du *Capital*, entre « travail simple » et « travail complexe » pour l'un des symptômes les plus révélateurs de cette

nouvelle hégémonie culturelle de la bourgeoisie « progressiste » (il faut dire que cette distinction problématique ne joue à peu près aucun rôle dans la théorie marxiste de la valeur et qu'elle est, de surcroît, presque impossible à concilier avec l'idée selon laquelle c'est seulement le temps de travail *abstrait* – donc dépourvu de tout lien précis avec telle ou telle opération manuelle ou intellectuelle *concrète* – qui fonde chez Marx la mesure de la valeur). Une anthologie des textes de Makhaïski, *Le Socialisme des intellectuels*, a été publiée en 1979 par les Éditions du Seuil, avec une excellente préface d'Alexandre Skirda.

[**b**] Ce concept de « peuple » – défini comme l'alliance politique de *tous ceux d'en bas* – s'inscrit indéniablement, chez les leaders de Podemos, dans leur interprétation *populiste* du socialisme (d'où, entre autres, leur référence constante aux écrits d'Ernesto Laclau). À ce titre, il n'implique pas forcément – contrairement à ce qui a souvent été dit – une remise en question du caractère *central* de la contradiction entre travail et capital. Il invite seulement à laisser de côté l'idée d'une « mission historique » qui serait censée appartenir en propre au seul prolétariat industriel (ce qui ne veut d'ailleurs pas dire que celui-ci, par la place qu'il occupe toujours dans l'économie d'une nation moderne, ne dispose pas d'un pouvoir d'organisation et de blocage très supérieur à celui des autres catégories populaires ; mais une chose est un *rôle clé* et autre chose un *rôle dirigeant*). Cette idée d'une « mission historique » de la classe ouvrière supposerait en effet – comme le reconnaissent d'ailleurs Marx et Engels dans le *Manifeste* – que « de toutes les classes qui, à l'heure actuelle, s'opposent à la bourgeoisie, le prolétariat *seul* est une classe vraiment révolutionnaire. Les autres classes périclitent et périssent avec la grande

industrie ; le prolétariat en est, au contraire, *le produit le plus authentique* » (dans sa *Critique du programme de Gotha*, Marx tenait même à préciser, contre les disciples de Lassalle, qu'à la différence de ces classes populaires vouées à disparaître tôt ou tard avec le « développement des forces productives », la bourgeoisie constituait, au contraire, une classe authentiquement révolutionnaire « en tant qu'elle est l'agent de la grande industrie »). Or ce statut messianique conféré au prolétariat industriel n'oblige pas seulement à considérer que les paysans, les artisans et les petits entrepreneurs ne peuvent faire partie du peuple qu'« en raison de leur passage imminent au prolétariat » (d'où, précisément, le dogme ultérieur du rôle *dirigeant* du « parti de la classe ouvrière »). Il implique aussi, et malheureusement surtout, que la « grande industrie » – donc l'idéal d'une croissance économique illimitée – représente la *seule* base matérielle possible d'une véritable société socialiste. On sait, aujourd'hui, à quel type d'impasse devait nécessairement conduire cette illusion « productiviste ».

Les ambiguïtés de la *politique* marxiste ne s'arrêtent cependant pas là. Les analyses du *Capital* permettent en effet d'établir que sous la pression continuelle de l'innovation technologique – elle-même rendue inévitable par la concurrence économique mondiale – la part du *travail vivant* dans la production des biens et des services tend constamment à décroître par rapport à celle de l'investissement technologique (machines, robots, logiciels, etc.). Pour sauver le rôle politique central du prolétariat industriel, Marx se voit donc peu à peu conduit – du moins dans ses textes les plus théoriques – à en élargir sans cesse la définition initiale. C'est ainsi, par exemple, que dans ses *Théories sur la plus-value*, il n'hésite pas à écrire qu'il est désormais nécessaire d'inclure dans la classe des *ouvriers productifs* « tous ceux qui collaborent *d'une manière ou d'une autre* à la production de la marchandise, depuis le travailleur manuel jusqu'au *manager* [le directeur] et l'*engineer* [l'ingénieur], pour autant qu'ils sont différents du capitaliste ». Emporté par son élan, il va même jusqu'à se féliciter que « dans le dernier rapport officiel anglais sur les *factories* [les usines] on inclut explicitement *toutes* les personnes employées dans la fabrique ou les comptoirs qui en dépendent, à l'exception des fabricants eux-mêmes, *dans la catégorie des travailleurs salariés* » (*Théories sur la plus-value*, Éditions sociales, 1974, t. I, p. 166). Or si cette thèse a évidemment un sens précis du point de vue de la théorie de la valeur – c'est tout l'intérêt du concept de « travailleur collectif », qui doit du reste beaucoup à Proudhon – il n'en va évidemment pas de même au strict point de vue *politique* (sans compter qu'une telle thèse invite à mettre entre parenthèses toute réflexion critique sur les rapports de subordination réels qui existent à l'intérieur de la grande entreprise, comme en témoigne par exemple le fait que dans *Un chapitre inédit du Capital*, Marx va jusqu'à inclure dans ce « travail collectif » les fonctions de *surveillance* des « ouvriers manuels »). Il serait en effet pour le moins singulier de considérer les dirigeants et les cadres supérieurs de la Silicon Valley, ou de toute autre grande firme capitaliste mondialisée, comme des « ouvriers productifs » au sens ordinaire du terme (on comprend très bien, en revanche, comment Lénine et Trotski ont pu être ainsi conduits à voir dans l'organisation taylorienne du travail l'un des rouages essentiels de la nouvelle économie socialiste). C'est donc bien, à l'inverse de Marx, parce que leur souci premier restait, contre vents et marées, de défendre tous ceux qui se situaient *réellement* « en bas » de l'échelle sociale (à commencer par ces petits paysans et artisans qui constituaient alors l'immense majorité du « peuple ») que la plupart des populistes russes, *tout en acceptant entièrement*, par ailleurs, l'analyse marxiste de la dynamique du capital, refusaient avec autant d'obstination les principales conclusions politiques qu'en tiraient Lénine, Plekhanov ou Trotski, et notamment leur fétichisme « occidentaliste » de la croissance et de la grande industrie. Même si les *narodniki* n'hésitaient jamais à reconnaître, la plupart du temps, que c'était bien du seul point de vue des prolétaires de base des grands complexes industriels de Moscou, Saint-Pétersbourg ou Bakou que la logique réelle du capitalisme moderne pouvait être saisie dans la totalité de ses manifestations négatives et déshumanisantes. Et il n'est d'ailleurs pas sûr, maintenant que cette logique capitaliste a envahi *toutes les sphères de la vie sociale et quotidienne*, que ce « regard désabusé » (Marx) porté sur la société moderne, qui était alors le privilège des seuls ouvriers de la grande industrie, soit forcément plus « radical » – surtout quand il s'agit de ces travailleurs du secteur public que leur statut particulier protège encore relativement du chômage et de la mise en concurrence avec la main-d'œuvre étrangère – que celui que d'autres catégories populaires sont déjà en mesure de porter sur le monde globalisé où ils vivent. À l'image, par exemple, de ces petits paysans et éleveurs littéralement étranglés par la grande distribution capitaliste et les normes européennes ou de ces employés de bureau soumis au nouveau « management par le stress ». Là encore, c'est certainement l'un des plus grands mérites de Podemos – instruit sur ce point, entre autres, par l'expérience originale des mouvements révolutionnaires d'Amérique latine – que d'avoir su reprendre à son compte, contre tous les docteurs de la Loi, la partie la plus vivante de cette vieille tradition populiste.

[c] Podemos, *Sûr que nous pouvons !* (Indigène Éditions, 2014, p. 16).

[d] Là où la classe dominante raisonne toujours en termes de droit et/ou d'économie, les classes populaires continuent d'accorder – au grand désespoir des universitaires de gauche – une importance décisive aux notions de décence commune et de responsabilité morale personnelle. Les fondateurs de Podemos l'ont parfaitement compris, qui n'ont donc pas manqué d'adapter en conséquence leur manière de s'adresser à ces classes (en France, je ne vois guère que la revue *Fakir* qui ait, pour l'instant, entrepris un travail comparable). Il faut cependant bien voir que cette façon « populiste » de mettre la théorie au service, *et à la portée*, de ceux d'en bas ne relève pas uniquement d'une technique de communication. Elle repose avant tout – contrairement à ce que croient la plupart des intellectuels de gauche – sur des bases objectives. C'est qu'il est effectivement impossible de fonder *intégralement* une véritable politique d'émancipation sur la seule analyse systémique du mode de production capitaliste, telle que Marx en avait posé les bases dans *Le Capital* (d'où l'absurdité, entre autres, d'un socialisme qui se voudrait purement « scientifique ») Les principes de cette analyse n'ont, en effet, vocation à devenir politiquement mobilisateurs que lorsqu'on réussit à les articuler concrètement avec l'expérience *vécue* des classes populaires, laquelle comporte *nécessairement* une dimension morale et psychologique – ne serait-ce que celle qui concerne par exemple la distinction entre un artisan sérieux et honnête et un artisan qui ne l'est pas. Distinction dont aucune « analyse de classe » ne saurait bien sûr rendre compte – alors même qu'elle joue pourtant un rôle évident dans la vie quotidienne de chacun (y compris dans celle d'un sociologue de gauche lorsqu'il découvre une fuite dans sa salle de bains).

Je ne prendrai ici que deux exemples. Dans *Le Capital*, Marx définit ainsi l'exploitation des travailleurs par le fait que le capitaliste qui les emploie s'approprie continuellement une fraction importante de la *valeur* que produit leur travail (je passe sur toutes les complications qui naissent du fait que la théorie de la valeur n'a de sens précis qu'au niveau de l'économie capitaliste globale et non à celui de l'entreprise individuelle). Mais on sait également que pour Marx, la « valeur » ainsi produite – et sous réserve que le marché en valide l'objectivité – dépend beaucoup moins du temps de travail concret réellement accompli par les travailleurs (celui qui est mesuré par la pointeuse et les horloges de l'usine) que du « temps de travail *socialement* nécessaire » à la production d'une marchandise donnée et dans les « conditions d'habileté et d'intensité moyennes ». Or ce temps de travail « moyen » ne cesse évidemment de varier en fonction du progrès technologique et de la concurrence. Si, comme Marx le souligne d'ailleurs lui-même, les machines que ce progrès a provisoirement permis de mettre au point conduisent, par exemple, à diviser par deux le temps de travail « socialement nécessaire » pour produire un type particulier de biens – qu'il s'agisse de voitures, de vêtements ou de téléphones portables – les ouvriers d'une entreprise qui, pour telle ou elle raison, n'aurait pas encore introduit cette innovation devront donc, en théorie, travailler deux fois plus longtemps (ou de façon deux fois plus intense) pour continuer de produire *la même quantité de valeur* (c'est, au passage, ce qui explique les conditions de travail particulièrement indécentes qu'on peut rencontrer, de nos jours, en Afrique, en Asie ou en Amérique latine). Autrement dit – et dans l'hypothèse où les conditions du partage de la valeur produite à l'intérieur de cette entreprise resteraient globalement inchangées – on devrait donc en déduire, *d'un strict point de vue théorique*, que, malgré cette surcharge évidente de travail *concret*, le taux d'exploitation réel de ces ouvriers est lui-même demeuré inchangé. Il devrait pourtant être évident que *du point de vue de ces travailleurs eux-mêmes*, leur sentiment d'être exploité – donc de travailler dans des conditions objectivement indécentes – dépend bien plutôt de leur temps de travail concret et des conditions concrètes dans lesquelles il s'exerce (Marx lui-même consacre d'ailleurs de longs passages du *Capital* à décrire ces conditions anglaises concrètes, et, comme par hasard, c'est *toujours* à ce moment précis que réapparaît sous sa plume ce vocabulaire moral proudhonien que la théorie avait pourtant exclu au départ). En d'autres termes, si seuls les concepts de « temps de travail socialement nécessaire » ou de « travail abstrait » permettent effectivement de rendre intégralement intelligible la dynamique d'ensemble du capital – donc de comprendre le mouvement économique de la société moderne – il reste que du point de vue politique, c'est seulement en partant des conditions concrètes dans lesquelles leur travail s'effectue, *qu'il soit ou non, d'ailleurs, officiellement « productif »*, qu'il deviendra réellement possible de convaincre *ceux d'en bas* de se mobiliser contre le système qui monopolise sans cesse à son seul profit leur temps de vivre. Quitte à élargir alors le sens *pratique* du concept d'« exploitation » – en y intégrant par exemple tous les facteurs empruntés à l'expérience vécue – et à relativiser ainsi l'ancien rôle « dirigeant » du prolétariat industriel (sans méconnaître pour autant l'apport culturel décisif des valeurs d'entraide spécifiquement ouvrières) au profit de l'action commune de tous ceux qui ont un intérêt humain, direct ou indirect, au renversement de ce système spoliateur et aliénant.

Il en irait de même avec ce concept de « travailleur collectif », fondamental dans l'analyse de Marx, qui conduit inévitablement à exclure du déroulement du processus moderne de production toute référence au « mérite personnel », voire à l'idée même de « travail bien fait ». Comme Marx le précise d'ailleurs clairement, ce concept englobe, en effet, tous ceux « qui participent au maniement de la matière à des degrés très divers, *de près ou de loin, ou même pas du tout* » (*Le Capital*, livre I, chapitre XVI). Tout cela est incontestablement justifié, encore une fois, du strict point de vue théorique (dans le cadre de la grande industrie, il n'est effectivement plus possible – s'il l'a jamais été – de mesurer, même de façon approximative, la part de « valeur » qui serait produite par chaque travailleur pris à part). Il n'en reste pas moins que dans les conditions de vie concrètes de l'atelier ou du bureau, les différences *psychologiques et morales* entre celui qui s'avère être, par exemple, un bon camarade apprécié de tous, et celui qui cherche, au contraire, à s'exempter par tous les moyens de sa part de travail, à rejeter ses responsabilités sur les autres, ou même qui manifeste un « désir de parvenir » infantile et indécent, sont toujours perçues *en tant que telles* par les autres membres du collectif, et concourent donc à ce titre – comme Proudhon l'avait bien compris – à définir le climat de travail *réel* de l'entreprise (surtout si c'est le second que la hiérarchie syndicale a choisi de faire « monter » dans l'appareil). Dans ces conditions, chercher à mobiliser ce fameux « travailleur collectif », tout en écartant *a priori* tous les aspects moraux et psychologiques *concrets* qui structurent une partie essentielle de sa vie quotidienne (au prétexte qu'ils ne jouent effectivement aucun rôle dans la théorie systémique, puisque celle-ci, par définition, ne peut considérer les individus qu'en tant que simples

« supports de rapports »), c'est presque inévitablement s'exposer à toute une série de déconvenues pratiques et de difficultés supplémentaires (et il y a même sans doute là une des raisons qui expliquent la désaffection croissante d'une grande partie des travailleurs de base à l'égard des organisations politiques et syndicales traditionnelles). On retrouve en somme ici, une fois de plus, le vieux clivage qui n'a jamais cessé d'opposer, depuis l'origine du mouvement socialiste, ceux qui n'ont toujours perçu le « peuple d'en bas » qu'à travers le prisme de la Théorie juste (et des enjeux de pouvoir que cette dernière a ordinairement pour fonction de masquer) et ceux qui – parce qu'ils se sentaient d'abord, au contraire, *moralement* et *affectivement* liés aux travailleurs réellement existants – se gardaient bien de faire *a priori* l'impasse sur toute cette dimension éthique, psychologique et symbolique sans laquelle il n'est pas d'existence humaine possible. C'est là, à nouveau, l'une des leçons les plus précieuses de Podemos. À ce mouvement de nous prouver, par conséquent, qu'il saura développer jusqu'au bout toutes les implications de cette précieuse leçon, malgré la terrible « loi d'airain de l'oligarchie » (« le poisson pourrit toujours par la tête », avait coutume de dire Guy Debord).

[**e**] « Tout pas fait en avant – écrivait déjà Marx dans sa lettre à Wilhelm Bracke du 5 mai 1875 – toute progression réelle importe plus qu'une douzaine de programmes. Si donc on se trouvait dans l'impossibilité de dépasser le programme d'Eisenach – et les circonstances ne le permettaient pas – on devait se borner à conclure un accord pour l'action contre l'ennemi commun. »

[**f**] L'exemple de l'Autriche (et même, désormais, celui des États-Unis – où Hillary Clinton est devenue la représente politique officielle de Wall Street) montre clairement l'impasse où conduit inexorablement, dans

les conditions qui sont devenues aujourd'hui les nôtres, la volonté de maintenir à tout prix les clivages hérités de l'affaire Dreyfus : *une situation dans laquelle les riches votent à gauche et les pauvres à l'extrême droite* (est-ce d'ailleurs tout à fait un hasard si les deux seules grandes villes où la gauche française continue de progresser électoralement – Lyon et Paris – sont aussi celles où le prix du mètre carré est le plus élevé ?). On lira sur ce point l'ouvrage impitoyable de Thomas Frank, *Pourquoi les pauvres votent à droite* (Agone, 2013).

[g] Le concept de « gens ordinaires » – pour désigner de manière idéologiquement moins clivante ceux qui ne vivent pas, ou ne cherchent pas à vivre, *sur le dos des autres* (selon l'étymologie grecque du mot « pouvoir ») – a toujours été d'un usage courant dans la tradition radicale anglo-saxonne (c'est par exemple le cas chez John Dewey et sa théorie du *common man*). Ce n'est donc pas par hasard s'il constitue également l'une des références privilégiées des zapatistes mexicains : *Somos rebeldes porque somos gente común* (« nous sommes des rebelles parce que nous sommes des gens ordinaires »). Quant à la définition du concept de « peuple » qui soutient cette démarche fédératrice – et qui suscite habituellement l'ironie des gardiens de la Théorie juste – on ne peut que souscrire ici à l'analyse éclairante d'Étienne Balibar (analyse qu'on pourra d'ailleurs transposer aussi bien au niveau national qu'à celui de l'Europe ou de l'humanité tout entière) : « Le peuple hégémonique, au sens gramscien, c'est *un bloc historique de forces hétérogènes.* Pour qu'elles convergent, il faut qu'elles entrent dans un processus de débat, d'interactions sociales, qui leur fassent prendre conscience de leur force. On ne peut y parvenir que par un processus de démocratisation radicale des institutions actuelles, à condition de comprendre que la démocratie est indispensable à tous les niveaux, du local au transnational » (*Marianne,* 1er juillet 2016). On lira également la préface de Balibar à *Hégémonie et stratégie socialiste* d'Ernesto Laclau et Chantal Mouffe (Les Solitaires Intempestifs, 2009).

[**h**] Rappelons néanmoins que le véritable point de départ de ce qui deviendra Podemos a été, en novembre 2010, *La Tuerka*, une émission, d'abord hebdomadaire, proposée par *Télé K*, une petite chaîne de télévision émettant depuis le quartier ouvrier de Vallecas, au sud-est de Madrid. Il est clair qu'une télévision de quartier possède un tout autre ancrage social et territorial que les réseaux sociaux. La suite l'a prouvé.

[**i**] *Cf.* Jim McGuigan, *Cool Capitalism* (Pluto Press, 2009). McGuigan y montre notamment comment l'attitude *cool* – terme issu, à l'origine, du vocabulaire des esclaves afro-américains – offre aux nouvelles classes moyennes urbaines la possibilité psychologique de concilier à la fois leur « désaffection » croissante envers le capitalisme et leur comportement réel « d'acceptation et d'obéissance » *[acceptance and compliance]*). Telle est, en effet, la *contradiction existentielle* fondamentale de ces « agents dominés de la domination » (André Gorz) qui voudraient bien, au fond, continuer à jouir de tous les avantages du mode de vie capitaliste sans avoir à renoncer pour autant aux privilèges moraux et à la bonne conscience que confère leur prétention constante à la lucidité (« je profite du système, certes, mais je n'en suis pas dupe »). En ce sens, l'attitude *cool* – et la forme de « décontraction superficielle » à laquelle elle correspond selon Christopher Lasch – constitue la caractéristique première de ce que le regretté Philippe Muray appelait génialement *les mutins de Panurge.* Le *Grand Journal* de Canal+ a d'ailleurs longtemps été le miroir où ils aimaient contempler

chaque soir les formes sans cesse renouvelées de cette contradiction existentielle. Sur ce sujet, on lira également *The Conquest of Cool* (Thomas Frank, University of Chicago Press, 1997).

[**j**] Scherry Turkle, *Seuls ensemble. De plus en plus de technologies, de moins en moins de relations humaines* (Éditions de l'Échappée, 2015). Jean-Pierre Lebrun, *La Perversion ordinaire. Vivre ensemble sans autrui* (Denoël, 2007). Le cas de l'« État islamique » est ici emblématique. Il articule à la fois, en effet, une maîtrise consommée de toutes les techniques modernes du réseau social et de la connexion (seul le pauvre Luc Ferry voit encore dans Daech un « mouvement archaïque ») et une invitation constante à en finir avec ce sentiment d'humanité (donc cette décence commune) qui ne peut naître et se développer que dans le lien social réel et les relations en face à face.

[**k**] Comme l'écrit Cédric Biagini, « il nous faut continuer à expliquer comment l'informatique est la mise en ordre du monde selon une logique de rationalisation, de mise en gestion de toutes les activités humaines, de déqualification des métiers, de rupture avec l'expérience sensible, de remodelage de l'humain, de disparition de l'intériorité et de destruction du lien social » (in *Le progrès m'a tuer*, Éditions de l'Échappée et du Pas de côté, 2016, p. 87).

[**l**] Sur l'exemple particulier, mais très révélateur, du monde des cadres, on lira l'étude de Gaëtan Flocco, *Des dominants très dominés. Pourquoi les cadres acceptent leur servitude* (Raisons d'Agir, Liber, 2015).

[**m**] C'est d'abord par leur *mobilité* (songeons par exemple au mode de vie atypique des universitaires, des cadres supérieurs ou des étudiants issus des milieux favorisés) que les fractions supérieures des nouvelles classes moyennes relèvent du monde des *dominants*

(alors qu'on sait bien que près d'un Français sur deux ne dispose toujours pas des moyens matériels de partir en vacances, *ne serait-ce que dans son propre pays*). C'est pourquoi cette pratique du déplacement perpétuel (et le mépris corrélatif de toutes les frontières qu'il implique) constitue à leurs yeux la *part non négociable de leur mode de vie privilégié*. Ce nomadisme incessant étant devenu, de nos jours, l'impératif *premier* de la dynamique du capital – c'est ce qu'Edward Luttwak appelle le « turbo-capitalisme » – on comprend donc pourquoi il est si difficile, pour des universitaires de gauche, de développer jusqu'au bout, et avec un minimum de cohérence, la moindre critique radicale de cette dynamique et de ses implications politiques et culturelles (c'est là tout le drame de ce que j'ai appelé ailleurs la *gauche kérosène*).

[**n**] Thomas Frank, « Occuper Wall Street, Un mouvement tombé amoureux de lui-même » (*Le Monde diplomatique*, janvier 2013). Dans cette analyse savoureuse d'*Occupy Wall Street*, Thomas Frank nous avoue qu'il a vraiment compris que « les carottes étaient cuites » du jour où il a entendu l'un des protagonistes de ce nouveau mouvement social expliquer doctement que « chacun ne peut parler que pour soi-même. En même temps le "soi-même" pourrait bien se dissoudre dans sa propre remise en question, comme nous y invite toute pensée poststructuraliste menant à l'anarchisme ». Signe manifeste que l'application « Périscope » – ou son équivalent local – avait déjà permis aux fidèles de Judith Butler et de Michel Foucault de contrôler la direction du mouvement et de s'assurer ainsi qu'il ne sortirait pas de la logique universitaire « postmoderne » et du discours des vedettes hollywoodiennes venues lui apporter leur soutien. D'où ces questions finales que Thomas Frank ne manque pas de soulever : « Pourquoi,

après avoir occupé Zuccotti Park, plusieurs militants ont-ils jugé indispensable de créer leur propre revue universitaire à prétention théorisante, *Occupy Theory*, destinée bien sûr à accueillir des essais impénétrables visant à démontrer la futilité de toute théorisation ? Est-ce ainsi qu'on bâtit un mouvement de masse ? En s'obstinant à parler un langage que personne ne comprend ? »

[**o**] Dans *La dialectique peut-elle casser des briques ?* – film situationniste de René Viénet sorti en 1973 – le patron d'une grande entreprise menaçait de « lâcher ses Foucault » sur ses ouvriers en grève. Le grand patronat d'aujourd'hui n'a plus à se donner cette peine. L'extrême gauche s'en charge toute seule.

[**p**] Les nouvelles technologies de la communication ne pourraient éventuellement acquérir un sens humain et émancipateur que si elles s'enracinaient réellement dans ces formes élémentaires de socialité – prioritairement fondées sur la logique du don et du contre-don (comme le confirme, par exemple, toute amitié authentique) – qui naissent et se développent dans les relations humaines *en face à face* (et dans lesquelles, entre autres conséquences, ce sont bien *toutes* les facettes de la sensibilité humaine qui se trouvent mobilisées). C'est en effet seulement si l'on prend d'abord appui sur ce socle anthropologique premier que de *véritables* affinités électives (et non de simples « amitiés » Facebook) pourront *ensuite* prendre leur essor naturel et vivre pour elles-mêmes. Mais, comme chacun peut aisément le constater, ces nouvelles technologies tendent bien plutôt à fonctionner – du moins la plupart du temps – comme un simple *substitut*, ou un *mécanisme de compensation*, de ces relations humaines psychologiquement et moralement *structurantes* que la logique contractuelle du marché conduit à éroder sans

cesse (William Morris caractérisait même la société capitaliste, de ce point de vue, par le fait qu'elle était d'abord un « âge de l'ersatz »). De là, entre autres, cette vampirisation croissante des individus « connectés » par l'imaginaire narcissique – le *selfie* n'en est que la forme la plus caricaturale – dont la « culture numérique » est aujourd'hui devenue l'un des principaux vecteurs. Mais même dans l'hypothèse très optimiste où l'usage qui est fait de ces nouvelles technologies pourrait finir par s'humaniser progressivement (ce qui supposerait déjà, au minimum, une décroissance considérable du temps que les individus, notamment les plus jeunes, passent devant des *écrans*), il n'en resterait pas moins que leur développement au-delà d'un certain seuil se heurterait très vite au caractère limité des ressources de notre planète. Comme le rappelle par exemple Bernard Legros – dans *Le progrès m'a tuer* – les seuls *data centers* absorbent déjà aujourd'hui « l'équivalent de trente réacteurs nucléaires ». Et cela sans même prendre en considération toutes les matières premières – notamment les fameuses « terres rares » – qui sont requises dans la fabrication des ordinateurs et des smartphones, ni, *a fortiori*, les multiples problèmes liés au recyclage des déchets de cette industrie particulièrement polluante ou à l'emprise toujours plus grande de la méga-machine (câbles, flux constants d'énergie et de matière, systèmes de contrôle et de surveillance, etc.) qui constitue l'envers réel de cet univers numérique que certains tiennent encore pour « immatériel ». De toute évidence, dans un monde *redevenu* enfin habitable (sous des conditions économiques, politiques et culturelles évidemment très différentes de celles d'autrefois) l'usage de l'ordinateur et des nouvelles technologies de la communication ne pourra être que *modéré*. Ne serait-ce que pour des raisons strictement matérielles.

[q] Sur tous les problèmes philosophiques et culturels que soulève la confrontation entre les classes populaires et ceux qui viennent à leur rencontre, on trouvera un éclairage historique et sociologique particulièrement original dans l'ouvrage de Catherine Rouvière, *Retourner à la terre. L'utopie néo-rurale en Ardèche depuis les années 1960*, Presses universitaires de Rennes, 2015.

[r] *In girum imus nocte et consumimur igni* (« nous tournons en rond dans la nuit et nous sommes consumés par le feu »), Guy Debord, 1978.

[P]

L'hiver du capitalisme

« Il est aujourd'hui plus facile d'imaginer la fin du monde – écrivait le philosophe américain Fredric Jameson – que celle du capitalisme ». On ne saurait mieux résumer le paradoxe de notre temps. Dans la mesure, en effet, où la logique du capital imprime désormais sa marque déshumanisante sur l'ensemble de la planète et sur presque toutes les sphères de l'existence – y compris les plus intimes – la conscience des effets les plus négatifs de la mondialisation libérale (précarité croissante de la vie quotidienne, inégalités de plus en plus massives et indécentes, destruction de la nature et dérèglement catastrophique de son climat, dissolution du lien social et de ces « identités » qui conféraient encore, tant bien que mal, un sens humain à la vie des individus, etc.) a sans doute atteint un degré inédit. Mais, *en même temps*, la conviction qu'une sortie de ce système globalisé – donc le renoncement parallèle à certaines *prothèses* technologiques et existentielles qui permettent encore aux gens ordinaires de compenser la perte de leur autonomie **[a]** – ne pourrait signifier qu'un saut angoissant dans l'inconnu, doublé de sacrifices psychologiquement inacceptables, a elle-même progressé dans des proportions encore plus considérables (et en diabolisant comme « conservatrice » ou « réactionnaire » toute remise en question de la modernité, l'intelligentsia de gauche a évidemment joué un rôle décisif dans cette terrible défaite de la pensée critique). De là, ce sentiment crépusculaire, et de plus en plus envahissant, que le mode de vie libéral auquel nous sommes *attachés* (à tous les sens du terme) constitue, tout compte fait, un *moindre mal*, et qu'il ne s'agit donc plus, désormais, que d'apprendre à tirer son épingle personnelle du jeu et à sortir « gagnant » de la nouvelle guerre mondiale de tous contre tous (un exercice auquel, soit dit en passant, les nouvelles classes moyennes des grandes métropoles sont infiniment mieux préparées que ces classes populaires encore habituées à un minimum de vie commune et solidaire).

Il serait très mal venu d'adopter ici le ton grand seigneur du « parti de l'intelligence » (ou de la

« minorité civilisée ») et d'ironiser sur les limites de cette décence commune et de ce bon sens populaire qui se révèlent visiblement incapables d'immuniser les gens ordinaires contre l'idée, par exemple, que la dette publique s'expliquerait par le fait que notre code du travail est trop rigide et notre système de protection sociale trop généreux, ou encore contre la croyance selon laquelle seuls une agriculture chimique et un élevage industriel pourraient résoudre efficacement les problèmes alimentaires de l'humanité (il va de soi qu'on peut être « quelqu'un de bien » dans sa vie quotidienne – c'était tout le thème du *Vieil Homme et l'Enfant* de Claude Berri – tout en souscrivant, par ailleurs, à toutes les mystifications de la propagande officielle). D'une part, en effet, il est bien compréhensible que ceux dont on a artificiellement paralysé la capacité de se mouvoir par eux-mêmes tiennent par-dessus tout à conserver l'usage de leurs béquilles. Et, de l'autre, les dérives de plus en plus sectaires et autistiques qui caractérisent à présent l'ultra-gauche dite « anticapitaliste » sont de nature à décourager tout individu de bon sens d'entreprendre à son tour la moindre critique *radicale* du monde qui est le sien. On pourrait, bien sûr, commencer par rappeler à tous ceux qui voient ainsi dans le capitalisme – et dans son mythe d'une croissance économique illimitée – le dernier mot de l'aventure humaine, que les conditions d'existence matérielles et morales dont nous bénéficions encore dans nos sociétés occidentales ne sont guère représentatives de la vie réelle du plus grand nombre à l'échelle de la planète (d'où, entre autres, ce triste et ambigu « désir d'Occident », selon le mot d'Alain Badiou, qui anime aujourd'hui la plupart des nouveaux « migrants », logiquement fascinés par les images médiatiques du mode de vie capitaliste occidental – notamment à travers les séries télévisées américaines – qui défilent en boucle sous leurs yeux). Comme le soulignait par exemple Slavoj Žižek (*La Nouvelle Lutte des classes. Les vraies Causes des réfugiés et du terrorisme*, Fayard, 2016), le sentiment de stupeur qui s'est emparé du peuple français au lendemain des terribles attentats de janvier et novembre 2015, s'explique d'abord par le fait que nous vivons, *pour l'instant encore*, dans un environnement relativement protégé, alors même que des pans entiers de la population mondiale n'ont déjà plus pour principal horizon quotidien que cette violence insensée et criminelle **[b]** (violence qui tend d'ailleurs de plus en plus à s'exercer, comme y insiste à juste titre Žižek – *contre les femmes*). Mais le vrai problème est ailleurs. Après tout, si le système capitaliste était réellement – comme le croient encore la plupart des intellectuels de gauche – un système « conservateur » et structurellement adossé à un « ordre moral », aux valeurs « judéo-chrétiennes » et à la famille « hétéro-patriarcale » (un système, par conséquent, qui ne viserait qu'à se reproduire *à l'identique* depuis le XIXe siècle), il y aurait sans doute encore un sens à vouloir prolonger de toutes les manières possibles notre mode de vie actuel, au prétexte qu'il apparaît, en fin de compte, comme le moins mauvais possible et le seul, en tout cas, à pouvoir encore garantir un minimum de libertés individuelles. De ce point de vue, j'avoue comprendre entièrement tout ce qu'il y a de légitime dans le combat des libéraux « à l'ancienne », de Marcel Gauchet à Pierre Manent, surtout quand on connaît la « meute » délirante qui s'est lancée à leurs trousses. L'ennui – et c'est encore ici le vieux Marx qui avait raison – c'est que ce système capitaliste est par essence *dynamique* et que « l'extension continue du règne de la marchandise est inscrite au plus profond de la logique d'un capitalisme qui ne peut s'accommoder d'un état dans lequel la saturation des marchés pèserait sur sa dynamique de croissance » (Philippe Moati) [c]. Je laisserai donc ici de côté toutes les objections morales et philosophiques qu'on peut adresser au monde libéral moderne (ce sont là, à mes yeux, les plus importantes mais je sais bien que, pour un intellectuel progressiste, elles ne sauraient relever que d'une sensibilité petite-bourgeoise). Tout comme la question des limites écologiques du projet de croissance matérielle illimitée, car elles sont désormais connues d'un très large public (même si l'ampleur du désastre écologique qui se profile à l'horizon est encore massivement sous-estimé) au point même d'avoir donné naissance, dans les cercles les plus « avancés » des classes dirigeantes, au projet contradictoire d'un « capitalisme vert », fondé sur l'illusion que valeur d'usage et valeur d'échange pourraient finir un jour par coïncider (en termes plus simples, on ne peut pas sauver à la fois la nature et le capitalisme). Je me contenterai simplement d'exposer les raisons pour lesquelles, *d'un strict point de vue économique*, le système capitaliste mondial est bel et bien entré dans la « phase terminale de sa crise structurelle » (selon la formule d'Immanuel Wallerstein), en sorte que « pour la première fois dans l'histoire, le vieux problème de savoir si les hommes, dans leur masse, aiment réellement la liberté, se trouve dépassé : *car maintenant ils vont être contraints de l'aimer* » (Guy Debord, préface à la quatrième édition italienne de *La Société du spectacle*).

Contrairement aux illusions positivistes qu'entretiennent encore la plupart des économistes de droite et des sociologues de gauche, les « sciences sociales » se distinguent avant tout des sciences dites exactes (mathématiques, physique, géologie, etc.) par le fait qu'elles sont structurellement indissociables d'un certain nombre de parti-pris philosophiques et politiques *préalables* (ce qui suffit déjà à invalider une fois pour toutes le mythe de l'« expert » médiatique neutre et impartial). Dans le cas de la « science » économique moderne, le principal point d'entrée de la philosophie est, à coup sûr, la question de l'origine du *profit* capitaliste. Soit, en effet, on suppose que la plus-value engendrée par le placement d'un capital quelconque « naît comme une vertu qui lui est inhérente, de même qu'il est du propre des arbres de croître » (*Le Capital*, livre III, chapitre XXIV). Soit, au contraire, on estime qu'un capital – même celui, très modeste, qui est déposé à la Caisse d'épargne – ne peut jamais rapporter d'intérêt, en dernière instance, que dans la mesure où du *travail vivant* a été dépensé quelque part dans le monde, sous une forme ou une autre, et que ce travail n'a pas été rémunéré à hauteur de la valeur qu'il a réellement contribué à produire (la plupart des économistes libéraux ne nient évidemment pas – en dehors de quelques esprits singuliers qui fantasment encore sur la possibilité d'une économie capitaliste purement « immatérielle » et entièrement automatisée – que du travail *vivant* soit nécessaire pour produire des marchandises. Ils contestent seulement l'idée selon laquelle c'est l'*exploitation* de ce travail vivant qui serait l'origine ultime du profit capitaliste). Je choisirai donc ici de privilégier philosophiquement (autant en avertir honnêtement le lecteur) le second de ces *postulats*, non seulement parce qu'il exige beaucoup moins d'acrobaties intellectuelles que le premier (Aristote notait déjà que « l'argent ne fait pas de petits »), mais aussi, et surtout, parce qu'il permet d'éclairer de façon incomparablement plus satisfaisante la limite interne à laquelle est en train de se heurter aujourd'hui l'économie capitaliste mondiale. Ou, si l'on préfère, la *limite systémique d'une accumulation sans limites*.

La dynamique du capitalisme est habitée, depuis l'origine, par une contradiction fondamentale. D'un côté, en effet, elle repose sur l'exploitation continuelle du travail vivant (si la grève des travailleurs d'un pays devenait générale, l'économie de ce pays s'arrêterait, bien sûr, sur-le-champ). Mais de l'autre, sous l'aiguillon continuel de la concurrence économique mondiale, il lui faut également prendre sans cesse appui sur une révolution technologique permanente (c'est, en effet, le moyen le plus sûr d'augmenter la productivité d'une entreprise) afin de remplacer, chaque fois qu'il est possible, le travail vivant de l'ouvrier par des machines, des logiciels ou même, comme aujourd'hui, par des robots (machines, logiciels et robots qui ont, de surcroît, le bon goût de ne jamais s'indigner ni de se mettre en grève [**d**]). De ce point de vue, on peut donc dire avec Ernst Lohoff et Norbert Trenkle que « le capitalisme participe en permanence à une *course contre lui-même* » [**e**]. C'est avant tout cette contradiction originaire du système capitaliste qui conduira Marx, dans le livre III du *Capital*, à formuler sa théorie de la « baisse *tendancielle* du taux *moyen* de profit » [**f**] et, dans la foulée, à prophétiser l'échec, à ses yeux inéluctable, de ce système de production historiquement déterminé. Si donc, à l'évidence, les choses ne se sont pas exactement passées, tout au long du court XXe siècle, comme Marx l'avait prévu, c'est en réalité seulement parce qu'il avait incroyablement sous-estimé la capacité du capitalisme à se transformer en « société de consommation » et à retarder ainsi, pendant des décennies, la venue à maturité de sa contradiction fondamentale.

La singularité du moment « fordiste » – lui-même indissolublement lié, à partir des années 1930, aux politiques de relance dites keynésiennes [**g**] – c'est en effet d'avoir su tirer toutes les conséquences pratiques de l'idée selon laquelle les classes populaires ne représentaient pas seulement une *force de travail potentielle* – selon la vision dominante des capitalistes du XXe siècle et de Marx lui-même (comme le montre par exemple sa théorie très rigide du salaire ouvrier) – mais qu'elles constituaient également un *pouvoir de consommation* et, à ce titre, un nouveau débouché virtuellement illimité pour la grande industrie moderne. Ce n'est donc pas tant que cet « âge d'or » du capitalisme fordiste – qui fut aussi, ce n'est sans doute pas par hasard, celui du grand cinéma hollywoodien – ait réellement permis de surmonter la contradiction fondamentale du capitalisme. Mais, dans cette optique alors entièrement nouvelle d'une *consommation de masse*, les gains continuels de productivité rendus possibles par la révolution technologique permanente allaient se trouver plus que largement compensés, pendant des décennies, par l'existence d'une demande toujours accrue pour ces équipements matériels *de base* qu'exigeait le nouveau mode de vie moderne **[h]** : automobiles, appareils électro-ménagers, téléphones, postes de radio puis téléviseurs, etc. Demande qui ne pouvait à son tour que favoriser le recours toujours plus important à une main-d'œuvre salariée, jusqu'à rendre même concevable une situation de quasi-plein-emploi, particulièrement favorable aux organisations syndicales de l'époque **[i]**. S'il fallait bien, par exemple, toujours moins de temps de travail vivant pour produire *une* voiture ou *un* réfrigérateur (ce qui diminuait donc d'autant la valeur et le prix de chaque unité produite), la quantité *industrielle* de voitures et de réfrigérateurs qu'il était désormais nécessaire de fabriquer en série pour répondre à cette demande de masse (elle-même puissamment stimulée par la nouvelle industrie publicitaire et le recours déjà systématique au crédit à la consommation) suffisait amplement, en revanche, non seulement à maintenir au même niveau, mais même, la plupart du temps, à augmenter de façon considérable, le volume global de travail vivant socialement nécessaire ; et donc celui de cette valeur ajoutée qui est la source *ultime* de tout profit réel. « Pour un court instant historique – observent Lohoff et Trenkle – on put alors se convaincre que le capitalisme était parvenu à surmonter ses contradictions internes, et à se transformer en un système équilibré capable de se reproduire inlassablement sur ses propres bases. Concrètement, cela s'exprima par des taux de croissance économique impressionnants, qui s'accompagnèrent d'une hausse à la fois forte et continue de la productivité, et jetèrent les fondements d'une amélioration croissante des conditions générales de travail et de vie dans les régions capitalistes du centre. Un nombre d'hommes toujours croissant fut intégré dans le système du salariat capitaliste, ce qui signifie qu'ils furent contraints de mettre leur force de travail au service de la valorisation du capital. Parallèlement, ils se présentèrent avec leurs salaires encaissés sur le marché comme consommateurs, veillant avec leur pouvoir d'achat à ce que les masses de produits trouvassent un débouché, et que la production pût toujours plus s'élargir. Ainsi le boom s'autoalimenta et cela produisit l'illusion d'une croissance perpétuelle dont chacun profiterait d'une manière ou d'une autre **[j]**. »

Cette dynamique « fordiste », fondée sur la production croissante des biens de consommation de base ne pouvait cependant se prolonger éternellement. Comme le note par exemple Philippe Moati, et pour ne considérer que le cas de la France, « entre 1954 et 1975, la proportion des ménages *ouvriers* propriétaires d'une automobile passe de 8 à 74 %. Ces proportions bondissent de 3 à 91 % pour le réfrigérateur et de moins de 1 % à 87 % pour les téléviseurs. Les données du recensement décrivant l'état des logements sont édifiantes : en 1954, seulement 10 % des logements étaient équipés d'une baignoire ou d'une douche, et 27 % de WC intérieurs. En 1975, ces proportions sont passées, respectivement, à 70 et 74 %. Autrement dit, à l'issue des Trente Glorieuses, l'essentiel de la population a accédé au « confort moderne ». Il suffit alors de rapprocher ce fait que Marx n'avait pas pu prendre en compte

– la saturation relative du marché des équipements de base – avec, d'une part, le durcissement toujours plus marqué de la guerre économique mondiale (l'entrée en lice du Japon, pionnier en matière d'innovation technologique, ayant joué ici un rôle majeur) et, d'autre part, la combativité d'un mouvement ouvrier alors au faîte de sa puissance, pour comprendre que, dès la fin des années 1960, du moins en Europe et aux États-Unis, la « rationalisation » toujours plus poussée du processus de production – qui se traduit en permanence par une éviction du travail vivant – allait forcément devenir de plus en plus difficile à compenser par le maintien du rythme industriel propre à l'époque fordiste. De là, cette baisse constante du taux *moyen* de profit, et donc de l'investissement et de la croissance, que l'on commence à constater dans tous les pays occidentaux, au début des années 1970, ainsi que l'apparition corrélative d'un chômage de masse (le déclin régulier de l'emploi industriel se voyant en partie masqué par la progression des emplois de services, à ceci près que ces derniers, dans la plupart des cas, ne produisent justement pas de valeur *nouvelle*) **[k]**. Dans ces conditions historiquement inédites, les politiques de relance keynésiennes mises en œuvre tout au long des années 1970, aussi bien par la gauche que par la droite (« *maintenant, nous sommes tous keynésiens* », proclamait encore Nixon en 1971), politiques qui n'avaient d'efficacité véritable que dans le cadre de la croissance fordiste, ne pouvaient donc qu'ajouter à cette forme nouvelle du chômage de masse le développement spectaculaire d'une inflation à deux chiffres (c'est l'époque dite de la *stagflation*), les injections d'argent public sans cesse renouvelées trouvant évidemment de moins en moins de répondant concret dans l'économie dite « réelle ». Si de la « croissance » était encore possible, c'était donc de plus en plus une *jobless growth*, autrement dit, une *croissance sans emplois.*

C'est dans ce contexte historique précis – celui de l'échec de ces politiques de relance dites « keynésiennes » – que les idéologues « néolibéraux » (les réformes alors préconisées en France par Jacques Delors, Pierre Bérégovoy, Michel Rocard ou Pascal Lamy ayant déjà connu, il est toujours nécessaire de le rappeler, leurs premières formes d'expérimentation sociale et politique dans le Chili de Pinochet) allaient peu à peu réussir à convaincre les classes dominantes – de gauche comme de droite – qu'il serait possible d'enrayer une fois pour toutes la baisse du taux moyen de profit et le déclin régulier de la croissance si l'on parvenait à mettre en place un *nouveau régime d'accumulation du capital* fondé sur la disparition graduelle de cet « État-providence » qui s'était mis en place à la Libération. À en croire ces disciples de Friedrich Hayek, de Milton Friedman et de l'ordolibéralisme allemand (l'antiétatisme de Michel Foucault ayant joué, à gauche, un rôle non négligeable dans cette évolution politique des élites, comme en témoigne par exemple le fait que son assistant François Ewald deviendra rapidement l'une des grandes figures du Medef), il suffisait, en effet, de supprimer l'ensemble des obstacles juridiques, politiques et culturels encore existants à l'expansion continuelle de la logique marchande et, c'était là le point le plus essentiel de cette idéologie, à la *productivité de l'industrie financière* [I] pour pouvoir se retrouver aussitôt en mesure non seulement de relancer la croissance mais également d'offrir aux classes dominantes occidentales une nouvelle source de placement de leur capital d'une rentabilité sans précédent. Cette politique assez simpliste – si du moins on estime toujours, avec Marx, que c'est le *travail productif vivant* qui est la source matérielle ultime de toute valeur ajoutée – allait effectivement rencontrer, dans un premier temps, un succès indéniable, quoique évidemment promis à s'essouffler rapidement, comme en témoignent par exemple (et jusqu'au début des années 1990) le recul rapide de l'inflation – grâce à la nouvelle politique des taux d'intérêt – et une reprise relative de la croissance des pays occidentaux. Mais ce succès, *en grande partie trompeur*, s'explique avant tout – outre le fait que les privatisations massives, le nouveau rapport de force entre le capital et le travail dans le partage des « gains de productivité », l'effondrement spectaculaire du bloc soviétique et l'incorporation de nombreux pays émergents dans l'économie globalisée avaient évidemment permis d'élargir considérablement le champ du profit *immédiat* – par le fait que, contrairement à une idée encore très répandue, il n'y a plus guère de sens, de nos jours, à opposer de façon tranchée, d'un côté, une économie « réelle » qui serait fondamentalement saine et au service du bien commun et, de l'autre, un capitalisme « perverti », qui serait purement financier et parasitaire (même si la « titrisation » à l'infini des reconnaissances de dettes initiales, et les « effets de levier » qu'elle engendre sans cesse, allaient évidemment permettre de porter à un niveau jusque-là inconnu la déconnexion relative de ces deux secteurs du capital). D'une part, en effet, une fraction toujours conséquente du nouveau capital financier continue de s'investir dans l'économie « réelle » (d'où, par exemple, le décollage, dans les années 1980, de la « nouvelle économie » ou l'entrée massive de l'argent dans le domaine du sport professionnel). Et, de l'autre, une partie sans cesse grandissante des profits du capital industriel trouve, aujourd'hui, sa source directe dans ces nouveaux placements financiers que la plupart des grands industriels jugent à présent généralement plus rentables que l'investissement productif (à tel point qu'on a pu dire, par exemple, de la firme Siemens qu'elle était « une *banque* flanquée d'un département industrie électrique »). On prendra, du reste, toute la mesure des illusions alors suscitées par cet « âge d'or du capital fictif » (Lohoff et Trenkle) en se reportant, entre mille autres exemples, aux prophéties, rétrospectivement délirantes, que Guy Sorman formulait en 1985 – sur fond de musique *disco* endiablée – dans son best-seller, *L'État minimum* (Albin Michel, p. 107). « Grâce à la reprise américaine – écrivait cet évangéliste néolibéral particulièrement influent – depuis 1982, nous sommes sortis de l'ère du doute. Dans les dix années qui avaient précédé, l'opinion dominait, y compris chez les économistes, que *le temps de la croissance forte* appartenait définitivement au passé, que l'histoire en était close. L'Occident semblait devoir s'accommoder d'un marasme durable, avenir bouché, à base de répartition de la pénurie et de travail partagé. Ces pronostics, *nous en avons maintenant la preuve*, étaient faux. Nous pouvons *renouer avec les chiffres fabuleux des Trente Glorieuses d'après guerre* puisque les Américains l'ont fait. Ce qui est vrai pour les États-Unis vaut pour le reste du monde et vaut naturellement pour la France » (et l'on frémit en pensant que c'est un tel prophète qui aura contribué le plus, en France, à sensibiliser les élites politiques de gauche et de droite aux charmes de l'idéologie néolibérale).

Ce nouveau régime d'accumulation « financiarisé » (selon le mot de Michel Aglietta) impliquait cependant, à terme, un renversement radical des bases du capitalisme classique. Dans la mesure, en effet, où les titres de propriété qui constituent désormais *l'essentiel de la nouvelle richesse capitaliste* (actions, bons du Trésor, produits spéculatifs « titrisés » à l'infini, etc.) représentent avant tout « une accumulation de droits, de titres juridiques, *sur une production à venir* » (selon la définition donnée par Marx du « capital fictif » dans le livre III du *Capital*) ils conduisaient inévitablement à asseoir la plus grande partie du nouveau mode d'accumulation du capital non plus, comme jusqu'ici, sur la valeur *déjà produite* par l'exploitation quotidienne du travail vivant, mais bien, au contraire, sur la seule valeur *anticipée* de la croissance future. C'est là un point d'une importance cruciale. Nombre d'économistes de gauche croient encore, en effet, que le capital qui s'est accumulé depuis trente ans sous forme de richesse *financière* insensée ne représente, en dernière instance, qu'un détournement parasitaire de la valeur *déjà produite* dans l'économie « réelle » (thèse qui ne peut évidemment que renforcer l'opposition entre le grand industriel honnête et utile à la société, par exemple Vincent Bolloré, et le spéculateur avide et sans scrupule, par exemple Vincent Bolloré). Et qu'il devrait donc être possible, pour un gouvernement enfin soucieux des intérêts du peuple, d'en récupérer un jour la plus grande partie afin de financer des investissements socialement utiles ou même de la redistribuer aux classes les plus modestes. Mais dès lors qu'on a réellement pris conscience que cette richesse fabuleuse qui s'accumule sans cesse dans le secteur financier est d'ores et déjà, aujourd'hui, *plus de vingt fois supérieure au PIB mondial*, il est difficile de ne pas en venir, au contraire, à la conclusion beaucoup plus logique que « celui qui rapporte la richesse monétaire aux transferts de l'économie réelle peut tout aussi bien défendre l'idée que les océans sont exclusivement composés de l'eau qui s'est écoulée ces derniers mois du lac de Constance » (Lohoff et Trenkle). Pour le dire autrement, il y a déjà bien longtemps que le moteur *principal* de l'économie capitaliste mondiale n'est plus, comme aux plus beaux jours de l'époque fordiste, la production de marchandises concrètes – qu'il s'agisse de voitures, de smartphones, d'avions de chasse ou de tomates industrielles – mais celle du « capital fictif », c'est-à-dire de cette somme fabuleuse de *paris spéculatifs* (toute reconnaissance de dette engageant, par définition un pari, d'autant plus spéculatif qu'elle a été « titrisée ») sur une richesse économique à venir dont on *espère* seulement – en croisant les doigts – qu'elle finira, un jour ou l'autre, par être effectivement couverte par la croissance réelle **[m]**. Le fait, par exemple, qu'en 2011, selon les estimations de la Banque des règlements internationaux, seul *1 %* des transactions économiques quotidiennes concernait des échanges de marchandises concrètes suffit à illustrer ce rôle devenu aujourd'hui moteur de l'industrie financière et du capital fictif (le *high frequency trading* – c'est-à-dire le remplacement progressif des *traders* par des robots – contribuant à dynamiser encore plus ce processus de financiarisation). De ce point de vue, ce que Lohoff et Trenkle appellent avec tant de raison le « capitalisme inversé » (celui qui s'appuie désormais beaucoup moins sur l'*exploitation présente* – et, bien sûr, toujours aussi réelle – des travailleurs du monde entier que sur l'anticipation des bénéfices liés à leur *exploitation future* **[n]**) repose donc d'abord sur cette conviction pour le moins optimiste, et en tout cas contraire à toute sagesse populaire, selon laquelle on pourrait vivre presque éternellement en vendant la peau de l'ours qui n'a pas encore été tué ou de l'idée audacieuse selon laquelle vingt « tu l'auras » valent infiniment plus qu'un bon « tiens » (et peut-être avons-nous là une des raisons pour lesquelles les fables de Jean de La Fontaine ont presque entièrement disparu de la culture scolaire).

Bien entendu, cette ingénieuse construction « néolibérale » ne peut tenir debout – même si, depuis 2008, tous les clignotants du « capitalisme inversé » sont clairement passés au rouge – que parce que les plus riches propriétaires de titres financiers – autrement dit les grands *créanciers* de la planète – conservent encore, envers et contre tout, la certitude religieuse que l'économie dite réelle, grâce notamment aux progrès scientifiques et techniques à venir, continuera toujours de découvrir, comme par le passé, de nouveaux gisements de mise en valeur du capital, capables de relancer indéfiniment le cycle de la « croissance » illimitée (même si dans leur pratique quotidienne tout se passe parfois comme si ces créanciers avaient réellement fini par croire, selon la formule ironique de Marx, que le « capital produit de l'intérêt comme le poirier produit des poires »). Tel est bien, en dernière instance, le fondement ultime de ces discours médiatiques récurrents sur la « troisième révolution industrielle », l'« économie numérique » ou encore ces « industries du futur » qui sont censées définir, à l'image de la Silicon Valley, le visage radieux du « capitalisme de demain ». Le problème, c'est que du fait de leur teneur grandissante en haute technologie – et des processus de production de plus en plus automatisés qu'ils mettent en œuvre – ces nouveaux secteurs de l'économie dite réelle ne créent, en réalité, qu'un nombre *proportionnellement* très restreint d'emplois nouveaux **[o]**. Certes encore largement suffisant pour garantir aux entreprises qui dominent ces nouveaux secteurs des profits fabuleux (encore qu'il faille tenir compte, dans ces profits, de la part qui revient aux *effets de rente* et de monopole rendus possibles par le système des brevets et de la propriété intellectuelle). Mais trop insuffisant, en revanche, pour pouvoir désormais espérer compenser entièrement – à la différence de ce qui se passait lors des révolutions industrielles précédentes – les effets de cette tendance générale à l'éviction du travail vivant productif qui est devenue, plus que jamais, la loi de l'économie capitaliste (je laisse bien sûr ici de côté toutes les différences et toutes les exceptions qui naissent du développement nécessairement inégal du capitalisme mondialisé). En sorte que même si une intervention extra-terrestre permettait par miracle de contourner provisoirement cet obstacle systémique – la diminution constante de la quantité de travail socialement nécessaire dans ces industries « innovantes » chères à Jacques Attali ou Jeremy Rifkin – elle ne changerait strictement rien au fait qu'à partir du moment où le volume global des produits dérivés qui s'échangent chaque jour sur les marchés financiers est d'ores et déjà *sans aucune commune mesure* avec les possibilités de production réelles de l'économie mondiale (sans même prendre ici en compte les limites écologiques auxquelles une telle production matérielle se heurtera de plus en plus [**p**]), l'hypothèse selon laquelle la *dette déjà cumulée de la planète* pourrait, un jour, se voir couverte en totalité par la croissance économique à venir, est devenue aujourd'hui *totalement utopique* (et cela d'autant plus qu'une grande partie des emprunts que contractent les États modernes servent essentiellement à rembourser les emprunts précédents).

Le système économique mondial, et la pyramide croissante de dettes – ou de *promesses* de remboursement futur, sur laquelle il repose de plus en plus (puisque détenir un titre financier, c'est toujours détenir un droit sur un avenir que la société capitaliste – comme le soulignent Lohoff et Trenkle – « ne possède assurément pas ») – ne peut donc encore espérer prolonger sa fuite en avant continuelle (ce que l'intelligentsia de gauche préfère, pour sa part, appeler le « Progrès ») que si les États et les banques centrales – c'est ce qu'ils s'efforcent d'ailleurs de faire depuis 2008 – parvenaient enfin à différer de façon permanente (en recourant par exemple au *quantitative easing* ou au rachat de titres privés toxiques [**q**]) l'explosion de cette *gigantesque bulle spéculative planétaire* que la politique néolibérale a conduit mécaniquement à engendrer depuis les années 1980. Mais dès lors, encore une fois, que l'écart existant entre ces attentes des marchés financiers et les possibilités de l'économie « réelle » est devenu *définitivement infranchissable*, cela revient en somme à croire que ces États et ces banques centrales finiront bien, à la longue, par trouver le moyen miraculeux de remplir le tonneau des Danaïdes ou de nettoyer les écuries d'Augias (d'où, entre autres, l'inanité manifeste, à moyen terme, de toutes les politiques dites d'austérité [**r**]). Et quand bien même les différents gouvernements libéraux, à la faveur d'un nouveau rapport de force particulièrement favorable (« grande coalition », « front républicain », etc.) réussiraient à transférer aux classes populaires du monde entier le soin de payer intégralement les pots cassés par les élites globales et la finance privée (le peuple grec a déjà eu tout le loisir de méditer sur cette question), il reste que cela ne pourra avoir pour effet que de retarder – au mieux de quelques décennies et au pire de quelques années seulement – le moment désormais inévitable de la rencontre avec l'iceberg. En sorte qu'il apparaît impossible, de ce point de vue, d'échapper à la conclusion glaciale de Lohoff et de Trenkle lorsqu'ils rappelaient qu'« en fin de compte, la dynamique du capital fictif détruit elle-même le seul talent que le capitalisme puisse encore faire valoir après le fin du fordisme : son aptitude à la capitalisation anticipée de production de valeur future. La question n'est pas de savoir si l'économie de casino postfordiste va se briser sur cette contradiction interne, mais *quand ce moment sera atteint* et sous quelle forme cette rupture se déroulera ». Sauf à croire, bien sûr, à une *nuit du 4 août capitaliste* où les plus grands propriétaires de la dette mondiale – Goldman Sachs et Jose Manuel Barroso en tête – renonceraient d'eux-mêmes, et par pur amour de l'humanité, à défendre un jour de plus leurs indécents privilèges, leurs paradis fiscaux et leurs pratiques mafieuses.

Il y a maintenant plus de cent ans (*L'Accumulation du capital* est paru en 1913), Rosa Luxemburg annonçait que la « phase finale du capitalisme » coïnciderait sans doute avec une longue et douloureuse « période de catastrophes ». À la lumière du XXe siècle – pourtant lui-même suffisamment fertile en événements monstrueux – on a longtemps pu croire que cette sombre prédiction d'un *hiver du capitalisme* avait été définitivement démentie par les faits. Mais en réalité, elle était seulement *prématurée.* C'est qu'à l'époque de Marx et de Rosa Luxemburg, le système capitaliste – parce qu'il lui fallait d'abord se dégager historiquement de sociétés d'Ancien Régime – incorporait encore, dans son mode de fonctionnement quotidien, toute une série d'éléments politiques et culturels « conservateurs » qui étaient, en réalité, profondément étrangers à sa véritable essence (il s'agissait, en somme, de ce que John Ruggie et David Harvey ont proposé d'appeler, dans un autre contexte, un « libéralisme encastré » *[embedded liberalism]*). Éléments néanmoins assez puissants pour brouiller la vue d'un grand nombre de socialistes et d'anarchistes de l'époque – notamment quant au rôle idéologique que la famille « patriarcale » ou l'Église catholique étaient supposées jouer dans le développement des rapports capitalistes – et les empêcher ainsi de prendre la mesure exacte de tout ce que le capitalisme pourrait faire, une fois qu'il tournerait enfin sur ses propres bases politiques et culturelles « axiologiquement neutres ». Mais à présent que ce système a globalement réussi à s'affranchir de la plupart des obstacles historiques, politiques et culturels qui entravaient encore son libre développement mondialisé (c'est tout le sens de la contre-révolution idéologique accomplie par la nouvelle gauche occidentale, à partir de la fin des années 1970 – de Helmut Schmidt à Tony Blair en passant par François Mitterrand ou Bill Clinton), la prédiction de Rosa Luxemburg est en passe de retrouver toutes ses couleurs. Et nous risquons dès lors de découvrir très vite ce qu'il va falloir réellement entendre par une longue et douloureuse *période de catastrophes.* Catastrophes politiques, psychologiques, morales et culturelles, bien entendu (et, sans aucun doute, sur fond de brutalisation grandissante de la vie quotidienne et des rapports humains). Catastrophes écologiques et climatiques à répétition (nous y sommes déjà). Mais également – si l'analyse faite par Marx de la dynamique du capital est toujours justifiée dans ses grandes lignes – implosion catastrophique, à terme, du système économique et financier mondial lui-même, implosion qui sera d'ailleurs d'autant plus dévastatrice que presque tout est à présent « connecté » avec tout et que s'enclencheront par conséquent de façon mécanique toute une série de *réactions en chaîne* dont nul ne peut encore prévoir la totalité des effets.

La question n'est donc plus seulement, aujourd'hui, de savoir si la sortie progressive du système capitaliste est en elle-même *désirable.* Cette sortie aura lieu *quoi qu'il arrive*, et on peut d'ailleurs faire confiance aux cercles les plus lucides de la « classe capitaliste transnationale » (pour reprendre ici le terme de Leslie Sklair) pour avoir déjà commencé à réfléchir sérieusement au nouveau socle économique, politique et culturel qui, *dans le monde d'après* [**s**], devra permettre de garantir au mieux à cette élite planétaire le maintien, ou même éventuellement l'extension, de ses pouvoirs et de ses privilèges actuels (on peut seulement être certain que le contrôle totalitaire des individus par les nouvelles technologies de la Silicon Valley y jouera un rôle décisif, pour le plus grand bonheur, à n'en pas douter, de la nouvelle gauche moderniste et « accélérationniste »). Voilà qui redonne assurément une actualité inédite à l'intuition constante de Rosa Luxemburg selon laquelle l'alternative dont devait finir, tôt ou tard, par dépendre le destin ultime de l'humanité moderne est celle que résumait sa formule célèbre : *Socialisme ou Barbarie* **[t]**. Il serait temps de commencer à en prendre conscience et, mieux encore, de s'y préparer politiquement et *personnellement.* D'autant, au train où vont les choses, qu'il se pourrait bien qu'on atteigne plus rapidement que prévu ce point historique crucial où, comme l'écrivait Rousseau dans *Du contrat social*, « le genre humain périrait s'il ne changeait sa manière d'être ». La fin des jours tranquilles a déjà commencé.

[**a**] Il faut souligner que le mode de vie des élites n'est pas moins « hétéronome », à sa manière, que celui des dominés (comme Hegel l'avait génialement pressenti dans sa *dialectique du maître et de l'esclave*). Il dépend massivement, en effet, de l'emploi, temporaire ou permanent, d'une armée de serviteurs (femmes de ménage, cuisiniers, gardiens, jardiniers, assistants,

jeunes filles au pair, etc.) chargée de reproduire en permanence, *et à leur place*, les bases matérielles de leur propre vie quotidienne. On songera ici à la célèbre anecdote rapportée par Blanqui. Le vieux révolutionnaire, ayant décrit à un bourgeois de gauche de ses amis les multiples avantages d'une organisation sociale égalitaire fondée sur l'entraide et la coopération, s'était en effet entendu répondre : « Cela est fort sympathique ; *mais qui videra mon pot de chambre ?* » Si la capacité d'agir de façon autonome (dont le point de départ est l'exécution, toujours recommencée, des *gammes de la vie quotidienne*) est bien la condition première de toute vie humainement accomplie (« c'est un homme libre, – disait Camus dans *La Postérité du soleil – personne ne le sert* »), on peut donc en déduire que *même les membres de l'élite* auraient quelque chose à gagner – sur le plan humain, naturellement – à vivre eux aussi dans une société décente. C'est ce qu'Engels reconnaissait bien volontiers lorsqu'il rappelait en 1892 (dans sa préface à la deuxième édition allemande de *La Situation de la classe laborieuse en Angleterre*) que le communisme « n'est pas simplement la doctrine du parti de la classe ouvrière, mais une théorie dont le but est de libérer l'ensemble de la société, *y compris les capitalistes eux-mêmes*, des conditions sociales actuelles qui l'étouffent ».

[**b**] Les pays occidentaux possèdent évidemment une part de responsabilité très grande dans ce basculement progressif de populations entières du Sud dans la violence meurtrière. Žižek cite par exemple le cas du Congo où, au cours de ces dix dernières années, la violence « politique » a causé la mort de près de *quatre millions* de personnes (sans, d'ailleurs, que France Info ou les autres grands médias libéraux ne s'en émeuvent particulièrement). Comme il le rappelle ainsi, « une enquête des

Nations unies sur l'exploitation illégale des ressources naturelles au Congo a révélé que le conflit déchirant le pays portait essentiellement sur l'accès, le contrôle et le commerce des cinq principales ressources minérales : le coltan, les diamants, le cuivre, le cobalt et l'or. *Derrière la façade de la guerre ethnique*, nous distinguons ainsi les rouages du capitalisme mondial. Le Congo n'existe plus sous la forme d'un État uni ; il est constitué d'une multiplicité de territoires sous la coupe de chefs de guerre locaux contrôlant leurs parcelles à l'aide d'armées qui se composent, en général, d'enfants drogués. Chacun de ces chefs de guerre entretient des rapports commerciaux avec une entreprise ou une compagnie étrangère exploitant la richesse essentiellement minière de la région. L'ironie est que nombre de ces minéraux sont utilisés dans les produits de haute technologie, comme les ordinateurs et les téléphones portables » (*La Nouvelle Lutte des classes*, Fayard, 2016, p. 60).

[c] Philippe Moati, *op. cit.*, p. 38.

[**d**] Rappelons que pour Marx une machine ne produit pas de valeur nouvelle (seul le travail *vivant* peut être productif, c'est-à-dire *rapporter par lui-même beaucoup plus qu'il ne coûte*). Elle se contente de transmettre, au fil du temps, celle qui avait déjà été « incorporée » lors de sa fabrication. C'est bien pourquoi aucun robot ne saurait être « exploité », au sens strict du terme. Que pourrait bien vouloir dire, en effet, « abuser du temps libre » d'un robot, ou, *a fortiori*, l'humilier et porter atteinte à sa vie privée ? Il n'y a donc, de ce point de vue, aucun sens à fantasmer sur l'hypothèse d'une industrie *capitaliste* qui aurait été entièrement automatisée à l'échelle de la planète. À un grand patron américain qui se vantait ainsi, dans les années 1950, de pouvoir remplacer un jour *tous* les travailleurs du

monde par des robots, un leader syndicaliste lui avait répondu avec le plus grand bon sens : *Robots don't buy cars* (« les robots n'achètent pas de voitures »).

[e] *La Grande Dévalorisation* (Lohoff et Trenkle, Post Éditions, 2014) est sans doute l'ouvrage de critique économique le plus important qui soit paru depuis des années en Europe (comme en témoigne d'ailleurs le fait que sa réception médiatique et universitaire a été, en France, particulièrement discrète). Sur toutes ces questions, on pourra également lire avec le plus grand profit les analyses, entre autres, de Jean-Marie Harribey (*La Richesse, l'Inestimable et la Valeur*, Les Liens qui libèrent, 2013), de Cédric Durand (*Le Capital fictif*, Les Prairies ordinaires, 2014), de Jacques Guigou et Jacques Wajnsztein (*Crise financière et capital fictif*, L'Harmattan, 2008), de Wolfgang Streeck (*Du Temps acheté. La crise sans cesse ajournée du capitalisme démocratique*, Gallimard, 2014), de Randall Collins, Immanuel Wallerstein, Craig Calhoun, Michael Mann et Georgi Derluguian (*Le capitalisme a-t-il un avenir ?*, La Découverte, 2014) et de Paul Jorion (*Le Capitalisme à l'agonie*, Fayard, 2011). On trouvera également sur le site de Denis Collin (*Philosophie et politique*) l'une des meilleures introductions critiques – rédigée en août 2014 – à l'ouvrage de Lohoff et Trenckle.

[f] On doit toujours garder présent à l'esprit que les analyses de Marx s'appliquent d'abord à la dynamique d'ensemble du capital (d'où, entre autres, la difficulté à comprendre entièrement les deux premiers livres du *Capital* sans l'effet en retour du livre III) et non pas, sinon à titre pédagogique, au niveau microéconomique. Un concept comme celui de « péréquation du taux de profit » permet par exemple de comprendre qu'une entreprise capitaliste dans laquelle le taux d'exploitation des « ressources humaines » est très élevé ne signifie pas

pour autant une entreprise où le taux de profit réel l'est également (songeons à toutes ces petites et moyennes entreprises aujourd'hui vouées à la « sous-traitance »). Notons aussi que la « loi de la baisse tendancielle du taux moyen de profit » n'est précisément qu'une loi *tendancielle.* Le capital investi dans de nouvelles machines destinées à remplacer le travail vivant peut, par exemple, connaître lui-même une baisse relative de valeur (un ordinateur coûte comparativement moins cher en 2016 qu'en 2006, tout en étant plus performant). Et cette baisse peut même parfois se révéler plus importante que celle de la force de travail restante. Mais quels que soient les facteurs qui viennent ainsi contrecarrer en permanence la tendance à la baisse du taux *moyen* de profit, il reste que le mouvement général du capitalisme *tend* bien en permanence à remplacer le travail vivant par des machines et des robots. Le capitalisme ne serait plus le capitalisme si ce mouvement s'arrêtait (le psychanalyste libéral Serge Tisseron – persuadé depuis longtemps que la compagnie d'un robot vaut largement celle d'un être humain – allait même jusqu'à se réjouir récemment du fait « qu'il existe en France 22 millions de personnes qui vivent seules » – ce qui, au passage, relativise considérablement l'idée selon laquelle la famille « hétéro-patriarcale » représenterait le seul fondement culturel possible du mode de production capitaliste – et qu'il y a donc là la promesse alléchante d'un « immense marché aux robots » ». On sait, du reste, qu'au Japon, la prise en charge des personnes du troisième âge, dans certaines maisons de retraite, est déjà essentiellement assurée par des robots).

[g] C'est naturellement une tout autre question de savoir si la pensée réelle de Keynes, extraordinairement créatrice et complexe, peut ainsi être réduite aux politiques mises en œuvre en son nom. L'un des meilleurs ouvrages sur la question est celui de Paul Jorion, *Penser tout haut l'économie avec Keynes*, Odile Jacob, 2015.

[**h**] L'entrée du système capitaliste dans l'ère du spectacle et de la consommation de masse – elle commence, aux États-Unis, au début des années 1920 – marque donc le moment où il commence à devenir un « fait social total », c'est-à-dire un système désormais capable de tourner sur *ses propres bases politiques et culturelles* et de soumettre à ses lois spécifiques la *totalité* de l'existence humaine (ce qui était encore loin d'être le cas dans l'Angleterre victorienne). Mme Garo conteste qu'il s'agisse là d'une réalité nouvelle pour un lecteur de Marx. « Michéa semble ignorer – écrit-elle ainsi – que le concept marxiste de mode de production inclut bien entendu des formes politiques, *un mode de consommation*, des rapports sociaux, des forces productives, etc. ». S'il s'agit seulement de rappeler par là que toutes les marchandises que l'économie de marché capitaliste est amenée à *produire* sont toujours destinées à être *consommées* sous une forme ou une autre, j'accorde bien volontiers à Mme Garo que Marx était déjà conscient, en effet, de cette banalité de base. Mais s'il s'agit, au contraire, de prétendre que Marx aurait réellement anticipé le « moment fordiste » et la révolution anthropologique radicale que représente, de nos jours, le *mode de vie consumériste* (celui que Mme Garo et la gauche moderne se gardent bien de critiquer), je crains alors que nous n'ayons affaire qu'à une nouvelle hallucination intellectuelle de sa part (il suffit, du reste, de jeter un coup d'œil sur la théorie marxiste du salaire pour s'apercevoir que Marx n'a jamais pu imaginer un seul instant la possibilité d'une *société capitaliste de consommation*). Hallucination alors doublée, dans cette seconde hypothèse, d'une ignorance surprenante de tout ce que l'école de Francfort, la sociologie radicale

américaine d'après guerre (David Riesman, Vance Packard, Wright Mills, etc.) ou l'Internationale situationniste avaient su apporter *de radicalement nouveau*, sur ce point décisif, à l'analyse critique de la société libérale.

[i] Dans un article paru en 1943 (« Political Aspects of Full Employment »), l'économiste polonais Michał Kalecki avait fait preuve d'une étonnante préscience en soulignant que cette situation de quasi-plein-emploi qui caractérisait l'époque fordiste ne pourrait pas être supportée éternellement par les classes dominantes, *pour des raisons strictement politiques*. « Kalecki s'était demandé au départ – note ainsi Wolfgang Streeck (*Du temps acheté*, Gallimard, 2014, p. 53) – ce qu'au juste les employeurs de son temps avaient à objecter à une politique économique keynésienne qui leur garantissait tout de même une croissance continue de leurs entreprises, à l'abri des fluctuations. Sa réponse fut qu'un plein-emploi durable devait faire courir au capital un grand danger : celui que les employés puissent gagner en insolence, une fois oubliée par eux la misère qui accompagne le chômage. La discipline sur le lieu de travail, ainsi qu'en politique, ne tarderait pas à s'effondrer. Pour cette raison, poursuivait Kalecki, le capital devait avoir à proprement parler intérêt à un chômage structurellement incompressible, en permanence, qui servirait d'avertissement aux employés, en préfigurant ce que serait leur avenir s'ils devenaient exigeants. *Mais cela supposait que l'État ait renoncé à garantir le plein-emploi au moyen d'instruments keynésiens* ». C'est d'abord dans cette optique *politique* qu'on pourra comprendre le fameux concept de « taux de chômage naturel » (ce *non-accelerating inflation rate of unemployment* estimé à l'époque à environ 9 % de la population active) que Milton Friedman et Edmund Phelps

s'étaient efforcés de mesurer, en 1968, afin de définir le nombre de chômeurs en dessous duquel un gouvernement ne devait théoriquement jamais descendre, sous peine de mettre en péril les bases mêmes de l'ordre capitaliste (ce qui, au passage, relativise beaucoup la prétention *électorale* de tous les politiciens libéraux à vouloir réellement restaurer le plein-emploi). On se souviendra également des propos très révélateurs de Georges Pompidou reconnaissant, au soir de sa vie, que si le grand patronat français avait exigé avec autant de force, dès la fin des années 1960, l'ouverture en grand des vannes de l'immigration, ce n'était pas pour pallier alors un quelconque manque de main-d'œuvre mais bien d'abord parce qu'il espérait en finir ainsi, une fois pour toutes, avec une situation de quasi-plein-emploi, devenue par trop favorable aux syndicats (et c'est ainsi qu'allait naître le dogme, promis à un bel avenir, que l'immigration économique représentait – selon la formule fondatrice proposée, en 1984, par le giscardien Bernard Stasi – « une chance pour la France »). Tout cela pour nous rappeler que le devenir concret d'une société capitaliste obéit donc toujours *à la fois* à une logique économique (les lois de l'accumulation du capital) et à une logique politique (l'état du rapport de force entre le capital et le travail et les compromis qu'il implique par définition).

[j] *La grande dévalorisation*, p. 39. Il convient néanmoins de souligner que cette illusion d'un capitalisme ayant définitivement surmonté sa contradiction fondamentale, grâce, entre autres, à la politique « keynésienne », se retrouvait souvent sous des formes presque symétriques dans de nombreux écrits de la critique radicale des années 1950 (qui renouait ainsi, paradoxalement, avec certains aspects de la pensée « révisionniste » d'Eduard Bernstein). C'est ce qui explique, entre

autres, que cette mouvance philosophique (c'est par exemple très net chez Herbert Marcuse) ait généralement fini par tenir la seule critique de l'aliénation et du spectacle – en elle-même évidemment indispensable – pour l'ultime angle d'attaque politique encore possible du capitalisme « organisé ». On retrouvera un écho de cette illusion « fordiste » – dont même Polanyi et Orwell ont été victimes – dans le célèbre *métro, boulot, dodo* de Mai 68. C'était encore une époque, en effet, où les transports en commun fonctionnaient correctement, où presque tout le monde avait un emploi, et où les multiples nuisances de la vie moderne n'avaient pas encore imposé l'usage massif d'antidépresseurs et de somnifères.

[**k**] Il faut toujours se méfier des statistiques officielles. Non seulement elles conduisent systématiquement à sous-estimer le taux de chômage réel (ou celui de l'inflation) mais elles ont en outre l'inconvénient *philosophique* majeur de dissocier arbitrairement les conditions de vie réelles du chômeur de celles du travailleur précaire (un recul partiel du chômage au profit d'une nouvelle précarité, aux États-Unis comme en Espagne, pouvant alors être présenté par la propagande médiatique comme l'annonce d'une prochaine « sortie de crise » rendue miraculeusement possible par les politiques d'austérité). Or il apparaît difficile de soutenir que le problème du chômage a été humainement réglé lorsque l'emploi retrouvé par un ancien chômeur, d'ailleurs très souvent *à temps partiel*, lui permet à peine, ou même pas du tout, de couvrir ses besoins matériels les plus élémentaires. Marx avait donc parfaitement raison, de ce point de vue, de refuser cette dissociation artificielle. « La conversion toujours renouvelée – écrivait-il ainsi (*Le Capital*, livre I, chapitre XXV) – d'une partie de la classe ouvrière en autant

de bras *à demi occupés* ou *tout à fait désœuvrés* imprime donc au mouvement de l'industrie moderne *sa forme typique* ».

[**l**] L'ingéniosité de l'industrie financière, lorsqu'il s'agit de concevoir de nouveaux produits dérivés, est aujourd'hui virtuellement sans limites (à l'image de ces CDS qui permettent de s'enrichir en couvrant des risques auxquels on n'est pas exposé personnellement et qui encouragent donc à parier cyniquement – comme Goldman Sachs en Grèce – sur la ruine de celui que l'on « assure » à son insu). Cette nouvelle forme d'accumulation financiarisée du capital aurait donc été impossible sans l'abandon préalable, au début des années 1970, de toute référence à l'étalon-or. Tant que la création monétaire – la « planche à billets » – conservait encore un rapport direct ou indirect avec ce dernier, elle se trouvait en effet nécessairement limitée par la quantité existante, ou susceptible d'être extraite, de cette « relique barbare » (Keynes). C'est donc, avant tout, cette nouvelle possibilité « néolibérale » – pour le système financier et bancaire mondial – de créer indéfiniment de l'argent purement *virtuel* (aussitôt transformé en monnaie sonnante et trébuchante à travers le système des prêts aux États, entreprises et particuliers) qui explique le gonflement continuel de la bulle spéculative planétaire. De ce point de vue, on pourrait dire que l'idéologie néolibérale n'a fait que reprendre à son compte le vieux rêve des alchimistes : transformer le vil plomb du capital fictif en or pur de la croissance réelle. Avec d'ailleurs un succès du même ordre.

[**m**] « Le pouvoir acquis par le capital fictif s'incarne dans la liquidité des marchés financiers. Les titres représentent une préemption sur la production future, mais offrent aussi à leurs détenteurs la possibilité de se convertir à tout instant en monnaie véritable. *Collectivement, cette liquidité n'est qu'une illusion*, puisque la

liquidation immédiate de toutes les promesses est impossible » (Cédric Durand, *Le Capital fictif*, *op. cit.*, p. 188). C'est bien là, en effet, une des contradictions majeures du système capitaliste moderne : si tous les détenteurs de titres *décidaient de vendre au même moment* (mais à qui ?), le système s'effondrerait aussitôt, du fait de l'écart désormais abyssal entre le volume des créances – autrement dit, du capital fictif – et celui des moyens de paiement liés à la croissance de l'économie « réelle ». On comprend alors mieux, au passage, le rôle décisif que jouent les comportements *mimétiques* (par exemple les rumeurs et les paniques) dans le déclenchement des crises du capitalisme et dans les phénomènes de réactions en chaîne qui en sont la conséquence naturelle. Le problème c'est que comme le système capitaliste se fonde, par définition, sur la concurrence de tous avec tous et donc sur un climat de méfiance et de soupçon permanent (dont les théories postmodernes de la « déconstruction » ne sont, au fond, que la transposition universitaire) il encourage inévitablement de tels comportements. C'est ici que René Girard peut utilement compléter Marx.

[**n**] Le fait que le système d'accumulation « financiarisée » du capital ne repose plus seulement sur l'exploitation *présente* de la classe ouvrière – et le pillage néocolonial des peuples du Sud – mais diffuse également ses effets spoliateurs – du fait de la nature même du capital fictif – à l'ensemble de la société (on l'a bien vu lors de la crise des *subprimes*, lorsque même des Américains des *nouvelles classes moyennes* ont perdu leur travail ou se sont vus expulsés de leur maison) constitue donc incontestablement une base objective en grande partie nouvelle pour la constitution d'un mouvement social infiniment plus rassembleur qu'à l'époque fordiste. Là encore, Podemos est l'un des premiers à l'avoir

compris. Mais cela suppose également que cette alliance indispensable entre les classes populaires et une fraction importante des nouvelles classes moyennes ne retombe pas immédiatement sous l'emprise idéologique des seuls représentants intellectuels de ces dernières (ce qui conduirait alors ce nouveau mouvement social à reproduire en accéléré toutes les erreurs des révolutions passées). Sur cette question cruciale, on ne peut que renvoyer aux analyses particulièrement stimulantes – et qui appellent, à ce titre, une véritable discussion – que Chantal Mouffe et Ernesto Laclau ont consacrées, dans le sillage de Gramsci, au concept d'*hégémonie.*

[**o**] « En février 2010, Apple a remplacé Microsoft comme seconde entreprise la plus chère au monde. Sa capitalisation boursière est alors de 222 milliards de dollars. Mais cette entreprise n'emploie guère plus de 32 000 salariés au niveau mondial. Même si tous ces ouvriers effectuaient un travail producteur de valeur, la valeur qu'ils produiraient serait sans rapport avec la masse de richesse capitaliste que ces entreprises ont amassée. À titre de comparaison, Walmart, la quatrième entreprise américaine par la capitalisation boursière, emploie aujourd'hui deux millions de personnes. General Electric, qui se place avec ses 173 millions de dollars de capitalisation boursière au septième rang, emploie toujours, malgré des processus massifs de rationalisation, 500 000 personnes » (*La Grande Dévalorisation*, p. 277). On pourrait naturellement multiplier à l'infini de tels exemples. C'est ainsi que beaucoup ont appris avec étonnement, lors du rachat par Facebook, en 2014, de WhatsApp, que cette dernière société n'utilisait en réalité les services que d'une *cinquantaine* d'employés, alors même que sa capitalisation boursière était déjà supérieure à celle de Sony qui continue pourtant d'employer des centaines de milliers de travailleurs.

De toute évidence, ce n'est donc pas en misant sur ces « industries du futur » chères à la gauche siliconiste, qu'il deviendra possible de résoudre dans sa globalité la question du chômage de masse et de la précarité. Et l'on comprend alors qu'une partie croissante des élites libérales (qui redoutent à juste titre les effets politiques futurs de cette bombe sociale) songent désormais à refroidir provisoirement le réacteur en s'ouvrant progressivement à l'idée, déjà théorisée par Milton Friedman, d'une « allocation universelle de citoyenneté » qui serait versée à chaque individu pendant toute la durée de sa vie, qu'il accepte de travailler ou non (idée qui ne fait, au fond, que reprendre sous une forme nouvelle les anciennes pratiques clientélistes de la Rome impériale). C'est seulement à ce prix, en effet, que l'accumulation du capital pourrait se poursuivre, quelques décennies encore, dans une « paix sociale » relative. On peut donc être pratiquement certain que, dans les années à venir, ce projet libéral d'une société à deux (ou trois) vitesses, où seule une minorité du genre humain – 20 % selon certaines estimations – serait condamnée au travail productif à temps plein, recevra un accueil de plus en plus favorable de la part de la gauche et de l'extrême gauche (alors que la véritable solution socialiste serait, bien entendu, de *travailler beaucoup moins pour travailler tous*).

[**p**] Dans *La Croix* du 2 juin 2016, Étienne Klein résumait parfaitement cette dimension écologique du problème : « Même si elles furent provoquées par des blocages et non par de véritables pénuries, les récentes files d'attente devant les stations-services nous ont offert une occasion supplémentaire de prendre conscience de ce qu'il convient d'appeler notre “servitude énergétique” : nos sociétés sont de plus en plus dépendantes de sources d'énergie pour l'essentiel

fossiles, et elles savent que pour entretenir leur système de production et de consommation, elles doivent continuer à “croître”, c’est-à-dire à disposer de plus en plus d’énergie de plus en plus rapidement. Or à la différence des précédentes crises, où la découverte d’une nouvelle source d’énergie primaire semblait suffire à résoudre le problème en relançant un cycle de croissance, nos sociétés se savent désormais menacées par les effets nocifs et irréversibles que provoque leur mode de développement. Elles se trouvent ainsi mises dans un cercle vicieux : le mouvement continu de ce cercle n’est possible qu’à la condition que la croissance ne s’arrête pas ; or le combustible de cette croissance, lui, risque de s’épuiser un jour. » De ce point de vue, on pourrait comparer la condition de l’homme moderne à celle de ces passagers d’un bus sous lequel un psychopathe a placé une bombe destinée à exploser automatiquement si jamais sa vitesse descendait en dessous de 50 miles/h (*Speed*, thriller tourné en 1994 par Jan de Bont et qui est en fait le remake de *Super Express 109*, film japonais réalisé en 1975 par Junya Satō). À ceci près que la bombe placée sous nos pieds par ceux qui ont pris la planète en otage a été programmée pour exploser dès que notre vitesse aura cessé de *croître*. Un scénario à la Emmanuel Macron, en somme.

[**q**] « La politique dite d’assouplissement quantitatif – écrit Jean-François Gayraud dans *L’Art de la guerre financière* (Odile Jacob, 2016, p. 33) – consistant à racheter massivement de la dette privée et publique sur les marchés, ressemble à un déversement de *fausse monnaie* à une échelle jamais vue dans l’histoire. Cette monnaie émerge non en contrepartie de nouvelles richesses créées, mais par anticipation d’une hypothétique richesse future afin de réveiller une économie moribonde [...]. Ce tsunami de fausse monnaie n’est

pas sans conséquences : l'argent se perd dans les méandres des institutions financières qui le placent sur les marchés financiers ; les multinationales rachètent leurs propres actions pour faire monter leur cours de Bourse ; la manipulation des taux d'intérêt par les banques est permanente, ce qui fausse la perception des risques et la réalité des prix ; les bulles boursières et immobilières gonflent au profit des classes supérieures. On voit ainsi s'accumuler un *capital fictif* fait de dettes et de titres financiers, déconnecté de manière croissante de la création de richesses dans l'économie réelle. » Profitons-en pour souligner que l'un des grands mérites des ouvrages de Jean-François Gayraud (il avait déjà publié, entre autres, *La Grande Fraude. Crime, subprimes et crises financières,* Odile Jacob, 2011) est de mettre systématiquement en lumière la dimension *mafieuse*, encore trop souvent passée sous silence, du capitalisme globalisé.

[**r**] Quand bien même Angela Merkel et Wolfgang Schäuble décideraient de rétablir l'esclavage en Grèce, ou dans tout autre pays européen, les perspectives de « croissance » future ne permettront plus jamais de rembourser la « dette » financière mondiale déjà accumulée (c'est d'ailleurs une des raisons pour lesquelles Bruxelles s'était aussitôt empressé de transformer en dette *publique* – donc à la charge des contribuables européens – la plupart des dettes que la Grèce avait contractées auprès d'investisseurs *privés*, notamment lors de l'organisation des Jeux olympiques de 2004 – où le système de sécurité vendu à prix d'or par Siemens n'a jamais fonctionné – ou de l'achat à l'entreprise Dassault d'avions de combats particulièrement coûteux). Aussi bien les politiques dites d'austérité ne peuvent-elles jamais avoir pour objectif premier, ni même véritable, de résoudre réellement ce « problème »

de la dette. Il s'agit seulement, en réalité, d'envoyer par ce biais des « signes positifs » aux marchés financiers (et à leurs agences de notation) et de les « rassurer » quant à la capacité des États modernes à tenir leurs peuples en main. Naturellement, il peut toujours arriver qu'une politique de ce type porte quelque temps ses fruits – c'est par exemple ce qui s'est passé en Allemagne au lendemain de la réunification – dans la mesure où elle permet alors aux industriels d'un pays donné d'exporter leurs produits à moindre coût (on ne doit cependant pas oublier – comme le rappelle Jean-François Gayraud dans *L'Art de la guerre financière* – le rôle joué dans ce succès allemand par l'incroyable cynisme de la Deutsche Bank et du grand patronat d'outre-Rhin). Mais c'est, bien sûr, sous la condition que ce pays reste le seul, ou du moins l'un des seuls, à prendre de telles mesures d'« austérité » et que les classes populaires des pays qui importent ses produits conservent, quant à elles, l'essentiel de leur pouvoir d'achat. Si, par conséquent, tous les autres pays européens décidaient d'imiter *en même temps* le « modèle » allemand – ce qui constitue précisément le programme préconisé par la plupart des idéologues libéraux – il va de soi que tous les « bénéfices » de cette politique se trouveraient rapidement annulés. On retrouve là tous les problèmes liés au *mimétisme libéral*.

[**s**] Nous disposons, à présent, de suffisamment d'éléments pour être en mesure d'anticiper en partie ce *monde d'après*, tel que les innombrables « futurologues » de l'élite industrielle et financière mondiale ont déjà commencé à en élaborer le scénario. Il ne pourrait bien sûr s'agir, *dans cette hypothèse libérale*, que d'une société duale, assez semblable, au fond, à celle que H.G. Wells avait magistralement décrite, en 1895, dans *La Machine à explorer le temps* (les descendants des classes privilégiées – les *Éloïs* – étant alors censés occuper – l'action

se situe en 802701 – toute la surface d'une terre redevenue verdoyante, tandis que ceux des classes populaires – les terrifiants *Morlocks* – ont été relégués dans les profondeurs des mondes souterrains). C'est ainsi que les géants de la Silicon Valley – Google, Amazon, Facebook ou Apple – en sont déjà à réfléchir concrètement, depuis un certain nombre d'années, aux différentes possibilités de créer, un peu partout dans le monde, des territoires entièrement off-shore (que ces nouvelles zones à défendre du *libéralisme post-démocratique* prennent la forme de « micro-nations » ou même, comme l'imagine Patri Friedman, de « villes flottantes » situées dans les eaux internationales) à l'abri desquelles les *Éloïs* du futur pourraient se voir indéfiniment protégés de toute intervention étatique – notamment sur le plan fiscal – et libérés une fois pour toutes de toute responsabilité envers la nature et le reste du genre humain. Tout en bénéficiant par ailleurs (ce qui réjouira certainement Raphaël Liogier) de tous les privilèges à venir de l'« homme augmenté », voire immortel, et des gadgets sans cesse renouvelés de la technologie siliconienne. Quant au monde des *Morlocks* (autrement dit, celui de l'immense majorité des humains) – et bien que les idéologues siliconiens se montrent plutôt discrets sur cette question de l'avenir des *losers* – il ressemblera sans doute comme deux gouttes d'eau, si l'on suit jusqu'au bout cette logique libérale, à celui que *No Border* s'efforce déjà de mettre en place dans la *zone expérimentale de Calais*. Autrement dit, à un univers « multiculturel » – où l'ordre serait assuré, dans l'idéal, par des mafias venues du monde entier – et dans lequel la logique de l'*ubérisation de la vie quotidienne* aurait été poussée à son degré ultime. Les quelques entreprises indispensables à la survie quotidienne des populations de passage (ou provisoirement sédentarisées) se retrouvant dès lors entièrement libres d'investir aussi bien dans des activités relevant de l'économie marchande classique (restaurants, magasins d'alimentation, ateliers de réparation, lieux de loisirs, etc.) que dans celles qui étaient encore tenues jusqu'ici pour illégales, par exemple le trafic de drogue ou la prostitution. Cette *zone expérimentale de Calais* apparaît d'ailleurs si novatrice, d'un point de vue libéral, qu'on ne peut même plus exclure totalement, dans l'hypothèse où ce projet d'ubérisation intégrale de la vie se révélerait suffisamment prometteur, que certains gouvernements européens envisagent dès maintenant d'en étendre le principe – de préférence dans ces dernières zones rurales qui échappent encore partiellement à l'emprise du capitalisme global – sous le prétexte humanitaire tout trouvé de l'indispensable accueil de ces réfugiés du monde entier que les puissances occidentales savent désormais fabriquer en série grâce à leurs interventions militaires à répétition (mais il va de soi que tout autre prétexte idéologique ferait aussi bien l'affaire). Bien entendu, les formes de vie concrètes de ces nouvelles *zones franches* du monde « post-démocratique » (puisque comme le rappelait encore il y a peu Peter Thiel, l'un des principaux mécènes de ce vaste projet libertarien, « *la liberté n'est pas compatible avec la démocratie* ») devront nécessairement différer du tout au tout selon qu'il s'agira de territoires *Éloïs* ou de territoires *Morlocks* (les premiers relevant plutôt de l'imaginaire de *Brazil* et du *Meilleur des mondes*, les seconds de celui de *Mad Max* et de *Blade Runner*). Mais, *sur le fond*, il n'existe déjà plus aucune différence philosophique majeure entre la vision du monde futur des libertariens de la Silicon Valley et celle des libertariens de *No Border* (comme le confirme, entre autres, cette nouvelle idéologie « pirate » qui se développe à présent un peu partout dans la jeunesse des nouvelles classes moyennes du monde entier, que ce soit sous une forme de « gauche » ou sous une forme de « droite »). Et comme, de surcroît, il deviendra très vite indispensable – dans cette hypothèse (déjà anticipée par Christopher Lasch) d'une sécession généralisée des élites – de neutraliser *de toutes les manières possibles* les inévitables tensions et conflits qu'engendrera nécessairement la coexistence de deux univers aussi différents (songeons au type de sécurité qu'implique déjà la protection des « villes fermées » aux États-Unis) il faudra bien, tôt ou tard, que libertariens de droite et libertariens de gauche en viennent à associer leurs efforts afin de pouvoir exercer en commun le *contrôle policier renforcé* – qu'il soit à base de *soft power* ou de *hard power* – qu'exigera inéluctablement ce nouveau type de « société » duale et intégralement ubérisée. Telle est du moins – à lire les plus récents écrits de leur pléthorique domesticité intellectuelle – la façon dont les capitalistes les plus riches et les puissants de la planète, ceux de la Silicon Valley, envisagent à présent leur propre avenir, sur fond de crise montante du système économique et financier mondial et de destruction accélérée de l'environnement. Et, par ricochet, celui du reste de l'humanité.

[**t**] Une sortie aussi pacifique et civilisée que possible du système capitaliste ne reste aujourd'hui envisageable, au moins dans le cas des nations européennes, que si un nouveau mouvement politique et social parvenait à rassembler la plus grande partie des classes populaires – *y compris, par conséquent, celles qui votent aujourd'hui à droite ou se réfugient dans l'abstention* – sur un programme de transition à la fois réaliste et cohérent et qui s'engage dès le départ *dans la bonne direction.* Autant dire que ce n'est certainement pas en exhortant ces classes populaires à venir se ranger docilement sous la seule bannière de la « gauche radicale » et de son

libéralisme culturel sans rivage qu'il deviendra possible de « fédérer le peuple » (pour reprendre l'expression très *podémienne* de Jean-Luc Mélenchon). D'autant que pour un nombre croissant de personnes d'origine modeste, dont la vie quotidienne est aujourd'hui devenue un véritable enfer, ce nom de « gauche » n'évoque plus, au mieux, que la défense des seuls salariés du secteur public (dont ils envient, à juste titre, le statut encore protecteur, tout en idéalisant souvent leurs conditions de travail réelles) et, au pire, celle de ces journalistes, intellectuels et artistes du showbiz dont la bonne conscience imperturbable et le ton constamment moralisateur leur sont devenus littéralement *insupportables* (qui dira combien de voix le « citoyennisme » débridé des grands médias libéraux – et de la brigade du rire correspondante – aura fait gagner au Front National ?). Le paradoxe du printemps 2016 aurait pourtant dû alerter ici les plus sceptiques. Il confirmait amplement, en effet, que si les classes populaires étaient *massivement* hostiles à une réforme du code du travail imposée par la Commission européenne et prioritairement destinée à accroître encore plus la précarité (ou la « flexibilité ») de leurs conditions d'existence, elles étaient en revanche nettement moins enthousiastes à l'idée de voir le légitime mouvement de protestation que cette réforme suscitait détourné, dès les premiers jours, au profit de la seule gauche « radicale » et de ses stratégies de lutte *isolationnistes* (et il y avait effectivement quelque chose d'assez surréaliste dans le fait qu'un tel mouvement ait officiellement pris naissance dans un appel diffusé sur les « réseaux sociaux » par Caroline De Haas, ancienne militante du parti « socialiste » et, jusque-là, beaucoup plus familière des arrière-cuisines ministérielles et du « féminisme » libéral que du combat de ceux et celles qui doivent supporter quotidiennement tout le poids de la pyramide sociale).

Si le nom de gauche a ainsi clairement perdu, *de nos jours*, l'essentiel de son ancien pouvoir rassembleur, on pourrait penser qu'il en va de même avec celui de « socialisme ». Les choses sont cependant ici un peu plus compliquées. S'agissant du mot lui-même, je reconnais volontiers qu'il souffre aujourd'hui du même discrédit politique (pour des raisons qui tiennent, entre autres, à l'histoire du XXe siècle) que celui de « gauche ». C'est, du reste, l'une des raisons pour lesquelles tous les mouvements radicaux qui ont réussi, depuis une dizaine d'années, à rencontrer un véritable écho auprès des classes populaires – de Podemos aux zapatistes – ont toujours pris grand soin de mettre en avant de nouveaux sigles et de nouvelles dénominations. Sur le plan philosophique, en revanche, la question se présente de façon très différente. D'une part, en effet, il devrait être clair que seule une théorie de type socialiste, *au sens originel du terme*, dispose par définition des outils intellectuels indispensables pour fonder un regard *critique* sur la dynamique modernisatrice du capitalisme global et, notamment, pour y déceler la cause *première* – directe ou indirecte – du malaise grandissant des gens ordinaires (plutôt que les seuls « immigrés », les juifs, les fonctionnaires, les forces du passé, les « Français de souche » ou même – selon la formule plus restrictive d'*Osez le féminisme* – les « mâles blancs de plus de cinquante ans »). Là où la gauche moderne, parce qu'elle demeure désespérément prisonnière de son culte religieux du « progrès » et du « sens de l'histoire », est au contraire toujours portée à légitimer le noyau dur de cette dynamique et à en célébrer avec enthousiasme toutes les implications « morales » et culturelles. D'autre part, ce sont bien également les principes philosophiques du socialisme originel – pour peu qu'on accepte d'en tirer toutes les conséquences pratiques (ce qui, il est vrai, a rarement été le cas jusqu'ici) – qui continuent d'offrir, de nos jours, l'une des meilleures bases de départ possibles pour définir une politique d'émancipation qui soit réellement susceptible d'être comprise et acceptée par toutes ces catégories populaires auxquelles la gauche ne sait plus désormais s'adresser que sur un ton culpabilisant et moralisateur. Essayons d'expliquer brièvement ce point décisif.

On doit toujours rappeler, pour commencer, que la critique socialiste originelle s'inspirait du même idéal de liberté et d'égalité que celui de la philosophie des Lumières et de la Révolution française (et en ce sens, elle s'inscrit donc pleinement dans le cadre de la philosophie *moderne* et de son refus des *hiérarchies* politiques et sociales traditionnelles, ce qui suffit, au passage, à la distinguer de cette critique « amère, mordante et spirituelle » du capitalisme naissant, selon la formule de Marx dans le *Manifeste*, qui était alors celle de la droite réactionnaire et religieuse). Mais c'était cependant toujours – à la différence de l'idéologie libérale – en veillant à réinscrire cet idéal politique émancipateur dans l'horizon *concret* de la vie commune et de la protection des biens *communs* (les mots de « socialisme » et de « communisme » sont, de ce point de vue, suffisamment expressifs). De là, comme on l'a déjà vu, la critique constante par les fondateurs du socialisme de cette « atomisation du monde » et de la dissolution parallèle du lien social que la logique libérale (fondée sur l'idée que l'homme est « indépendant par nature » et qu'il ne peut ainsi choisir de *se lier* à ses semblables que sur des bases contractuelles et conformes à son intérêt bien compris) tendait, selon eux, à favoriser de manière inexorable (et c'est, bien sûr, sur ce point précis que la critique socialiste recoupait *en partie* celle, « réactionnaire », d'un Joseph de Maistre, d'un Carlyle ou d'un Balzac, de sorte qu'elle se trouvait confrontée en permanence à la nécessité dialectique – étrangère au binarisme de toute pensée de gauche – de *lutter sur deux fronts*). La communauté – comme le résumait, par exemple, Gustav Landauer (sans doute le plus créatif des socialistes libertaires du début du XXe siècle) – « n'est pas une *somme d'atomes individuels isolés* mais un ensemble organique commun qui, issu de groupes multiples, tend à s'élargir jusqu'à former une voûte ».

Or nous connaissons beaucoup mieux à présent – grâce, entre autres, aux travaux de Marcel Mauss et de Karl Polanyi (et de leurs héritiers) – ce que recouvre exactement, sur un plan anthropologique, le terme de « communauté » (cette *gemeinschaft* de Marx que l'extrême gauche « citoyenne » assimile généralement, du fait de sa culture philosophique proche du néant, à un concept d'origine nationaliste ou fasciste). Il est devenu en effet impossible de continuer à la réduire à un simple « corps fictif » essentiellement peuplé de monades en mouvement perpétuel et ne nouant entre elles que des rapports « contractuels » plus ou moins passagers (la vie « normale », en d'autres termes, de l'universitaire « radical-chic » parisien ou du cadre supérieur new-yorkais). « La découverte la plus marquante de la recherche historique et anthropologique – écrit ainsi Polanyi dans *La Grande Transformation* (1944) – est que les relations sociales de l'homme englobent, en général, son économie. L'homme agit, de manière non pas à protéger son intérêt individuel à posséder des biens matériels, mais de manière à *garantir sa position sociale*, ses droits sociaux, ses avantages sociaux. » En ce sens, ajoutait-il, « *le maintien des liens sociaux est essentiel.* D'abord, parce qu'en n'observant pas le code admis de l'honneur ou de la générosité, l'individu se coupe de la communauté et devient un paria ; ensuite parce que toutes les obligations sociales sont à long terme réciproques ».

Pour le dire de façon plus simple, le principal acquis de l'anthropologie moderne – qui confirme entièrement, de ce point de vue, le sentiment spontané des gens ordinaires – c'est donc d'avoir établi que le désir premier de l'être humain n'était pas tant d'accumuler indéfiniment des richesses matérielles et de placer toutes ses relations à autrui, ou à la nature, sous le signe du calcul intéressé (« l'*Homo œconomicus* – disait Marcel Mauss dans son *Essai sur le don* – n'est pas derrière nous, il est devant nous ») que celui d'être *reconnu*, autrement dit, d'occuper une *place* globalement définie dans un cadre social et culturel possédant *un minimum* de stabilité (il ne serait d'ailleurs pas très difficile de montrer que ce que Marx appelait la « pulsion d'enrichissement » du capitaliste trouve elle-même son principe *psychologique* ultime dans un *désir de reconnaissance*). Or comme la place occupée par les uns dépend nécessairement de celle occupée par les autres (le statut accordé aux femmes, par exemple, est lié à celui qui est reconnu aux hommes), il s'ensuit qu'une communauté humaine ne peut atteindre ce point d'équilibre (ou ce degré de cohésion interne) qui permet de garantir à tous ses membres une forme minimale de reconnaissance, ou d'« identité », que lorsqu'elle a réussi à définir un système de places et de statuts suffisamment cohérent – qu'il soit ou non égalitaire – pour que chacun puisse désormais déterminer par lui-même ce qu'il est tenu de *donner* (et dans quelles circonstances), de *recevoir* et de *rendre*, sous peine de « perdre la face », et de manquer à son « honneur » ou à sa dignité personnelle. C'est précisément ce que Žižek appelle (*Jacques Lacan à Hollywood et ailleurs*,

p. 78) le « niveau de l'identité symbolique », autrement dit celui qui « définit la place à laquelle le sujet est assigné *au sein du réseau symbolique intersubjectif* » (une formule qui n'a évidemment aucun sens si on pense le sujet individuel comme une monade repliée sur elle-même et guidée par son seul intérêt). En négligeant ce rôle anthropologique majeur du sens de l'honneur de la « face » et de l'« identité » – dont le narcissisme moderne ne constitue qu'un pâle ersatz individualiste – on s'interdit donc de comprendre les multiples « bénéfices secondaires » que *les dominé*(*e*)*s eux-mêmes* – dans toute communauté dont le mode de vie n'a pas encore été intégralement « modernisé » par la logique marchande – tirent à chaque instant de leur place symbolique, serait-elle « subalterne » et méprisée.

Pourquoi, par exemple, un si grand nombre de femmes immigrées de tradition musulmane s'accrochent-elles *aujourd'hui* avec autant d'obstination à ce port du voile (la *burka* et le *niqab* s'inscrivant clairement, du moins sous nos latitudes, dans une tout autre logique, de nature avant tout provocatrice et xénophobe) alors même qu'il constitue un signe manifeste de leur soumission au pouvoir masculin (ce dont, en général, elles sont rarement dupes) ? Le concept d'aliénation – aussi précieux soit-il – n'explique ici qu'une partie du problème. C'est qu'il est impossible, en réalité, de comprendre entièrement un tel type d'attitude si l'on ne commence pas – comme nous y invite Žižek – par « rejeter l'idée selon laquelle la protection de son mode de vie spécifique est en soi une catégorie proto-fasciste ou raciste » (*La Nouvelle Lutte des classes*, p. 27). Une fois admis, en revanche, que le désir premier qui constitue l'être humain *en tant que tel* est bien celui d'être reconnu, et que seul le système de places défini par l'appartenance à telle ou telle communauté – serait-elle inégalitaire – garantit au quotidien les principes premiers de cette reconnaissance minimale, il devient alors beaucoup plus facile de comprendre ce qui peut pousser ces femmes musulmanes – et notamment les plus jeunes, c'est-à-dire celles dont l'identité est aujourd'hui la plus fragile et la plus problématique – à vouloir ainsi s'abriter derrière un signe identitaire qui objective pourtant leur soumission. C'est que dans les nouvelles conditions historiques et culturelles qui correspondent au capitalisme occidental tardif, ce signe représente *en même temps* à leurs yeux, et sans doute même *d'abord*, l'une des ultimes façons qui leur reste (en l'absence persistante de tout mouvement radical capable de conférer un sens politique à leur désarroi existentiel) de protester implicitement contre la dissolution continuelle de leur humanité spécifique dans le règne *libéral* des individus atomisés et *sans appartenance* (et cela d'autant plus – comme le notait Fethi Benslama dans *Le Monde* du 6 août 2016 – que l'investissement dans les signes *extérieurs* de la foi islamique est d'abord le fait de ceux et celles « qui ne sentent pas assez musulmans et s'obligent à l'être encore plus et plus visiblement »).

Il en irait bien sûr de même – quoique sous une forme à la fois beaucoup plus tranquille (puisque tout désir de provocation en est absent) et plus solidement enracinée dans l'histoire collective du groupe d'appartenance – de toutes ces manières de vivre et d'afficher son identité qui caractérisent, aujourd'hui encore, la plus grande partie des classes populaires de notre pays. Qu'il s'agisse de la chasse ou de la pêche traditionnelles, de l'art culinaire local ou des innombrables férias annuelles, des coutumes propres à un village, un quartier ou une région, ou encore de la passion légitime que ces classes éprouvent habituellement pour le club de rugby ou de football local. Manières d'être *spécifiques* qui ont généralement le don d'indisposer les âmes bien nées, toujours promptes à s'insurger contre ce « conservatisme tempéramental » des gens ordinaires dans lequel Orwell voyait, au contraire, l'un des points d'appui les plus solides pour le combat socialiste (les identités fabriquées en série par l'industrie de la mode ne soulevant jamais, en revanche, de critiques analogues de la part des élites). Si, dans ces conditions – au nom de l'idée naïvement *thatchérienne* que « la société n'existe pas » et qu'une communauté ne constitue rien d'autre qu'un « corps fictif » dont on peut arbitrairement modifier la structure profonde, comme dans un jeu de Lego, au gré des fantasmes du moment (idée qui correspond d'abord, encore une fois, au mode de vie mobile et « affranchi » de ces élites elles-mêmes) – on en venait donc à refuser de voir qu'il existe presque toujours d'excellentes raisons, pour le « peuple d'en bas », de vouloir protéger à tout prix son mode de vie spécifique, on s'expose alors *inévitablement* à une catastrophe politique (catastrophe que l'on s'empressera d'ailleurs – par paresse intellectuelle – de mettre aussitôt au compte d'une fantasmatique « droitisation de la société »). C'est là, en un sens, tout le problème que pose cette fameuse « servitude volontaire » – qu'il apparaît pourtant difficile de réduire à la *seule* défense aliénée de son propre esclavage, sauf à supposer aux dominés une absence totale d'intelligence et de bon sens élémentaire. « Servitude volontaire » que tout mouvement dit « révolutionnaire » est condamné à devoir affronter chaque fois qu'il entend se comporter avec les classes « subalternes » de façon essentiellement autoritaire et idéologique (il suffit de penser ici à l'exemple de la Vendée pendant la Révolution française ou à la résistance des paysans russes lors de la « collectivisation » de leurs terres par le pouvoir stalinien). Or cette « servitude volontaire » – si féconde que soit, encore une fois, la notion de « conscience aliénée » (songeons seulement à la chasse moderne aux Pokémons) – s'explique certainement *tout autant*, sinon même encore plus, par le fait qu'aucune communauté humaine (sauf, à l'occasion, ses propres élites, chaque fois qu'elles y voient – par exemple pendant la colonisation – une occasion d'étendre encore plus leur pouvoir politique et culturel sur les catégories dites « inférieures ») ne pourra jamais accepter de gaieté de cœur qu'on vienne bouleverser *d'en haut* et *du dehors* – à la manière des colons, des missionnaires, des « économistes » du FMI ou des artistes bien-pensants du showbiz – ses manières de vivre et de penser habituelles, quand bien même celles-ci contribueraient *également*, par ailleurs, à entretenir leur assujettissement social ou individuel. Est-ce d'ailleurs tout à fait un hasard si l'extrême gauche contemporaine – qui ne sait presque plus s'adresser aux classes populaires qu'en leur administrant (dans ce jargon sectaire si caractéristique qui la protège en permanence de tout retour du réel) ses éternelles leçons de maintien social et de savoir-vivre politique – échoue de façon si pathétique, depuis des décennies, à briser son plafond de verre ? Et si cette extrême gauche ressemble tellement, sur ce point précis, à ces farouches républicains du XIXe siècle qui refusaient, en toute bonne conscience, d'accorder le droit de vote aux femmes, persuadés qu'ils étaient que l'Église catholique et la « Réaction » exerceraient toujours sur elles un pouvoir moral et psychologique indélébile ? *Fiat Revolutio, pereat populus*, telle est bien, en définitive, la devise implicite de tout révolutionnarisme abstrait, toujours prêt, quand les circonstances l'« exigent », à sacrifier le peuple « de chair et de sang »

(Ernesto Laclau et Chantal Mouffe) à tel ou tel des dogmes indispensables au confort intellectuel de ses fidèles. L'ennui, c'est qu'on ne peut jamais faire le bonheur des gens ordinaires *malgré eux* (ni *a fortiori contre eux*). Et que ceux-ci finissent donc toujours par se retourner tôt ou tard – et parfois les armes à la main – contre tous ceux qui prétendraient leur faire la leçon *en les prenant de haut*.

Quels que soient, par conséquent, les fondements naturels du désir de liberté (on sait qu'il est déjà présent dans le monde animal), toute communauté humaine – qu'il s'agisse d'une tribu aborigène, de l'Inde des castes ou du Japon féodal – se trouve donc inévitablement confrontée au problème de sa cohésion anthropologique quotidienne et la question première qui commande toutes les formes possibles de son « auto-institution », c'est partout et toujours – comme l'écrivait déjà Marcel Mauss – « comment s'opposer sans se massacrer ? » (L'exemple des Iks d'Ouganda, si bien étudiés par Colin Turnbull dans les années 1970), – on se reportera également à la remarquable analyse de Vincent Cheynet dans *La Décroissance* de septembre 2016 – constituant la démonstration par l'absurde de cette thèse anthropologique). On ne pourra dès lors envisager sérieusement de vaincre les éventuelles réticences, voire l'hostilité ouverte, des classes et des peuples les plus opprimés – et réussir à les convaincre des bienfaits réels de l'égalité et de la liberté *modernes* (sauf à vouloir les encourager, par simple calcul électoral, à se replier sur eux-mêmes en durcissant *artificiellement* leur propre identité) – que si cette liberté et cette égalité modernes se voient peu à peu introduites dans leur vie quotidienne, non seulement, bien sûr, avec leur concours mais aussi, *et surtout*, sous une forme qui ne conduise jamais à désintégrer *en totalité* cet horizon de reconnaissance réciproque préalable qui, seul, peut conférer un sens à l'idée même de *vie commune* et de *monde commun* (ce qui présuppose, dans tous les cas, un minimum d'empathie à l'endroit des gens ordinaires). Autrement dit, et pour reprendre une formule célèbre, il serait désormais temps de prendre enfin conscience, après un siècle de déboires « révolutionnaires » répétés en boucle, qu'on ne détruit jamais de façon définitive que les coutumes et les institutions qu'on est capable de *remplacer concrètement*, c'est-à-dire dont on a su se réapproprier dialectiquement – sous une forme culturelle, sociale et politique nouvelle – les principales fonctions anthropologiquement *équilibrantes* et « identitaires ». Or il est clair, de ce point de vue, que ni l'idéologie des « droits de l'homme » ni la lutte uniformisatrice « contre toutes les discriminations » – du fait de leur abstraction constitutive (« cette terrible passion abstraite, écrivait Camus, qui a mutilé tant d'hommes ») – ne sont philosophiquement armées pour prendre en charge ce sens de l'honneur et cette triple obligation anthropologique de *donner, recevoir et rendre* sur laquelle repose, en dernière instance, le lien social primaire, ne serait-ce que parce qu'une telle obligation comporte toujours *un moment d'asymétrie* (on est, tour à tour, celui qui oblige et celui qui est obligé, celui qui donne et celui qui reçoit, celui qui invite et celui qui est invité). Et il y a d'ailleurs tout lieu de s'en réjouir. Car l'utopie moderne d'une *société de plaideurs* – relisons ici la comédie prophétique de Racine – dans laquelle la logique purement abstraite et procédurière du droit libéral aurait fini par supplanter entièrement celle du don et de la vie commune – ce « communisme quotidien » qu'évoquait David Graeber – ne peut en effet conduire qu'à un monde psychologiquement épuisant et humainement *invivable* (sauf, bien sûr, pour ceux – omniprésents dans l'extrême gauche – qui ne peuvent s'épanouir que dans les conflits d'ego et les rapports de pouvoir). Celui, en d'autres termes, de la guerre quotidienne de tous contre tous, qu'elle soit médiée ou non par le système judiciaire. La tyrannie du droit (ou, si l'on préfère, celle du « politiquement correct ») n'est certes pas moins meurtrière que celle du Marché et ce n'est, du reste, assurément pas un hasard si les deux avancent presque toujours du même pas.

Nous retrouvons ici, en somme, le vieux problème hégélien de la dialectique de l'universel et du particulier que le concept central d'*Aufhebung* était précisément censé résoudre (et ce n'est pas non plus un hasard si toute théorie authentiquement socialiste finit toujours par renouer, d'une façon ou d'une autre, avec la dialectique de Hegel, plutôt qu'avec celle de Spinoza ou de Kant). Soit, en effet, on s'obstine à penser que l'accès aux véritables valeurs universelles – celles qui seraient en droit, et *moyennant la traduction symbolique appropriée*, susceptibles de parler réellement à tous les peuples de la terre (je renvoie ici aux travaux de François Jullien) – exige que toutes les communautés existantes renoncent *au préalable* à tout ce qui fonde leur manière de vivre spécifique (à l'image du slogan si révélateur de la jeunesse dorée londonienne hostile au « Brexit » : « *I am not British, I am European* »). Soit, à l'inverse, on admet que c'est seulement si l'on consent enfin à faire l'effort intellectuel et moral de comprendre les multiples « bénéfices secondaires » que procurent toujours aux dominés eux-mêmes leur inscription dans un cadre communautaire *donné*, qu'il pourra alors devenir possible de les aider à remettre *d'eux-mêmes* en question les limites inégalitaires de ce cadre – ainsi que les formes de méfiance et de « rejet de l'autre » qui leur sont éventuellement liées. Et cela, sans avoir à les contraindre pour autant – au nom d'une conception idéaliste et désincarnée du « Droit » et de la « Raison » – à abandonner *en totalité* les formes les plus précieuses de leur manière spécifique d'être au monde. La première solution est celle des libéraux, et elle conduit inéluctablement à vouloir unifier le genre humain sous le seul langage supposé commun de la « croissance », du Droit libéral et du mode de vie consumériste (le système toujours renouvelé de la mode étant alors supposé pouvoir remplacer intégralement celui de la tradition et des coutumes). Mode de vie qui s'accommode d'ailleurs très bien, au passage, du prétendu « multiculturalisme », puisque ce dernier n'invite jamais, par définition, à comprendre l'universel comme la résultante « dialectique » d'actions *communes* et de situations *partagées*, mais uniquement comme le cadre juridique et abstrait – celui des « droits de l'homme » – qui est supposé rendre possible, selon la formule de John Rawls, la coexistence d'individus « mutuellement *indifférents* ». La seconde solution, au contraire, est celle du socialisme originel, c'est-à-dire – pour reprendre la formule du « dernier Marx » – le combat pour la « renaissance, *dans une forme supérieure*, d'un type social archaïque ». C'est ce que Gustav Landauer – lui-même sauvagement assassiné, en 1919, lors du renversement de la République des Conseils de Bavière – résumait à sa façon lorsqu'il rappelait que « cette ressemblance, cette *égalité dans l'inégal*, cette propriété particulière qui lie ensemble les gens d'un même pays, cet esprit commun, tout cela est un fait actuel. Ne le laissez pas échapper, vous qui êtes des hommes libres et des socialistes ; le socialisme, la liberté et la justice *peuvent seulement être institués entre ceux qui ont été solidaires depuis toujours* ; le socialisme ne peut pas être établi dans l'abstrait, mais seulement dans une multiplicité concrète selon les harmonies des peuples » (Charles

Rappoport le redira plus tard d'une autre manière : « le socialisme sans la liberté – écrivait-il – n'est pas le socialisme. Mais la liberté sans le socialisme n'est pas la liberté. »)

C'est alors seulement – à des années-lumière, par conséquent, de toutes les théologies libérales « postmodernes » et de leurs sermons moralisateurs – que l'on pourra renouer efficacement avec la leçon politique si rafraîchissante de *Pride*. Ce que rappelait en effet Matthew Warchus – à travers ce film si profondément socialiste – c'est qu'il demeure toujours possible de gagner la confiance et le cœur de *ceux d'en bas*, même là où le contexte semble *a priori* le plus défavorable, si on parvient à les convaincre – par son attitude, sa patience et ses engagements quotidiens – qu'on est *réellement* là pour lutter à leurs côtés, et non dans le seul but de capter leurs voix ou de les évangéliser au nom d'une conception « hors-sol » de la Raison et du Droit (tout en cherchant, au passage, à engranger les innombrables bénéfices psychologiques que confère toujours le sentiment d'appartenir à une avant-garde « éclairée »). Mais cela suppose aussi – et c'est ce que le mouvement *Lesbians and Gays Support the Miners* avait su si bien comprendre – que l'on soit prêt en permanence à remettre en question l'ensemble de ses *préjugés* envers les différentes façons d'être et de penser dont dépend l'*identité* profonde de ceux d'en bas (ce qui revient tout simplement, en un mot, à accepter d'échanger avec eux *d'égal à égal* et non à la façon d'un missionnaire venu sauver l'âme d'indigènes égarés par leurs superstitions ancestrales). Ce n'est qu'une fois cette condition première remplie – donc seulement lorsqu'ils auront enfin acquis la certitude d'être *reconnus* et *acceptés* pour ce qu'ils sont – qu'il sera alors possible de découvrir à quel point la grande majorité des gens ordinaires, à l'image des mineurs gallois d'Onllwyn, sont tout à fait capables de trouver par eux-mêmes – et cela, *au cœur même de leur identité populaire la plus spécifique*, qu'elle soit ouvrière, paysanne, musulmane, corse, bretonne ou autre – la plupart des ressources psychologiques, morales et intellectuelles (au nombre desquelles figure d'ailleurs presque toujours ce sens de *l'humour* et de la *plaisanterie* devenu, de nos jours, si étranger à l'intelligentsia politiquement correcte) à défaut desquelles aucune société socialiste « libre, égalitaire et décente » (Orwell) ne pourra effectivement voir le jour. C'est là, si on y réfléchit bien, l'unique « progrès » qui ait *partout* et *toujours* une valeur réellement humaine et un sens politiquement émancipateur. Tant il est vrai, comme l'écrivait déjà le jeune Marx, que « depuis très longtemps le monde possède le rêve d'une chose dont il doit maintenant posséder la conscience pour la posséder réellement ».

Août 2016

Table

Mise en pages par
Pixellence/Meta-systems
59100 Roubaix

CET OUVRAGE
A ÉTÉ ACHEVÉ D'IMPRIMER
SUR ROTO-PAGE
PAR L'IMPRIMERIE FLOCH
À MAYENNE EN JANVIER 2017

N° d'édition : L.01EHBN000870.A003. N° d'impression : 90664
Dépôt légal : janvier 2017
Imprimé en France